"十三五"国家重点图书出版规划项目
交通运输科技丛书·公路基础设施建设与养护
特大型桥梁防灾减灾与安全控制技术丛书（一期）

Design Guidelines for Wind-Wave-Current
Coupling Action of Super-large Bridge

特大型桥梁风-浪-流耦合作用设计指南

刘 高　张喜刚　陈上有　刘天成　著

人民交通出版社股份有限公司
China Communications Press Co.,Ltd.

内 容 提 要

跨海特大型桥梁的一个显著特点是风-浪-流耦合作用往往对结构设计起控制作用。尽管国内外跨海桥梁工程建设取得了一些经验,但还没有针对跨海特大型桥梁风-浪-流耦合作用的统一设计标准。跨海特大型桥梁建设逐渐由近海向远海、深海发展,为了指导跨海特大型桥梁设计,亟须一本关于风-浪-流耦合作用及其作用下桥梁结构设计方法的指导性设计指南。

本指南给出了跨海特大型桥梁风-浪-流耦合作用设计的基本规定,具体包括:风-浪-流耦合作用设计基本原则、风-浪-流耦合场观测和分析、风-浪-流耦合场设计参数、风-浪-流耦合作用荷载、风-浪-流耦合作用静力效应验算、风-浪-流耦合作用动力效应验算、试验模拟、风-浪-流耦合作用振动控制、桥梁风-浪-流耦合作用监测与评估等。

本指南具有较好的实用性,可供从事跨海特大型桥梁设计、科研等工作的技术人员使用参考。

Abstract

A striking feature of super-large sea-cross bridge is that wind-wave-current coupling action often controls the structural design. Although some experience has been gained in domestic and foreign bridge construction, wind-wave-current coupling action unified design standard for super-large sea-cross bridge has not been established. As the bridge construction has been gradually oriented deep sea, in order to guide the design of super-large sea-cross bridge, a design guidelines for wind-wave-current coupling action and the design method of bridge under its action is urgently needed.

This book introduces the basic design provisions for wind-wave-current coupling action of super-large sea-cross bridge. The content includes wind-wave-current coupling field design basic principles, wind-wave-current coupling field observation and analysis, design parameters of wind-wave-current coupling field, wind-wave-current coupling action load, wind-wave-current coupling field static effect check and dynamic effect check, experimental simulation, wind-wave-current coupling field vibration control, bridge monitoring and evaluation.

This book has good practicability and can be used as reference for technical staff in the design and research of super-large sea-cross bridge.

交通运输科技丛书编审委员会

（委员排名不分先后）

顾　　问：陈　健　周　伟　成　平　姜明宝

主　　任：庞　松

副主任：洪晓枫　袁　鹏

委　　员：石宝林　张劲泉　赵之忠　关昌余　张华庆

　　　　　　郑健龙　沙爱民　唐伯明　孙玉清　费维军

　　　　　　王　炜　孙立军　蒋树屏　韩　敏　张喜刚

　　　　　　吴　澎　刘怀汉　汪双杰　廖朝华　金　凌

　　　　　　李爱民　曹　迪　田俊峰　苏权科　严云福

序

科技是国家强盛之基,创新是民族进步之魂。中华民族正处在全面建成小康社会的决胜阶段,比以往任何时候都更加需要强大的科技创新力量。党的十八大以来,以习近平同志为总书记的党中央作出了实施创新驱动发展战略的重大部署。党的十八届五中全会提出必须牢固树立并切实贯彻创新、协调、绿色、开放、共享的发展理念,进一步发挥科技创新在全面创新中的引领作用。在最近召开的全国科技创新大会上,习近平总书记指出要在我国发展新的历史起点上,把科技创新摆在更加重要的位置,吹响了建设世界科技强国的号角。大会强调,实现"两个一百年"奋斗目标,实现中华民族伟大复兴的中国梦,必须坚持走中国特色自主创新道路,面向世界科技前沿、面向经济主战场、面向国家重大需求。这是党中央综合分析国内外大势、立足我国发展全局提出的重大战略目标和战略部署,为加快推进我国科技创新指明了战略方向。

科技创新为我国交通运输事业发展提供了不竭的动力。交通运输部党组坚决贯彻落实中央战略部署,将科技创新摆在交通运输现代化建设全局的突出位置,坚持面向需求、面向世界、面向未来,把智慧交通建设作为主战场,深入实施创新驱动发展战略,以科技创新引领交通运输的全面创新。通过全行业广大科研工作者长期不懈的努力,交通运输科技创新取得了重大进展与突出成效,在黄金水道能力提升、跨海集群工程建设、沥青路面新材料、智能化水面溢油处置、饱和潜水成套技术等方面取得了一系列具有国际领先水平的重大成果,培养了一批高素质的科技创新人才,支撑了行业持续快速发展。同时,通过科技示范工程、科技成果推广计划、专项行动计划、科技成果推广目录等,推广应用了千余项科研成果,有力促进了科研向现实生产力转化。组织出版"交通运输建设科技丛书",是推进科技成果公开、加强科技成果推广应用的一项重要举措。"十二五"期间,该丛书共出版72册,全部列入"十二五"国家重点图书出版规划项目,其中12册获得国家出版基金支持,6册获中华优秀出版物奖图书提名奖,行业影响力和社会知名度不断扩大,逐渐成为交通运输高端学术交流和科技成果公开的重要平台。

"十三五"时期,交通运输改革发展任务更加艰巨繁重,政策制定、基础设施建设、运输管理等领域更加迫切需要科技创新提供有力支撑。为适应形势变化的需要,在以往工作的基础上,我们将组织出版"交通运输科技丛书",其覆盖内容由建设技术扩展到交通运输科学技术各领域,汇集交通运输行业高水平的学术专著,及时集中展示交通运输重大科技成果,将对提升交通运输决策管理水平、促进高层次学术交流、技术传播和专业人才培养发挥积极作用。

当前,全党全国各族人民正在为全面建成小康社会、实现中华民族伟大复兴的中国梦而团结奋斗。交通运输肩负着经济社会发展先行官的政治使命和重大任务,并力争在第二个百年目标实现之前建成世界交通强国,我们迫切需要以科技创新推动转型升级。创新的事业呼唤创新的人才。希望广大科技工作者牢牢抓住科技创新的重要历史机遇,紧密结合交通运输发展的中心任务,锐意进取、锐意创新,以科技创新的丰硕成果为建设综合交通、智慧交通、绿色交通、平安交通贡献新的更大的力量!

2016 年 6 月 24 日

前　言

21世纪以来，世界桥梁建设进入了跨海连岛工程的新时期。我国相继建成了东海大桥、杭州湾大桥、青岛海湾大桥等跨海大桥。目前，港珠澳大桥已建成通车，大连湾跨海大桥、六横跨海大桥、深中通道工程已开工建设，跨越琼州海峡、渤海海峡的巨型跨海通道工程正在规划研究。在国际上，世界各国也都在加快规划研究规模宏伟的跨越海湾、连接岛屿与大陆的跨海交通工程，如跨越直布罗陀海峡、挪威沿海诸岛、印度尼西亚巽他海峡等的跨海通道工程。

桥梁建设从内陆走向外海，面临着深水、强风、巨浪、急流等恶劣海洋环境的严峻挑战。在海洋环境中，强风、巨浪、海流之间具有强烈的耦合性，产生的动力荷载已成为跨海桥梁的主要控制性荷载。尤其是跨海特大型桥梁，随着跨径的增大，桥梁结构自身刚度越来越小，阻尼越来越低，强风、巨浪、海流激发的动力荷载效应十分显著，风-浪-流耦合将对桥梁结构产生巨大的动力破坏作用。

桥梁风-浪-流耦合作用是复杂的气-液-固耦合作用问题。目前，国内外还没有针对桥梁风-浪-流耦合作用的学术专著和设计标准。在传统桥梁设计中，没有考虑强风、巨浪、海流之间的耦合特性，没有考虑风-浪-流耦合作用与桥梁结构之间的动力耦合效应，通常只考虑风自身的静力和动力作用效应，波浪和海流则作为静力荷载进行单独考虑。因此，如何准确描述风-浪-流耦合场及其对桥梁结构的动力效应是跨海特大型桥梁设计必须研究解决的重大技术难题。

"十一五"期间，在对跨海特大型桥梁风-浪-流耦合作用的技术需求和发展情况进行调研分析的基础上，作者提出并负责完成了国家863计划课题"台风浪耦合作用下跨海峡桥梁动力模拟及防灾减灾技术（2007AA11Z101）"，在世界范围内首次开展了跨海桥梁台风-波浪耦合作用问题的探索性研究，形成了桥梁台风-波浪耦合作用的试验模拟技术、数值模拟技术和防灾减灾技术方面的一些初步研究成果。"十二五"期间,交通运输部将"特大型桥梁防灾减灾与安全控制技术(2011318494001)"列为交通运输"十二五"重大科技专项之首,作者负责该重大科技专项之项目二"特大型桥梁风-浪-流耦合作用研究(2011318494150)"。进入"十三五"时期,在科技部立项的国家重点研发计划"涉水重大基础设施安全保障技术研究与工程示范(2018YFC0809600)"中,作者负责课题四"风浪流耦合及撞击作用下超大跨桥梁致灾机理与安全防控技术(2018YFC0809604)"的研究工作,经过针对风-浪-流耦合作用关键科学问题的多年努力攻关,在深水海洋环境中风-浪-流耦合场现场观测技术及数值模拟技术、风-浪-流耦合场设计参数极值联合概率模型、风-浪-流耦合作用下桥梁三维弹性模型试验模拟技术、风-浪-流耦合作用下桥梁设计方法及数值模拟技术、风-浪-流耦合作用下桥梁振动控制技术、桥梁风-浪-流耦合作用设计指南等方面取得了创新性成果,为港珠澳大桥、深中通道工程提供了技术支撑,为琼州海峡跨海工程等外海跨海桥梁工程建设提供了重要技术储备。交通运输部组织的专家鉴定后认为:"项目形成了具有原创性的研究成果,达到了国际领先水平"。科学技术部和交通运输部对上述科技项目的资助,作者表示衷心的感谢!

作者在系统总结上述科技项目研究成果的基础上,结合重大工程实践,并吸收、借鉴国内外相关工程技术标准的成功经验,编制本指南,以期桥梁结构在风-浪-流耦合作用下的设计达到安全可靠、技术先进、经济合理。本指南共12章,第1章为总则;第2章为术语和符号;第3章为桥梁风-浪-流耦合作用设计目标等级,以及风-浪-流耦合作用与其他作用的组合方法和设计流程;第4章为风-浪-流耦合场观测和分析的相关规定;第5章为风-浪-流耦合场设计参数取值的相关规定;第6章为风-浪-流耦合作用荷载取值的相关规定;第7章和第8章分别为风-浪-流耦合作用静力效应验算和动力效应验算的相关规定;第9章为风-浪-流耦合场试验模拟;第10章为桥梁风-浪-流耦合作用振动控制措施相关规定;第11章为桥梁风-浪-流耦合作用监测与评估相关规定;第12章为本指南用词说明。正文条文后还附有翔实的条文说明,这些条文说明或为正文相关条文提供参考,或介绍正文条文的理论方法背景。

在本指南的撰写过程中,本人负责全书的统稿、定稿和第1、2、3、6、7、8章的编写,张喜刚教授级高工负责第1、2、3、6章部分内容的编写,陈上有高级工程师负责第4、5、10章和附录的编写,刘天成教授级高工负责第9、11章的编写,程潜高级工程师负责第4、5、7、8章部分内容的编写。参加本书内容相关研究的还有陈汉宝研究员、郭安薪教授、吴宏波教授级高工、周道成副教授、刘海源副研究员、耿宝磊副研究员、柏晓东博士、王昆鹏博士等，在此对他们为本指南相关内容研究所做出的贡献表示感谢！韩冬冬博士、杨海洋博士参加书稿的校对工作，在此表示感谢！

  本指南的编写过程中，得到了我的导师项海帆院士、林家浩教授的鼓励和支持，得到了国际桥协原主席 K H Ostenfeld 先生、钟万勰院士、王景全院士、欧进萍院士、陈政清院士、周绪红院士、赖远明院士、李守善设计大师、孟凡超设计大师、交通运输部原总工程师周海涛教授级高工、侯金龙教授级高工、张劲泉研究员、苏权科研究员、张鸿教授级高工、宋神友教授级高工、周世忠教授级高工、徐国平教授级高工、陈艾荣教授、李惠教授、周志勇教授等的大力支持，在此表示衷心的感谢！

  由于作者水平所限，时间仓促，书中不当之处在所难免，敬请读者多提宝贵意见。

2018 年 11 月

目 录

1 总则 1
2 术语和符号 3
  2.1 术语 3
  2.2 符号 6
3 风-浪-流耦合作用设计基本原则 19
  3.1 一般规定 19
  3.2 风-浪-流耦合作用设计目标等级 20
  3.3 风-浪-流耦合作用与其他作用组合 21
  3.4 风-浪-流耦合作用设计流程 24
4 风-浪-流耦合场观测和分析 27
  4.1 一般规定 27
  4.2 风-浪-流耦合场观测站点布设 28
  4.3 风-浪-流耦合场观测仪器 31
  4.4 风-浪-流耦合场观测数据采集和分析 33
5 风-浪-流耦合场设计参数 39
  5.1 一般规定 39
  5.2 风-浪-流耦合场设计参数分析方法 40
  5.3 设计风参数 42
  5.4 设计波浪参数 46
  5.5 设计水流参数 50
  5.6 设计水位参数 50
  5.7 浮运沉放施工窗口期设计参数 51
6 风-浪-流耦合作用荷载 53
  6.1 一般规定 53

1

  6.2 风荷载 ··· 53
  6.3 浪-流耦合作用荷载 ·· 62
  6.4 静力等效荷载及其作用效应 ·· 78

7 风-浪-流耦合作用静力效应验算 ·· 82
  7.1 一般规定 ·· 82
  7.2 静力稳定性验算 ··· 82
  7.3 静力承载力验算 ··· 87
  7.4 正常使用极限状态验算 ··· 92

8 风-浪-流耦合作用动力效应验算 ·· 95
  8.1 一般规定 ·· 95
  8.2 动力稳定性验算 ··· 95
  8.3 动力承载力验算 ·· 102
  8.4 正常使用极限状态验算 ·· 104

9 试验模拟 ·· 110
  9.1 一般规定 ··· 110
  9.2 风-浪-流耦合场模拟 ·· 112
  9.3 基础浪-流耦合荷载测试试验 ··· 114
  9.4 桥梁弹性模型试验 ··· 115
  9.5 预制基础浮运和沉放过程弹性模型试验 ·· 119
  9.6 桥梁海啸作用模型试验 ·· 120

10 风-浪-流耦合作用振动控制 ··· 123
  10.1 一般规定 ··· 123
  10.2 结构控制措施 ··· 123
  10.3 气动/水动控制措施 ·· 125
  10.4 机械措施 ··· 130

11 桥梁风-浪-流耦合作用监测与评估 ·· 132
  11.1 一般规定 ··· 132
  11.2 桥梁风-浪-流耦合作用监测 ··· 132
  11.3 桥梁风-浪-流耦合作用评估 ··· 133

12 本指南用词说明 ·· 135

附录 A 全国沿海、海岛及海峡百年一遇基本风速 ·· 136

附录 B 风-浪-流耦合场数值模拟分析 ··· 139
  B.1 一般规定 ·· 139

B.2　风场模型 ………………………………………………………… 139

　　B.3　波浪场模型 ……………………………………………………… 141

　　B.4　风暴潮模型 ……………………………………………………… 142

　　B.5　风-浪-流耦合场数值模型 ……………………………………… 143

附录 C　多维极值联合概率模型 …………………………………… 144

　　C.1　一般规定 ………………………………………………………… 144

　　C.2　多元极值理论 …………………………………………………… 144

　　C.3　Copula 函数理论 ……………………………………………… 146

　　C.4　复合极值理论 …………………………………………………… 147

附录 D　波浪谱模型 ………………………………………………… 150

　　D.1　文圣常谱 ………………………………………………………… 150

　　D.2　改进 JONSWAP 谱 …………………………………………… 152

　　D.3　双峰谱模型 ……………………………………………………… 153

附录 E　设计水位的统计和计算方法 ……………………………… 155

附录 F　波浪在水流作用下的变形计算 …………………………… 158

附录 G　小尺度桩(柱)波浪荷载 …………………………………… 161

　　G.1　基本规定 ………………………………………………………… 161

　　G.2　小尺度桩(柱)波浪荷载 ………………………………………… 161

附录 H　大直径圆柱体波浪荷载 …………………………………… 164

　　H.1　单个圆柱体 ……………………………………………………… 164

　　H.2　多个圆柱体组成的群墩 ………………………………………… 166

附录 J　大尺度圆端形断面和矩形倒角断面基础波浪荷载 ……… 171

　　J.1　圆端形断面波浪荷载系数 ……………………………………… 171

　　J.2　矩形倒角断面波浪荷载系数 …………………………………… 180

附录 K　基于线性绕射理论计算大尺度结构浪-流耦合作用荷载 … 190

　　K.1　控制方程及边界条件 …………………………………………… 190

　　K.2　边界离散与数值求解 …………………………………………… 192

　　K.3　波浪激振力和辐射力 …………………………………………… 192

　　K.4　有流速条件下的边界条件修正 ………………………………… 193

　　K.5　浪-流耦合作用下的波浪激振力和辐射力 …………………… 194

附录 L　水流荷载 …………………………………………………… 195

附录 M　数值风洞和数值水槽模拟 ………………………………… 198

　　M.1　一般规定 ………………………………………………………… 198

M.2	数值风洞模拟 …………………………………………………………	198
M.3	数值水槽模拟 …………………………………………………………	200

附录 N 桥面板底部波浪浮托力 …………………………………………… 207
  N.1 一般规定 …………………………………………………………… 207
  N.2 正向规则波作用 …………………………………………………… 207
  N.3 正向不规则波作用 ………………………………………………… 209

附录 P 风-浪-流耦合作用下桥梁结构振动分析方法 …………………… 212

附录 Q 车-桥-风-浪-流耦合系统振动分析方法 ………………………… 221

附录 R 风场、波浪场、流场试验模拟方法 ……………………………… 226
  R.1 风场模拟 …………………………………………………………… 226
  R.2 波浪场模拟 ………………………………………………………… 228
  R.3 流场模拟 …………………………………………………………… 229

参考文献 …………………………………………………………………………… 231

1 总 则

1.0.1 为使桥梁结构在风-浪-流耦合作用下的设计做到安全可靠、技术先进、经济合理，编制本指南。

条文说明

随着桥梁建设从内陆走向外海，桥梁建设面临着深水、强风、急流、巨浪等恶劣海洋环境的严峻挑战。

对于跨海桥梁而言，作用在结构上的风、波浪、海流之间具有强烈的耦合性。海洋波浪通常主要包括风浪和涌浪，其中风浪是指在风力的直接作用下形成的波浪；当风停止，或当波浪离开风区时，这时的波浪便称为涌浪。此外，由于波浪运动导致海面上下起伏并随时间变化，改变了气液界面的粗糙度，因此，波浪运动也将反过来引起风场的变化。波浪和海流之间也具有耦合性，两者相遇时，它们之间的相互作用将影响各自的传播特性，即波浪将发生变形和折射，同时水流的流速分布也将发生变化。

跨海大桥由于刚度低、阻尼小，在风的作用下，桥梁结构可能会发生涡激振动、抖振、驰振，甚至可能诱发气动失稳；在波浪和水流作用下，特别是在波浪卓越周期与桥梁振动周期接近的情况下，将会引起桥梁结构发生大幅共振。因此，在风-浪-流耦合场中，桥梁结构可能会出现大幅振动，甚至可能遭受毁灭性破坏。

可见，风、波浪、海流之间的耦合作用及其与桥梁结构之间的耦合作用同时发生，并交织在一起，是复杂的气-液-固耦合作用问题，这给跨海桥梁设计带来了很大的技术挑战。

在传统跨海桥梁设计中，通过计算分析或模型试验分别确定桥梁结构在风、波浪、海流单因素作用下的效应，然后再进行叠加，没有合理考虑风、波浪、海流之间的耦合相关性。而且，通常采用刚性模型试验方法确定桥梁结构在波浪、海流作用下的响应，严重低估了波浪、海流对桥梁结构的动力作用效应，而这一动力作用效应对深水海域的桥梁结构可能会造成致命的损伤。

"十二五"交通运输重大科技专项"特大型桥梁防灾减灾与安全控制技术"之项目二"特大型桥梁风-浪-流耦合作用研究"，针对我国跨海特大型桥梁面临的深水、强风、急流、巨浪等复杂建设条件，面向我国未来特大型桥梁工程建设需求，在特大型桥梁风-浪-流耦合作用的现场观测、数据提取、模型试验、数值模拟、作用模型及设计参数等关键技术问题上取得了重要成果。

在系统总结重大专项研究成果的基础上，同时吸收、借鉴国内外相关工程技术标准的成功经验，编制本指南。

1.0.2 本指南适用于跨越海湾、海峡的桥梁结构设计，其他环境类型的结构物设计可参考使用。

条文说明

本指南主要适用对象为遭受风、波浪、海流等环境作用的跨海桥梁，包括梁桥、拱桥、斜拉桥、悬索桥和临时栈桥等。

1.0.3 桥梁的风-浪-流耦合作用设计除应参考本指南的要求外，尚应符合国家和行业现行有关标准规范的规定。

2 术语和符号

2.1 术语

2.1.1 风-浪-流耦合作用 wind-wave-current coupling action

风-浪-流耦合作用包含风、波浪、海流之间的耦合作用及其与桥梁结构之间的耦合作用两个方面。

2.1.2 风-浪-流耦合场 wind-wave-current coupling field

风场、波浪场和海流场之间相互作用而形成的环境场。

2.1.3 台风 typhoon

热带气旋的一个类别。在气象学上,按世界气象组织定义:热带气旋中心持续风速达到12级(即32m/s或以上)称为飓风或台风。

2.1.4 风浪 wind wave

风直接作用下产生的风成波浪。

2.1.5 涌浪 swell

离开源地向远处传播的波浪或风已平息、减弱、改变方向后剩下的波浪,又称"涌"或"长浪"。

2.1.6 规则波 regular wave

波列中波形和波要素都相同的波浪。

2.1.7 不规则波 irregular wave

波列中波形和波要素呈随机分布的波浪。

2.1.8 风攻角 wind attack angle

风的主流方向与桥轴线的垂直水平线在竖直方向的夹角。

2.1.9 风偏角 wind yaw angle

风的主流方向与桥轴线的垂直水平线在水平方向的夹角。

2.1.10 风谱 wind spectrum

风的能量相对于频率的分布。

2.1.11 波高 wave height

波面上相邻两个下跨或上跨零点间波谷底至波峰顶之间的垂直距离。

2.1.12 波向 wave direction

波浪传来的方向。

2.1.13 波浪谱 wave spectrum

波浪的能量相对于频率的分布。

2.1.14 多维极值联合概率模型 multivariate extreme value joint probability model

描述多个参数极值(如风速、波高和流速等参数极值)之间相关性的概率模型。

2.1.15 重现期 return period

在多次试验中,某一事件重复出现的平均时间间隔,或称平均重现期间隔期。

2.1.16 基本风速 basic wind speed

开阔平坦地面或海平面以上10m高度处,设计重现期10min的平均年最大风速。

2.1.17 设计基准风速 design standard wind speed

在基本风速基础上,考虑局部地表粗糙度影响,桥梁结构或结构构件基准高度处设计重现期10min的平均年最大风速。

2.1.18 地表粗糙度 terrain roughness

反映大气边界层中地表起伏或地物高矮疏密的程度。

2.1.19 静阵风系数 static gust factor

考虑地表粗糙度、风荷载加载长度和结构构件离地面高度等因素的阵风系数。

2.1.20 累积频率 accumulative frequency

将潮位、波高等水文变量按大小顺序排序,划分若干区间,分别求出各区间的频率值,再逐区间加以累积,得到的一系列频率累积值。

2.1.21 有效波高 significant wave height

按波高大小次序排列后,取前面1/3波的波高的平均值。

2.1.22 平均波高 mean wave height

波列中所有波浪波高的平均值。

2.1.23 有效周期 significant wave period

按波高大小次序排列后,取前面1/3波的波周期的平均值。

2.1.24 平均周期 mean wave period

波列中所有波浪波周期的平均值。

2.1.25 风海流 wind-driven current

由风的切应力作用于海面产生的水流。

2.1.26 潮流 tide-driven current

由潮汐引起的水的流动。

2.1.27 设计潮位 design tide level

包括设计水位和极端水位。其中,设计水位是指结构物在正常使用条件下的高、低水位,极端水位是指结构物在极端条件下的校核高、低水位。

2.1.28　风暴潮 storm tide

由于剧烈的大气扰动,如强风和气压骤变(通常指台风和温带气旋等灾害性天气系统)导致海水异常升降,同时和天文潮(通常指潮汐)叠加时产生的一种灾害性自然现象。

2.1.29　风荷载 wind load

风作用在滩海结构物水面以上部位所产生的荷载。

2.1.30　阵风荷载 gust load

基于阵风风速的风荷载。

2.1.31　空气静力系数 aerostatic factor

表征在风的静力作用下,结构断面受力大小的无量纲系数。

2.1.32　波浪荷载 wave load

波浪作用在滩海结构物上产生的荷载。

2.1.33　海啸 tsunami

由海底地震、海底火山爆发、海岸和海底山体滑坡、小行星和彗星溅落大洋以及海底核爆等产生的具有超大波长和周期的大洋行波。

2.1.34　海流荷载 current load

海流作用在滩海结构物上产生的荷载。

2.1.35　数值风洞 numerical wind tunnel

采用计算流体力学方法模拟气动流动和气流对结构作用的仿真平台。

2.1.36　数值水槽 numerical wave tank

采用计算流体力学方法模拟浪流运动和流体对结构作用的仿真平台。

2.1.37　静风稳定性 aerostatic instability

在风的静力作用下,当风速达到临界值时,桥梁主梁承受的空气静力荷载超过了结构的抵抗能力,而出现主梁变形不断增大的失稳或发散现象,包含静风横向失稳与静风扭转发散两种类型。

2.1.38　抖振 buffeting

流体(气流、水流)的紊流成分所激发的结构随机振动,也称为紊流动力响应。

2.1.39　颤振 flutter

振动的桥梁通过流体(气流、水流)的反馈作用不断吸取能量,结构扭转振幅逐步或突然增大的发散性自激振动。

2.1.40　波激共振 wave excited resonance

涌浪卓越频率与结构的自振频率接近或相等时,由波浪力所激发出的结构共振现象。

2.1.41 驰振 galloping

振动的桥梁通过流体(气流、水流)的反馈作用不断吸取能量,弯曲振幅突然增大的发散性自激振动。

2.1.42 涡激共振 vortex resonance

流体(气流、水流)绕经钝体结构时产生旋涡脱落,当旋涡脱落频率与结构的自振频率接近或相等时,由涡激力所激发出的结构共振现象。

2.1.43 尾流驰振 wake galloping

在上游结构的尾流诱发下,下游结构产生的驰振现象。

2.1.44 窗口期 window period

大型深水预制基础浮运与沉放施工的最佳时间段。

2.1.45 节段模型试验 sectional model testing

将桥梁结构构件的代表性节段作为刚性模型,在风洞(水槽)中测定其静力三分力或非定常气动力作用的试验。

2.1.46 全桥气动-水动弹性模型试验 full aero-hydro elastic model testing

将桥梁结构按一定几何缩尺并满足各种必要的空气动力学和流体动力学相似条件制成的弹性三维空间模型,在风洞-水槽联合实验室中观测其在均匀流及紊流风-浪-流耦合中各种效应的试验。

2.1.47 风振控制 wind-induced vibration control

为避免出现发散性风致振动或过大的限幅振动所采取的气动措施、结构措施或机械措施。

2.1.48 波振控制 wave-induced vibration control

为避免出现发散性波激振动或过大的限幅振动所采取的流体动力措施、结构措施或机械措施。

2.1.49 调质阻尼器 tuned mass damper

由质量块、弹簧和阻尼元件组成的动力减振装置。

2.2 符号

2.2.1 拉丁符号

A_{Nx}:既有测站的年平均海平面;

A_{Ny}:新测站的年平均海平面;

A_y:新测站短期验潮资料的月平均海平面;

ΔA_y:新测站所在地区海平面的月份订正值;

A:柱体的断面积;

A_n:桥梁各构件顺风向投影面积;

A_d:偶然作用的设计值;

A_{kj}:附加质量系数;

a:矩形柱体断面平行于波向的宽度;

a_y、a_z:车体的横向、竖向振动加速度;

B:主梁宽度;

B:圆端形断面基础或矩形倒角断面基础的长边边长;

B_v:基础的换算荷载宽度;

B_c:主缆中心距;

B_{kj}:辐射阻尼系数;

b:主梁半宽;

C:流水中的波速;

C_b:群桩系数;

C_G:永久作用的效应系数;

C_g:驰振力系数;

C_s:静水中的波速;

C_H:桥梁各构件(如主梁)的阻力系数;

C_D:速度力系数;

$C_{D,c}$:缆索阻力系数;

$C_{D,d}$:主梁阻力系数;

$C_{L,d}$:主梁升力系数;

$C_{M,d}$:主梁扭矩系数;

C_w:波浪力和水流力合成系数;

C_{wg}:尾流驰振临界风速计算常数;

C_M:惯性力系数;

$\mathbf{C}_s$:桥梁的阻尼矩阵;

C_L':当风攻角 $\alpha=0$ 时,主梁升力系数的斜率;

C_M':当风攻角 $\alpha=0$ 时,主梁扭转力矩系数的斜率;

C_q^{st}:由平均风引起的局部平均风轴坐标系下的平均侧风力;

$\bar{\mathbf{C}}(\bar{\beta},\bar{\theta})$:局部平均风坐标系下的气动力系数向量;

$C(u_1,u_2,u_3;\theta_1,\theta_2)$:随机变量 u_1,u_2 和 u_3 的联合概率 M3 Copula 函数;

$c(u_1, u_2, u_3)$:随机变量 u_1, u_2 和 u_3 的联合概率 M3 Copula 函数的密度函数;

D:天文参数,是时间的函数;

D:结构构件直径或横截面投影尺寸;

D:构件断面迎风宽度;

D:列车、汽车车辆的倾覆系数;

D_c:缆索直径;

D^{se}:运动主梁受到的阻力;

d:水深;

d:建筑物前水深;

d_1:基床上水深;

E:弹性模量;

Eu:欧拉数;

F:累积频率;

F_H:作用在主梁单位长度上的静阵风荷载;

F_c:大尺度垂直沉井、沉箱基础受到的纯水流作用力合力;

$F_{q,c}^D$:平均风引起的缆索的阻力;

$F_{b,d}^D$:脉动风引起的主梁上的抖振阻力;

$F_{b,d}^L$:脉动风引起的主梁上的抖振升力;

$F_{b,d}^M$:脉动风引起的主梁上的抖振力矩;

$F_{b,t}^D$:脉动风引起的桥塔或墩柱的抖振阻力气动力;

$F_{b,c}^D$:脉动风引起的缆索的抖振阻力气动力;

$F_{e,p}^i$:第 i 个桩基的静力等效浪-流耦合荷载;

$F_{e,bp}$:承台桩基式基础的静力等效浪-流耦合荷载;

$F_{id,p}^i$:第 i 个桩基固定不动时受到的浪-流耦合激振荷载时程值;

$F_{id,b}$:承台固定不动时受到的浪-流耦合激振荷载时程值;

$F_{s,t}^D$:主梁运动引起的自激阻力;

$F_{s,t}^L$:主梁运动引起的自激升力;

$F_{s,t}^M$:主梁运动引起的自激力矩;

$F_{p,0}^j$:第 j 根桩基作为独立结构受到的浪-流耦合激振荷载;

F_{hy}:作用在桥梁结构上的浪-流耦合作用荷载;

F_{id}:结构固定不动时受到的浪-流耦合场和绕射浪-流耦合场共同作用下的浪-流耦合作用荷载,简称为浪-流激振荷载;

F_{sh}：结构运动引起的静水恢复力；

F_r：结构运动引起的浪-流辐射荷载；

F_{wind}：作用在桥梁结构上的风荷载；

F_q：平均风引起的风荷载；

F_b：脉动风引起的风荷载；

F_s：结构运动引起的风荷载；

F_{AE}：风对桥梁的作用；

F_{id}：作用在大尺度结构上的浪-流耦合激振荷载；

F_{idw}：大尺度结构受到的波浪荷载；

F_c：大尺度结构受到的水流荷载；

F_r：作用在大尺度结构上的浪-流耦合辐射荷载；

F_{HY}：浪-流对桥梁的作用；

$F_{q,d}^D$：平均风引起的主梁的阻力；

$F_{q,d}^L$：平均风引起的主梁的升力；

$F_{q,d}^M$：平均风引起的主梁的力矩；

F_{hs}^z、F_{hs}^{rx}、F_{hs}^{ry}：预制基础在静水中运动受到的垂荡力、横摇力矩和纵摇力矩；

F_{AE}^{ST}：风对桥梁的平均风荷载；

F_{AE}^{BU}：脉动风对桥梁的抖振力；

F_{AE}^{SE}：桥梁运动引起的自激力；

F_{HY}^I：浪-流对结构的入射浪-流力；

F_{HY}^D：浪-流对结构的绕射浪-流力；

F_{HY}^{RD}：结构运动受到的辐射浪-流力；

F_{HY}^{ID}：波浪（流）激励荷载；

F_{HY}^{HS}：恢复力；

F^H、F^V、F^M：节段模型测力试验中模型受到的体轴坐标系下阻力、升力和力矩；

F^D、F^L、F^M：节段模型测力试验中模型受到的风轴坐标系下阻力、升力和力矩；

f：莫宁坐标；

f：频率；

f：沿计算面的摩擦系数设计值；

f_t：主梁扭转基频；

f_b：主梁竖向弯曲基频；

f_i：拉索或吊杆（索）第 i 阶振动频率；

f_N：圆柱体的自然频率；

f_H：大尺度垂直沉井、沉箱基础受到的等效波浪压力；

f_p：谱峰频率；

G_g：阵风因子；

G_V：静阵风系数；

G_{ik}：第 i 个永久作用效应的标准值；

G_k：永久作用的标准值；

G_D：地基的动力剪切模量；

g：重力加速度；

H_s：有效波高；

$\bar{H}$：平均波高；

H_r：均方根波高；

H_F：累积频率为 F 的波高；

$H_{1\%}$：累积频率为 1% 的波高；

$H_{5\%}$：累积频率为 5% 的波高；

$H_{13\%}$：累积频率为 13% 的波高；

$H_{1/p}$：$1/p$ 大波的平均波高；

$H_{1/100}$：1/100 大波的平均波高；

$H_{1/10}$：1/10 大波的平均波高；

$H_{1/3}$：1/3 大波的平均波高，即有效波高；

H^*：相对水深；

H^*：波高水深比参数；

H：建筑物所在处进行波波高；

H：圆端形断面和矩形倒角断面的宽；

H：主梁高度；

H：波高；

H_M：定倾高度；

H_{max}：最大波高；

$H^{(1)}(\omega)$：波浪力一阶传递函数；

$H^{(2)}(\omega_1,\omega_2)$：波浪力二阶传递函数；

H_t：塔柱或墩柱的迎风面投影宽度；

h：预制基础重心到浮心的距离；

$h^{(1)}$：线性脉冲响应函数；

$h^{(2)}$：二阶脉冲响应函数；

h_{sx}：既有测站和新站的设计高水位；

h_{sy}：既有测站和新站的设计低水位；

h_P：与年频率 P 对应的高潮位或低潮位值；

h_i：第 i 年的年最高潮位值或年最低潮位值；

$\bar{h}$：n 年 h_i 的平均值；

I：预制基础对纵向中心轴的惯性矩；

I_m：桥面系及主缆单位长度质量惯性矩；

I_f：颤振稳定性指数；

I_i：紊流强度；

I_x：基础底面绕桥轴转动的惯性矩；

I_y：基础底面绕横桥轴转动的惯性矩；

j：分潮；

$\boldsymbol{K}_s$：桥梁的刚度矩阵；

K：风海流中的风系数；

K：折算频率；

K：圆形截面桩柱由水流引起的涡激振动临界流速计算常数；

K_D、K_M：桩(柱)断面上的正向浪-流耦合水压力计算常数；

KC：浪-流耦合水压力计算系数；

K_{ij}：静水恢复力刚度系数；

K_s：颤振稳定性指数计算中与截面形状相关的系数；

K_h：水平方向地基变形刚度；

K_v：竖直方向地基变形刚度；

$K_{\theta x}$：绕桥轴转动的转动变形刚度；

$K_{\theta y}$：绕横桥轴转动的转动变形刚度；

$\boldsymbol{K}_G^e$：梁单元的几何刚度矩阵；

K_x：群墩系数；

k_v：地基竖向反力系数；

k_{sB}：地基水平剪切反力系数；

k_{v0}：竖直方向地基反力系数的基准值；

k_{h0}：水平方向地基反力系数的基准值；

k:与谱峰周期 T_p 对应波长确定的波数;

k:流水中的波数;

L:波长;

L:断面特征尺寸;

L_0:深水波长;

L_s:静水中的波长;

L':由面板处至表现嵌固点高度处的总长度;

L^{se}:运动主梁受到的自激升力;

l:梁单元长度;

M:调和分析中采用的分潮数;

M_c:大尺度垂直沉井、沉箱基础受到的纯水流作用力矩;

M_{id}:大尺度垂直沉井(箱)基础受到的浪-流耦合激振力矩;

M_P:水平风-浪-流耦合作用对计算面的倾覆力矩;

M_{PU}:计算底面上的浪流浮托力的标准值对计算面的倾覆力矩;

M_{VK}:作用在计算面上的竖向合力(不包括浪流浮托力)标准值对计算面的稳定力矩;

M_{max}:作用于整个柱体高度上的正向水平最大总波浪力;

M_{Dmax}:作用于柱体计算高度上的最大速度力矩;

M_{Imax}:作用于柱体计算高度上的最大惯性力矩;

$\boldsymbol{M}_s$:桥梁的质量矩阵;

M_φ^b:由脉动风引起的、沿(绕)局部平均风轴的抖振偏转力矩;

M^{se}:运动主梁受到的扭转力矩;

m:桥面系及主缆单位长度质量;

m_0:波浪谱的零阶矩;

N:梁单元轴力;

N:组成随机波的波个数;

n:风的频率;

P:谱尖度因子;

P:高潮位经验年频率;

P:作用于整个柱体高度上的正向水平总波浪力;

P_U:计算面上的浪流浮托力的标准值;

$\boldsymbol{P}$:附加质量矩阵;

P_{id}:大尺度垂直沉井(箱)基础受到的浪-流耦合激振力合力;

P_0、P_{st1}、P_{st2}:车轮静轴重;

P_{max}:作用于整个柱体高度上的正向水平最大总波浪力;

P_{Dmax}:作用于整个柱体高度上的最大速度力;

P_{Imax}:作用于整个柱体高度上的最大惯性力;

p:流体压强;

p_D:波浪力的速度分力;

p_I:波浪力的惯性力分力;

p_s:静水面处的波浪力;

p_{d_1}:基床面水深为 d_1 处的波浪力;

p_u:柱底面上的波浪总浮托力;

p_G:作用于墩群中某个墩上的水平总波浪力;

$\boldsymbol{Q}$:迟滞函数矩阵;

Q:水平风-浪-流耦合作用标准值;

Q_k:风-浪-流耦合作用标准值;

Q_{1k}:主要可变作用效应的标准值;

Q_{1k}:风荷载和浪-流耦合作用荷载中起主要作用的荷载标准值;

Q_{2k}:风荷载和浪-流耦合作用荷载中起次要作用的荷载标准值;

Q_{jk}:第 j 个可变作用效应的标准值;

$q^{(1)}(t)$:时间相关一阶波浪力;

$q^{(2)}(t)$:时间相关二阶波浪力;

$q^{(R)}(t)$:时间相关三阶脉冲力或三阶和四阶脉冲矩;

R_x:既有测站一个月以上短期同步的平均潮差;

R_y:新测站一个月以上短期同步的平均潮差;

R:圆柱半径;

R:圆端形断面基础的圆端半径或矩形倒角断面基础的倒角半径;

Re:雷诺数;

r:定倾半径;

r:主梁的截面惯性半径;

$S(\ )$:作用组合的效应函数;

S_i:n 年 h_i 的均方差;

S:一个波周期中水质点最大位移距离;

S:断面的横截面面积;

S_u：顺风向和水平方向的功率谱密度函数；

S_w：垂直方向的功率谱密度函数；

$S_i(t)$：t 时刻的荷载效应；

S_{ud}：承载能力极限状态下作用基本组合的效应设计值；

S_{ad}：承载能力极限状态下作用偶然组合的效应设计值；

S_{qd}：承载能力极限状态下作用准永久组合的效应组合设计值；

S_{fd}：承载能力极限状态下作用频遇组合的效应组合设计值；

S_{wud}：承载能力极限状态下风-浪-流耦合作用基本组合效应设计值；

S_{cad}：承载能力极限状态下风-浪-流耦合作用偶然组合效应设计值；

S_{cfd}：正常使用极限状态下风-浪-流耦合作用频遇组合或准永久组合的效应设计值；

S_d：作用效应设计值；

S_{F0}：静止水线面；

$S_\eta(f)$：风浪频谱；

St：斯托罗哈数；

S_C：缆绳破断力；

s：主梁周长；

T：波浪周期；

T_s：有效波周期；

$\overline{T}$：平均周期；

T_p：谱峰周期；

T_{C-mean}：缆绳平均张力；

T_{C-dyn}：缆绳最大动张力；

t：时间；

U_z：海底以上高度 z 处的流速；

U_0：海面流速；

U_w：风海流的流速；

$\overline{U}$：平均风速；

U：主梁上的平均风速；

$U(z)$：高度 z 处的平均风速；

u：海流总流动的南北分量；

u：水质点轨道运动的水平速度；

$\breve{u}$：海流余流的南北分量；

u:空间某点的顺风向脉动风速；

$\partial u(t)/\partial t$:波浪水质点加速度；

u_1、u_2、u_3:联合概率 M3 Copula 函数分别表示风速、波高和流速的边缘分布函数；

$u_s(z,t)$:高度 z 处桩(柱)的运动速度；

u_m:水面处水质点轨道运动的最大水平速度；

u_x、u_y:记录的水平风速在 x、y 方向的分量；

$\bar{u}_x$、$\bar{u}_y$:记录风速 u_x 和 u_y 在 10min 时距内的平均值；

u_*:摩擦速度；

V_{z_1}:地面以上高度 z_1 处的风速；

V_{z_2}:地面以上高度 z_2 处的风速；

V_z:距离地面(或水面)高度 z 处的风速；

V_Z:基准高度 Z 处 10min 时距的平均风速；

V_g:阵风风速；

V_d:设计基准风速；

V_{10}:海面上 10min 平均最大风速；

V_{a10}:桥址处设计风速；

V_R:静阵风风速；

V_{sD}:地基的剪切波速；

V_K:作用在计算面上的竖向合力(不包括浪流浮托力)标准值；

V_{lb}:静风横向失稳临界风速；

V_{td}:静风扭转发散临界风速；

V_{cg}:驰振临界风速；

V_{wg}:尾流驰振临界风速；

V_{cr}:桥梁的颤振临界风速；

V_{cr}:水流引起的涡激振动临界流速；

V_{co}:与主梁相同宽度的理想平板颤振临界风速；

V:预制基础的排水量；

V_0:预制基础位于静水中的体积；

v:空间某点的横风向脉动风速；

v:海流总流动的东西分量；

$\hat{v}$:海流余流的东西分量；

w_s:桩的直径；

w:空间某点的竖向脉动风速;

X:各分潮南北分量的振幅;

$\boldsymbol{X}$:结构运动位移;

$\dot{\boldsymbol{X}}$:结构运动速度;

$\ddot{\boldsymbol{X}}$:结构运动加速度;

x_1、x_2、x_3:联合概率 M3 Copula 函数中的风速、波高和流速;

Y:各分潮东西分量的振幅;

Z:构件基准高度;

z_0:粗糙高度;

z:距离地面(或水面)的高度;

z、z_1、z_2:计算点在水底面以上的高度。

2.2.2 希腊符号

α:地表粗糙度系数;

α:风攻角;

β:风偏角;

β:波浪传播角;

γ:天文参数,是地点的函数;

γ:谱峰升高因子;

γ:水的重度;

γ_0:结构重要性系数;

γ_G:永久作用的分项系数;

γ_{Gi}:第 i 个永久作用的分项系数;

γ_Q:Q_k 的分项系数;

γ_{Q1}:Q_{1k} 的分项系数;

γ_{Q2}:Q_{2k} 的分项系数;

γ_{Qj}:第 j 个可变作用的分项系数;

γ_{lb}、γ_{td}:静风稳定性分项系数;

γ_{wg}:尾流驰振稳定性分项系数;

γ_P:稳定验算时风-浪-流耦合作用分项系数;

γ_U:浪流浮托力分项系数;

γ_d:结构系数;

γ_f:颤振稳定性修正系数;

γ_α：攻角效应分项系数；

γ_t：风速脉动空间影响修正系数；

γ_{L1}：主要可变作用的结构设计使用年限荷载调整系数；

γ_{Lj}：第 j 个可变作用的结构设计使用年限荷载调整系数；

γ_t：地基的单位体积重量；

γ_{mean}：缆绳平均张力安全系数；

γ_{dyn}：缆绳最大动张力安全系数；

ε：扭弯频率比；

η：波面过程；

η：波面在静水面以上的高度；

η_{max}：波峰面在静水面以上的高度；

η_s：形状系数；

η_α：攻角效应系数；

φ：相位角；

θ：各分潮东西分量的迟角；

θ：波向与结构表面法向的夹角；

θ_1、θ_2：联合概率 M3 Copula 函数中的参数；

θ_w：波向；

θ_c：流向；

θ_x、θ_y、θ_z：预制基础的横摇、纵摇和首摇角位移；

ξ：阻尼比；

ξ_s：结构或构件阻尼比；

ξ_z：预制基础的垂荡位移；

$\dot{\xi}$、$\ddot{\xi}$：预制基础运动速度和加速度向量；

λ：Poisson 分布参数；

λ_{Pn}：年频率 P 及资料年数 n 有关的系数；

λ_l：几何尺寸相似比；

λ_t：时间相似比；

λ_V：速度相似比；

λ_g：重力加速度相似比；

λ_ξ：阻尼比相似比；

λ_m：单位长度质量相似比；

λ_{Jm}:单位长度质量惯性矩相似比;

λ_{EI}:弯曲刚度相似比;

λ_{GJ_d}:扭转刚度相似比;

λ_{EA}:轴向刚度相似比;

λ_p:压力相似比;

μ_D:地基的动力泊松比;

μ:流体动力黏性系数;

μ:主梁质量与空气密度比;

ρ:空气密度;

ρ:海水密度;

ρ_s:桥梁结构密度;

σ:分潮的角速度;

σ:无维谱宽参数;

σ_u、σ_v、σ_w:顺风向、横风向和竖向脉动风速 u、v、w 的根方差;

Φ:平均风向角;

ϕ:各分潮南北分量的迟角;

χ_{fa}:气动导纳函数;

χ_{Du}、χ_{Dw}:与抖振阻力相关的气动导纳函数;

χ_{Lu}、χ_{Lw}:与抖振升力相关的气动导纳函数;

χ_{Mu}、χ_{Mw}:与抖振力矩相关的气动导纳函数;

$\chi_{D,t}$:桥塔的气动导纳函数;

$\chi_{D,c}$:缆索的气动导纳函数;

ω:波浪圆频率;

ω_r:相对于水流的圆频率;

ω_{b1}:结构一阶弯曲圆频率;

ω_e:遭遇频率;

ψ:风-浪-流耦合作用参与基本组合时的组合系数;

ψ_0:风荷载与浪-流耦合荷载相关系数;

ψ_c:组合系数;

ψ_{f1}:主要可变作用的频遇值系数;

ψ_q:风-浪-流耦合作用的准永久值系数;

ψ_{q1}、ψ_{qj}:第1个和第 j 个可变作用的准永久值系数;

δ:定倾高度的限值。

3 风-浪-流耦合作用设计基本原则

3.1 一般规定

3.1.1 桥梁风-浪-流耦合作用设计应考虑风-浪-流耦合场的静力作用效应和动力作用效应,并根据不同的设计要求按承载能力极限状态和正常使用极限状态分别进行验算。

条文说明

风-浪-流耦合场对桥梁的作用效应可分为静力作用效应和动力作用效应。

静力作用效应假设结构保持静止不动,或者虽有轻微振动,但不影响风-浪-流耦合场的作用力。

作为一个振动体系,桥梁的动力作用效应可分为四类:第一类是在风-浪-流耦合场作用下,由于结构振动对空气力和水动力的反馈作用,产生一种自激振动机制,例如颤振、驰振等危险性的发散振动;第二类是在脉动风和随机波浪共同作用下,产生一种有限振幅的随机强迫振动,通常称为抖振;第三类是由于风或水流旋涡脱落频率与结构固有频率接近时产生的涡激共振,涡激共振具有自激性质,但也是限幅的,因而具有双重性;第四类是涌浪作用下结构发生的共振,当涌浪卓越频率与结构固有频率接近时,会产生大幅的波激共振。

根据作用效应的影响程度及破坏特征,桥梁结构风-浪-流耦合作用设计可归结为承载能力极限状态设计和正常使用极限状态设计,见表3-1。

风-浪-流耦合场对桥梁的作用效应及相应的设计状态　　表3-1

分　类	现　象	设计状态	验算内容
静力作用效应	常遇频率风-浪-流耦合作用与车辆、温度等作用组合下的结构变形	正常使用极限状态	挠度、裂缝宽度等
		承载能力极限状态	应力、静力稳定性等
	罕遇频率风-浪-流耦合作用下的结构静力失稳	承载能力极限状态	应力、静力稳定性等
动力作用效应	随机强迫振动	正常使用极限状态	挠度、加速度、舒适度等
	涡激共振、波激共振	正常使用极限状态	发生风速、流速、波高及波周期
	波激共振	承载能力极限状态	发生波高及波周期
	动力失稳(颤振、驰振等)	承载能力极限状态	临界风速、临界波高及周期、临界流速

3.1.2 当跨海桥梁结构或构件在风-浪-流耦合作用下存在疲劳问题时,应进行桥梁或构件的抗疲劳设计。

条文说明

风-浪-流耦合作用下产生的桥梁限幅振动,如随机强迫振动、涡激共振、波激共振等,可能会引起钢结构主梁或桥塔、斜拉索或吊索、桩基、防撞装置等发生疲劳破坏。在结构抗疲劳设计中,结构或构件的疲劳寿命估计需要综合考虑其他的疲劳作用效应,如车辆振动效应等。

3.1.3 当风-浪-流耦合场对桥梁行车安全影响较大时,应进行桥梁行车安全性设计。

条文说明

在强风、大浪的风-浪-流耦合场中,跨海桥梁的桥面湿滑,行车安全性问题突出,尤其是桥岛隧跨海集群工程的岛桥结合部位置桥面高度较低,波浪的拍击和桥面越浪问题更为严重。此外,在强风、大浪等恶劣天气下,车辆驾驶人员操作不当的概率也会增加,发生行车安全事故的概率将会提高。

3.2 风-浪-流耦合作用设计目标等级

在桥梁设计过程中,应考虑桥梁所处风、浪、流环境条件的恶劣程度以及桥梁的性能目标要求,在兼顾桥梁安全性和经济性的基础上,根据性能目标需求选择相应的设计目标等级,并满足表3.2的规定。

风-浪-流耦合作用设计目标等级与设计内容　　　　表3.2

设计内容	等级 Ⅰ	等级 Ⅱ	等级 Ⅲ
设计参数	利用桥位附近气象和水文长期历史数据,通过一维极值概率分析,分别确定风、波浪、水流的设计参数。当缺乏历史资料时,采用相关规范取值	进行桥位附近风场、浪流场1~3年独立现场观测,并利用桥位附近气象和水文长期历史数据,通过一维极值概率分析,分别确定风、波浪、水流的设计参数	进行桥位风-浪-流耦合场现场1~3年同步观测,并利用附近气象和水文长期历史数据,基于观测数据和风-浪-流耦合场数值后报结果,通过多维极值联合概率分析,确定风-浪-流耦合场设计参数
设计荷载	按相关规范或数值模拟方法分别计算风荷载、浪流荷载,将风荷载、浪流荷载按相关规范与其他荷载进行组合	按相关规范、数值模拟或模型试验分别确定风荷载、浪流荷载,将风荷载、浪流荷载按相关规范与其他荷载进行组合	利用数值模拟和弹性模型试验确定风-浪-流耦合作用荷载,将其作为整体按相关规范与其他荷载进行组合

续上表

设计内容	等级 Ⅰ	等级 Ⅱ	等级 Ⅲ
验算内容	(1)按相关规范,进行常遇频率的风荷载、浪流荷载与其他荷载组合的静力作用效应验算,罕遇频率的风荷载、浪流荷载组合的静力作用效应验算; (2)按抗风设计规范,通过数值分析进行风荷载作用下的动力作用效应验算	(1)按相关规范,进行常遇频率的风荷载、浪流荷载与其他荷载组合的静力作用效应验算,罕遇频率的风荷载、浪流荷载组合的静力作用效应验算; (2)按抗风设计规范,通过数值分析和模型试验进行风荷载作用下的动力作用效应验算	(1)按本指南,进行常遇频率的风-浪-流耦合作用作为整体与其他荷载组合的静力作用效应验算,罕遇频率的风-浪-流耦合作用的静力作用效应验算; (2)按本指南,通过数值分析和弹性模型试验进行风-浪-流耦合作用下的动力作用效应验算。对于铁路桥梁和公铁两用桥梁,应进行风-浪-流耦合作用和车辆共同作用下的动力作用效应验算,评估车辆运行的安全性和舒适性

条文说明

风-浪-流耦合场及其作用效应比较复杂,精细的设计与验算需要投入经费开展专项评估。

根据桥梁所处风、浪、流环境条件的恶劣程度,以及桥梁的自身特点及其对风-浪-流耦合作用的敏感程度,综合安全性和经济性两方面的因素,本指南将桥梁风-浪-流耦合作用的目标等级分为Ⅰ、Ⅱ和Ⅲ三个等级。其中,等级Ⅰ最为简单,没有开展现场观测和模型试验,按照相关规范确定设计参数、设计荷载并进行验算,这是在目前普通桥梁通常采用的设计方式基础上,简化考虑风-浪-流耦合作用进行设计的一种设计方式。等级Ⅱ相对等级Ⅰ要求提高,需要开展风场、浪流场独立的现场观测来确定设计参数,通过数值模拟和弹性模型风洞试验、刚性模型波流试验来确定设计荷载并进行验算,这是在目前重大桥梁工程通常采用的设计方式基础上,简化考虑风-浪-流耦合作用进行设计的一种设计方式。等级Ⅲ要求最高,体现了风-浪-流耦合作用设计思想,在设计参数确定时,通过风-浪-流耦合场现场同步观测来考虑风、浪、流等环境参数的相关性;在设计荷载和结构验算时,通过数值模拟和弹性模型风-浪-流试验来考虑风-浪-流耦合场的整体效应及其与桥梁结构之间的动态耦合效应,这是未来跨海大型桥梁工程推荐采用的设计方式。

3.3 风-浪-流耦合作用与其他作用组合

3.3.1 将风-浪-流耦合作用看成一个可变作用参与作用组合。

3.3.2 当风-浪-流耦合作用设计目标等级为Ⅰ、Ⅱ级时,考虑风-浪-流耦合作

用组合时,应遵循以下原则:

3.3.2.1 按承载能力极限状态设计时,风-浪-流耦合作用计算。

(1)基本组合(对持久设计状况和短暂设计状况),按式(3.3.2.1-1)计算:

$$S_{wud} = \gamma_0 \psi S(\gamma_{Q1} Q_{1k}, \psi_0 \gamma_{Q2} Q_{2k}) \qquad (3.3.2.1-1)$$

式中:S_{wud}——承载能力极限状态下风-浪-流耦合作用基本组合效应设计值;

$S(\ )$——作用组合的效应函数;

γ_0——结构重要性系数,按《公路桥涵设计通用规范》(JTG D60—2015)取值;

Q_{1k}——风荷载和浪-流耦合作用荷载中起主要作用的荷载标准值;

Q_{2k}——风荷载和浪-流耦合作用荷载中起次要作用的荷载标准值;

ψ_0——风荷载与浪-流耦合荷载相关系数,取0.9;

γ_{Q1}——Q_{1k}的分项系数;

γ_{Q2}——Q_{2k}的分项系数;

ψ——风-浪-流耦合作用参与基本组合时的组合系数。

ψ、γ_{Q1}和γ_{Q2},按如下规定取值:

①风-浪-流耦合作用在基本组合中为主导可变作用时,$\psi = 1.0$,$\gamma_{Q1} = 1.4$,$\gamma_{Q2} = 1.4$;

②风-浪-流耦合作用在基本组合中为非主导可变作用且Q_{1k}为风荷载时,$\psi = 0.75$,$\gamma_{Q1} = 1.1$,$\gamma_{Q2} = 1.4$;

③风-浪-流耦合作用在基本组合中为非主导可变作用且Q_{1k}为浪-流耦合作用荷载时,$\psi = 0.75$,$\gamma_{Q1} = 1.4$,$\gamma_{Q2} = 1.1$。

采用该组合时,对设计高水位和设计低水位、极端高水位、极端低水位以及设计高水位与设计低水位之间的某一不利水位,应分别进行计算。

(2)偶然组合(对偶然设计状况),按式(3.3.2.1-2)计算:

$$S_{cad} = \psi_q S(Q_{1k}, \psi_0 Q_{2k}) \qquad (3.3.2.1-2)$$

式中:S_{cad}——承载能力极限状态下风-浪-流耦合作用偶然组合的效应设计值;

ψ_q——风-浪-流耦合作用的准永久值系数,取0.75。

采用该组合时,对设计高水位和设计低水位分别进行计算。

3.3.2.2 按正常使用极限状态设计时,风-浪-流耦合作用计算。

频遇组合或准永久组合,按式(3.3.2.2)计算:

$$S_{cfd} = \psi_q S(Q_{1k}, \psi_0 Q_{2k}) \qquad (3.3.2.2)$$

式中:S_{cfd}——正常使用极限状态下风-浪-流耦合作用频遇组合或准永久组合的效应设计值。

条文说明

2012—2014年，琼州海峡台风期间现场观测数据的分析结果表明：台风期间的风速和波高的相关性很强，绝大部分情况下，风速取最大值时，波高值也位于最大值附近。然而，流速与风速、流速与波高的相关性较弱，流速随时间呈大致周期性变化。台风"贝碧嘉"期间，归一化的风速、波高和流速随时间的变化过程如图3-1所示。为进一步分析风速与波高的相关程度，统计分析了10场台风过程中风速取最大值时刻对应的波高和最大波高的比值，结果表明：大部分台风过程中，风速取最大值时刻对应的波高与该台风过程中的最大波高的比值大于0.85。

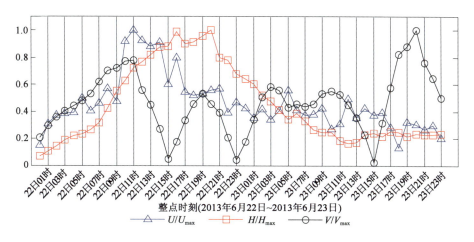

图3-1 台风"贝碧嘉"期间的归一化的风速、波高和流速随时间变化过程

此外，虽然波高与流速的相关性较弱，但海流对波浪的运动形态影响很大，浪-流场并不是纯波动场与纯水流场的简单叠加，而是一个比较复杂的耦合场。波浪运动时，水质点只做往复运动，而海流是水质点流动产生的，当波浪和海流相遇时，它们间的相互作用将影响各自的传播特性，即波浪要素将发生改变，其传播将发生折射，同时海流的流速分布也将发生变化。因此，与先单独计算波浪荷载和水流荷载再进行组合的传统方法相比，将浪-流耦合荷载作为整体考虑更为合理。

《公路桥涵设计通用规范》(JTG D60—2015)中将风荷载、浪荷载和流荷载看成三个可变作用。本条文将风荷载与浪-流耦合荷载组合之后的风-浪-流耦合作用看成一个可变作用来考虑，其中，风荷载与浪-流耦合荷载的组合系数是基于风速、波高和流速的现场观测数据的相关性分析结果确定。当跨海桥梁有1~3年的现场观测数据时，该系数可根据观测数据的相关性分析结果确定，无观测数据时，该系数可偏保守地取为0.9。

3.3.3 当风-浪-流耦合作用设计目标等级为Ⅲ级时，考虑风-浪-流耦合作用与其他作用组合时,应遵循如下原则。

3.3.3.1 按承载能力极限状态设计时,风-浪-流耦合作用计算。

(1)基本组合(对持久设计状况和短暂设计状况),按式(3.3.3.1-1)计算:

$$S_{wud} = \gamma_0 \psi \gamma_Q Q_k \qquad (3.3.3.1-1)$$

式中:S_{wud}——承载能力极限状态下风-浪-流耦合作用基本组合效应设计值;

γ_0——结构重要性系数,按《公路桥涵设计通用规范》(JTG D60—2015)取值;

Q_k——风-浪-流耦合作用标准值;

γ_Q——Q_k 的分项系数,取 1.4;

ψ——风-浪-流耦合作用参与基本组合时的组合系数。

ψ 按如下规定取值:

①风-浪-流耦合作用在基本组合中为主导可变作用时,$\psi = 1.0$;

②风-浪-流耦合作用在基本组合中为非主导可变作用时,$\psi = 0.75$。

采用该组合时,对设计高水位和设计低水位、极端高水位、极端低水位以及设计高水位与设计低水位之间的某一不利水位,应分别进行计算。

(2)偶然组合(对偶然设计状况),按式(3.3.3.1-2)计算:

$$S_{cad} = \psi_q Q_k \qquad (3.3.3.1-2)$$

式中:S_{cad}——承载能力极限状态下风-浪-流耦合作用偶然组合的效应设计值;

ψ_q——风-浪-流耦合作用的准永久值系数,取 0.75。

采用该组合时,对设计高水位和设计低水位分别进行计算。

3.3.3.2 按正常使用极限状态设计时,风-浪-流耦合作用计算。

频遇组合或准永久组合,按式(3.3.3.2)计算:

$$S_{cfd} = \psi_q Q_k \qquad (3.3.3.2)$$

式中:S_{cfd}——正常使用极限状态下风-浪-流耦合作用频遇组合或准永久组合的效应设计值。

3.4 风-浪-流耦合作用设计流程

3.4.1 当设计目标等级取为Ⅲ级时,可按图 3.4.1 的流程进行桥梁风-浪-流耦合作用设计。当设计目标等级取为Ⅰ级或Ⅱ级时,可参考图 3.4.1 并结合表 3.2.1 进行设计。

条文说明

在进行桥梁风-浪-流耦合作用设计时,需要开展的基本工作主要包括:

(1)确定风-浪-流耦合场设计参数。应通过调查和收集历史气象和水文资料,开展风-浪-流

3 • 风-浪-流耦合作用设计基本原则

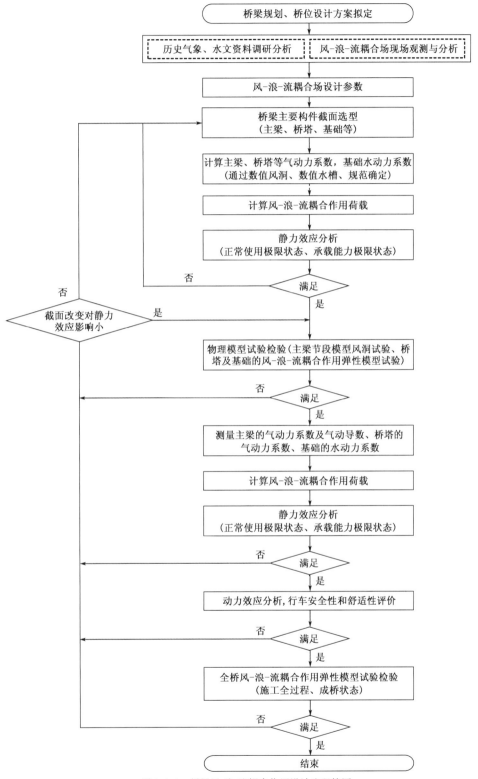

图 3.4.1 桥梁风-浪-流耦合作用设计流程简图

耦合场现场观测和分析,掌握桥位处的风-浪-流耦合场特性,并采用正确的方法确定合理的风-浪-流耦合场设计参数供设计使用。

（2）分析风-浪-流耦合作用荷载。采用规范公式、数值模拟或模型试验等方法分析确定桥梁方案的风-浪-流耦合作用荷载。

（3）检验风-浪-流耦合作用静力效应和动力效应。

①根据规范公式、数值模拟等方法确定的风-浪-流耦合作用荷载,并进行静力承载能力极限状态和正常使用极限状态的初步验算。

②当静力效应的初步验算满足要求时,开展主梁节段模型风洞试验、桥塔和基础的风-浪-流耦合作用弹性模型试验,并进行动力承载能力极限状态和正常使用极限状态的初步检验。

③当动力效应的初步检验满足要求时,详细测定主梁的三分力系数、气动导数,以及基础的水动力传递函数、附加质量系数和附加阻尼系数,并进行细致的静力效应检验。

④当静力效应的细致验算满足要求时,开展全桥风-浪-流耦合作用动力效应分析并进行细致的动力性能验算。

⑤当动力效应的详细验算满足要求时,最终进行全桥风-浪-流耦合作用弹性模型试验并进行动力性能检验。

⑥当以上静力效应和动力效应检验均满足要求时,说明设计方案成立,设计结束。上述过程中,当检验不满足要求时,应该对拟订方案(主要构件截面选型、桥跨布置、桥型方案等)进行修改。

4 风-浪-流耦合场观测和分析

4.1 一般规定

4.1.1 风-浪-流耦合场现场观测应根据工程项目需求和环境特点,遵循多点布设及空间相关、时间同步和连续的原则,获取工程区域的风-浪-流耦合场观测信息。

4.1.2 风-浪-流耦合场现场连续观测时间不应少于1年,应确保对台风期风-浪-流耦合场的有效观测。

4.1.3 风-浪-流耦合场现场观测前应编制观测大纲,观测大纲的内容应包括下列内容:

(1)观测项目概况、观测目的、内容和要求;
(2)采用的技术标准;
(3)观测仪器和观测方法;
(4)数据采集和处理方法;
(5)实施方案;
(6)预期成果;
(7)质量保证体系。

4.1.4 风-浪-流耦合场现场观测期间,应建立工作大事记,记录观测实施期间的仪器安装、调试,以及观测设备异常、观测站点位置变更和灾害天气过程等信息。此外,应记录工程区域的环境变化,分析其对观测结果的影响。

4.1.5 风-浪-流耦合场现场观测工作结束后,应编写观测报告,并根据工程项目的要求编写综合分析报告。

4.1.6 风-浪-流耦合场现场观测中有关风、浪、流、潮位等的观测和分析应符合国家现行有关标准的规定。

条文说明

跨海桥梁的长度可达几十千米,通航孔桥的跨径可达千米以上,桥梁不同位置处的风、浪、流荷载参数存在较大差异。为确保风-浪-流耦合场观测信息的可靠性,应选择多个代表性的观测点,且各观测点之间具有空间相关性,各观测点的观测记录应保持时间同步和连续,各观测点的观测时间不应少于1年且应包括有效的台风期观测信息。

4.2 风-浪-流耦合场观测站点布设

4.2.1 风-浪-流耦合场观测站点布设应满足空间相关性原则,由布设于桥位附近的多个风观测站、浪流观测站和潮位观测站组成,可实现台风期和非台风期的风、波浪、海流和潮位的多点空间相关、时间同步和连续观测,获得风场、波浪场、流场和潮位的观测数据。

条文说明

风-浪-流耦合场观测站点的布设,应考虑桥位一定范围内的地形、地貌和水位等环境因素,图4-1给出了风-浪-流耦合场观测站位布设示意。其中,L为桥梁长度,Z为结构高度。

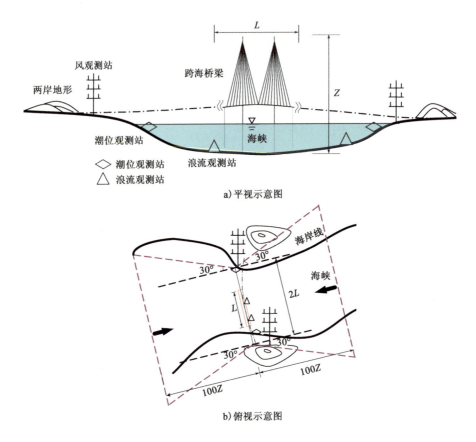

图4-1 风-浪-流耦合场观测站位布设示意图

4.2.2 风观测站布设

4.2.2.1 风观测站应布设于桥位区域开阔地带上,并远离悬崖边缘。风观测站应不少于2个,多个风观测站应进行同步观测。

条文说明

应测定观测场的经纬度(精确到秒)和海拔高度(精确到0.1m)。观测场的周围环境应符合《中华人民共和国气象法》以及有关气象观测环境保护的法规、规章和规范性文件要求。

4.2.2.2 风观测站应进行沿高度的梯度风观测,风剖面的观测点沿高度不宜少于3层,层间距不宜小于10m。

条文说明

风速沿高度的分布是桥梁风观测的重要内容。为实现梯度风观测,应建立梯度风观测站,这是实现跨海桥梁风-浪-流耦合场观测的重要一环。

4.2.2.3 风观测站应安装有效的避雷设备,避免观测仪器遭受雷击。

4.2.2.4 风观测站应采取有效的防雨、防潮、防腐蚀措施。

4.2.2.5 风观测站宜采用梯度风测风塔,测风塔应具有足够的刚度,可采用气象观测中常用的坐底塔结构或桅杆塔结构。

条文说明

琼州海峡跨海工程西线桥位的南岸风观测站采用桅杆塔结构,如图4-2所示。塔高65m,在10m、20m、40m、60m高度处分别布置超声波风速仪与机械式风速仪,并在桅杆塔结构旁边

图4-2 琼州海峡跨海工程西线桥位南岸风观测塔全景

设置辅助塔,用于安装高速数据采集存储、发射平台和太阳能供电子系统等。

4.2.3 浪流观测站布设

4.2.3.1 波浪观测站与海流观测站可同站设置(浪流观测站),设于桥位附近具有代表性的水域。浪流观测站应不少于2个,多个浪流观测站应进行波面和分层流速的同步观测。

条文说明

波浪和海流观测同站设置可更好地研究波浪、海流的同步特性和耦合特性。此外,同站设置可方便站点投放和回收管理,减少观测站对水域的干扰。

浪流观测的目的在于为桥梁设计提供波浪和海流设计参数。因此,观测站应布设在代表工程海域,如通航孔桥的桥塔附近海域、非通航孔桥的桥墩附近海域等。浪流观测站所测得的波浪和海流要素数据,应能够反映相关要素的分布特征和变化规律。

对于工程海域的海流观测,除设置浪流观测站进行同步观测外,还应进行工程海域航道的流迹线观测。

4.2.3.2 浪流观测站一般采用水面浮标重力式观测方式或水下坐底式声学观测方式,当观测海区底床较为平坦、冲淤相对较小时,宜采用水下坐底式声学观测方式。

条文说明

浪流观测站应重点观测台风期间的波浪和海流信息。为保证观测质量,减少台风对观测设备的干扰,宜采用坐底式声学观测设备,如图4-3所示。

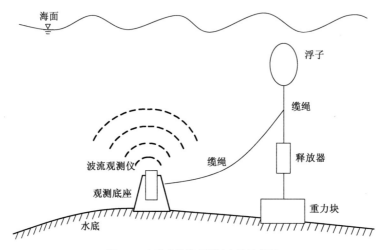

图4-3 坐底式浪流观测站布置示意图

4.2.3.3 浪流观测站应设置警示标志,防止遭受人为破坏和丢失。

条文说明

为防止捕鱼作业、通航船只等意外损坏观测设施,应在设备附近水面设立警示标志。

4.2.4 潮位观测站布设

4.2.4.1 潮位观测站应布设在桥位附近风浪较小、往来船只较少的位置,且应避开冲刷、崩塌、淤积的海岸水域。潮位观测站应不少于2个,多个潮位观测站应进行同步的潮位观测。

4.2.4.2 潮位观测站应在适当位置设置一个基本水准点和一至两个校核水准点。基本水准点是观测站永久性的高程控制点。校核水准点是用于引测和检查水尺零点、读数指针高程的水准点。

4.3 风-浪-流耦合场观测仪器

4.3.1 风-浪-流耦合场观测仪器应根据工程项目的需要和工程区域的环境特点确定。

4.3.2 风-浪-流耦合场观测仪器类型应根据所测要素的变化范围和测量精度要求确定,观测仪器的量测精度不应低于表4.3.2中的要求。

观测仪器的量测精度 表4.3.2

	量测项目	允许偏差
风	风速 V(m/s)	±0.3
	风向 β(°)	±3
波浪	波高 H_s(m)	±10%量测值
	波周期 T(s)	±0.5
	波向 θ_w(°)	±5
水流	流速 U(m/s)	±5%量测值
	流向 θ_c(°)	±5
潮位	潮时 T_t(min)	±1
	潮位 H_t(cm)	±1

4.3.3 风-浪-流耦合场观测仪器的采样频率不应低于表4.3.3中的要求,且各类观测仪器的时钟应保持同步。

观测仪器的采样频率 表4.3.3

量测项目	采样频率(Hz)
风参数	1
波浪参数	1
海流参数	1
潮位参数	1/60

4.3.4 风-浪-流耦合场观测仪器的安装应按各仪器的使用要求进行,在观测期间应及时检查和维护观测仪器。

4.3.5 风观测仪器可选用螺旋桨机械式风速仪、超声风速仪、风廓线仪(又称低空相控阵声雷达)等。当需要观测风攻角和三维脉动风速时,应选用三维超声风速仪。

条文说明

螺旋桨机械式风速仪性能稳定,但是采样频率较低,适宜用于常规风速观测。

超声风速仪采样频率高,但容易遭受外界环境影响,尤其是雷击损坏。

风廓线仪属于新一代遥感测风系统,是一种应用于气象业务探测的新手段,可用于测量三维风速和风向及紊流竖向剖面。

图4-4给出了常用的三种风观测仪器的典型照片。

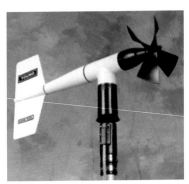  

a) RM.YANG螺旋桨风传感器　　b) 三维超声风传感器　　c) MFAS SODAR风廓线仪

图4-4　三种常用风观测仪器的照片

4.3.6 波浪和海流同站观测仪器可选用水面浮标重力式测波仪、水下坐底式声学测波仪。不同的观测站点宜选用相同类型的观测仪器,当选用不同类型仪器时,应保证不同类型仪器的量测精度和结果的一致性。

条文说明

水面浮标重力式测波仪的原理是利用安装在浮标内或浮标下的重力加速度计来反映海面水质点的运动,其优点是自动化程度高、适应性强、不受天气影响,缺点是成本高、维修费用大、浮标易丢失,有些仪器还不能给出波向。主要产品有荷兰Datawell的"波浪骑士"、挪威Fugro Oceanor的wacescan浮标、我国SZF和SBF型测波浮标等。

水下坐底式声学测波仪一般采用基于声学多普勒原理的声学仪器ADCP(Acoustic Doppler Current Profiler)测量波浪。ADCP可以观测不同水层的流速剖面,同时可以记录自由表面的波动。主要产品有美国Teledyne RDI开发出的ADCP波列阵、挪威Nortek生产的声学多普勒剖面流速及海浪测量仪 AWAC 等。

图 4-5 给出了常用的两种浪流观测仪器的典型照片。

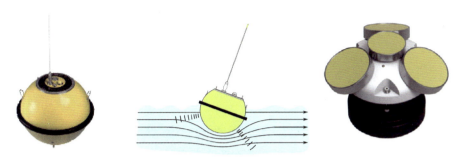

a) Directional Waverider DWR4/ACM波浪浮标　　　　b) AWAC（400kHz）

图 4-5　两种浪流观测仪器的典型照片

4.3.7　水流观测仪器可选用机械旋桨式水流计、电磁式水流计或声学式水流计等。浪流同站观测时，应选用能同时观测波浪和水流参数的观测仪器。

条文说明

机械旋桨式水流计根据旋桨叶片受水流推动的转数确定流速，用磁罗盘确定流向(必须确定磁差)。根据这类仪器记录方式的特征，大致可以分为印刷型、照相型、磁带记录型等。

电磁式水流计利用法拉第电磁感应定理，通过测出海水流过磁场时所感应的电动势来测量流速。

声学式水流计以声波在流动液体中的多普勒频移来测量流速，是目前海洋研究项目中观测多层海流剖面的最有效仪器，具有准确度高、分辨率高、操作方便等特点。

4.3.8　潮位观测仪器宜选用声学式、压力式等自记水位计。

条文说明

自记水位计具有记录连续、完整、节省人力等优点。此外，GPS 验潮及潮汐遥感验潮等新技术也逐渐应用于潮位观测。

4.4　风-浪-流耦合场观测数据采集和分析

4.4.1　风-浪-流耦合场观测数据采集包括良态气候期和台风影响期两个时期，其中台风影响期应加密采样，并保证采样时间的同步和连续。

条文说明

在风-浪-流耦合场观测中，风速、波高和流速参数的采样频率应不小于 1Hz。对于台风影响较大的工程区域,采样频率可加密到4Hz甚至更高,以获取更丰富的观测数据。

4.4.2 风-浪-流耦合场观测数据应及时收集和处理分析,对异常观测数据应及时查找和分析原因。

条文说明

影响观测数据可靠性的因素包括观测仪器的性能(如数据采样的方式、分辨率、量程以及跟踪能力等)、安装方式和观测运行管理等。

当观测数据出现异常值时,有可能是被测要素在海况急剧变化的真实记录,如强台风期的波高数据等,也有可能是仪器失灵、环境干扰等原因造成的错误记录值,若属后者原因引起,这类数据应该从观测资料中剔除。

4.4.3 风观测数据分析应包括平均风速、风向、风攻角、风剖面指数、阵风因子、紊流度和风谱等,并绘制风玫瑰图、统计大风天数。

条文说明

平均风速的定义建立在一定时间长度(时距)的基础上,平均风速的时距通常取10min。每10min时距内的水平平均风速和平均风向角由式(4-1)、式(4-2)确定:

$$U = \sqrt{(\bar{u}_x)^2 + (\bar{u}_y)^2} \tag{4-1}$$

$$\Phi = \begin{cases} \arccos \dfrac{\bar{u}_x}{U} & if \quad u_y \geq 0 \\ 2\pi - \arccos \dfrac{\bar{u}_x}{U} & if \quad u_y < 0 \end{cases} \tag{4-2}$$

式中:$\bar{u}_x$、$\bar{u}_y$——记录风速 u_x 和 u_y 在10min时距内的平均值(m/s)。

风攻角是指风的来流方向与水平面的夹角,当风速的垂直分量竖直向上时,风攻角为正,反之为负。不同的天气系统,尤其是涡旋结构(如热带气旋、龙卷风等)的强烈天气系统也可以导致风攻角的变化。

风剖面指数需要根据风速观测塔不同高度处的风速进行非线性拟合得到。

阵风因子 G_g 可表示风的脉动强度,阵风因子定义为时距内的最大瞬时风速 $\hat{U}$ 与该时距的平均风速 U 之比[式(4-3)]:

$$G_g = \frac{\hat{U}}{U} = 1 + \frac{\hat{u}}{U} \tag{4-3}$$

式中:$\hat{U} = U + \hat{u}$。

紊流强度 I_i 定义为时距内脉动风速根方差与平均风速之间的比值,纵向、横向和竖向的紊流强度分别定义如下:

$$I_i = \frac{\sigma_i}{U} \quad (i = u, v, w) \tag{4-4}$$

式中:σ_u、σ_v、σ_w——顺风向、水平横风向和竖向脉动风速 $u(t)$、$v(t)$ 和 $w(t)$ 的根方差。

风谱可以通过对现场观测的风速样本时程进行频谱分析,并对现有风谱模型待定参数进行拟合得到。

为了使用方便,常将收集的风观测数据进行统计整理,按16个方位绘制成风玫瑰图,以表示风的观测时段、风速、风向和发生频率的分布情况。

由于大风(风力≥6级)能够极大地影响工程的施工进度,因此在设计过程中需对海区的大风日数进行统计,求得一年中出现大风日数的平均值,供设计和施工单位使用。

4.4.4 波浪观测数据分析应包括波高、波周期、波向、波浪谱的确定和波浪的分频分级等,此外还包括波浪类型的判别。

条文说明

对于波浪观测数据,虽然可采用上跨零点法得到一系列的波高和周期,但采用其表征波系不是很方便。通常采用两种方法来表征不规则波,一种是对波高、周期进行统计分析,采用具有某种统计特征值的波作为代表波(特征波),另一种方法是用频谱。

特征波可采用部分大波平均值定义,如最大波、1/10大波、有效波和平均波等,或采用超值累积率法定义,如 $H_{1\%}$、$H_{5\%}$ 和 $H_{13\%}$ 等。

波浪玫瑰图是某海域、某时间段内各方位波浪的大小及频率的统计图,可形象地显示该海区的强浪向和常浪向,是工程规划、设计中所必需的海况统计资料。图4-6为某工程海域一次台风影响期的波高玫瑰图。

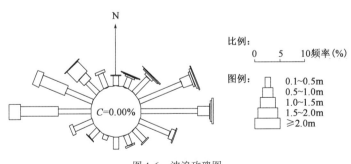

图4-6 波浪玫瑰图

4.4.5 水流观测数据分析应包括流速的垂向分布和断面的平均流速、流向,以及潮流和余流的分离等。

条文说明

水流观测数据应统计分析得到表层、$0.2H$、$0.4H$、$0.6H$、$0.8H$、底层和断面平均的流速、流向，H 为水深。

近岸区域实测到的海流是潮流、风海流和波浪流等的综合水流。为了应用上的方便，通常将其分解成周期性的潮流和非周期性的余流。对海流观测资料进行分析时，总流动可以表示为如式(4-5)、式(4-6)形式：

$$u(t) = \hat{u}(t) + \sum_j D_j X_j \cos(\sigma_j t + \gamma_j - \phi_j) \tag{4-5}$$

$$v(t) = \hat{v}(t) + \sum_j D_j Y_j \cos(\sigma_j t + \gamma_j - \theta_j) \tag{4-6}$$

式中：u、v——海流总流动的南北分量和东西分量(cm/s)；

$\hat{u}$、$\hat{v}$——余流的南北分量和东西分量(cm/s)；

j——分潮；

σ——分潮的角速度(°/s)；

D、γ——天文参数，是时间和地点的函数；

X、Y——各分潮南北、东西分量的振幅(cm/s)；

ϕ、θ——各分潮南北、东西分量的迟角(°)。

对海流观测资料进行调和分析后，由式(4-7)、式(4-8)计算任意时刻的潮流：

$$u^*(t) = \sum_j^M D_j X_j \cos(\sigma_j t + \gamma_j - \phi_j) \tag{4-7}$$

$$v^*(t) = \sum_j^M D_j Y_j \cos(\sigma_j t + \gamma_j - \theta_j) \tag{4-8}$$

式中：M——调和分析中采用的分潮数。

观测期间的余流可采用式(4-9)、式(4-10)计算得到：

$$\hat{u}(t) = u(t) - u^*(t) \tag{4-9}$$

$$\hat{v}(t) = v(t) - v^*(t) \tag{4-10}$$

4.4.6 潮位观测数据分析应包括最高和最低天文潮位、最高和最低静水位、平均水位、潮汐的调和分析等。

条文说明

潮汐变化除受到天体运行所产生的引潮力以及水文气象因素外，还受到海岸形态及水下地形的影响，各地潮位差异甚大。为了掌握某一地点的潮汐变化规律，必须在该地设立验潮站进行观测。

天文潮差为最高天文潮位和最低天文潮位的差值;平均水位为最高天文潮位和最低天文潮位之间的平均值;最高和最低静水位是在最高和最低天文潮位的基础上考虑了风暴潮影响后的水位。各潮位之间的关系如图4-7所示。

```
———————————————————  最高静水位
                                    ┐
最高天文潮位(HAT)                     │ 风暴潮增水
———————————————————              ┘
                                    ┐
平均静水位(MWL)                       │ 天文潮差
———————————————————              │
最低天文潮位(LAT)                     ┘
                                    ┐
———————————————————              │ 风暴潮减水
最低静水位                           ┘
```

图4-7 水位定义示意图

由于潮位变化具有较强的周期性,潮位变化按展开式的谐波项分解为许多分潮,各分潮的振幅和相位可根据潮位观测数据计算得到。

4.4.7 风-浪-流耦合场相关特征参数的耦合特性分析,包括风速、波高、流速、风向、波向、流向等参数的相关性分析,以及台风过程中风谱、波谱的形态演变分析等。

条文说明

从风-浪-流耦合场的同步观测数据中,可统计最大风速时刻对应的波高和流速取值、最大波高时刻对应的风速和流速取值,分析风速、波高和流速参数的相关性。

图4-8给出了琼州海峡跨海工程西线桥位区域,2012—2014年俘获的10次台风过程中风速取最大值时刻的波高、流速与相应台风过程中的最大波高、最大流速的比值。可以看出,在大部分台风过程中,风速最大值时刻的波高与相应台风过程中的最大波高的比值位于0.80左右,

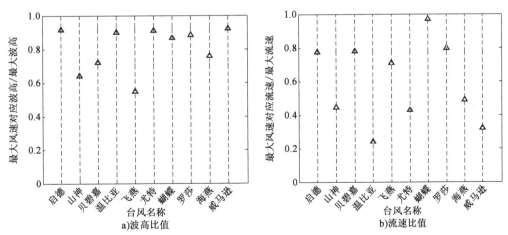

图4-8 台风过程中最大风速时刻对应的波高、流速与相应台风过程中最大波高、最大流速的比值

这说明风速和波高相关程度很强;风速最大值时刻的流速与相应台风过程中的最大流速比值分布比较分散,这说明风速和流速的相关程度较弱。

波浪频谱形态在整个台风过程中存在典型的变化过程。台风发生前,波浪场主要受局部风场影响,波浪谱形宽,谱峰值较小,波浪周期较短;台风发生期间,随着台风逐渐增强,波浪谱形变窄,波浪能量更加集中,谱峰周期变长;台风过后,随着台风作用慢慢消失,波浪谱形变宽,谱峰周期变短。某台风过程中波浪频谱形态的演化如图4-9所示。

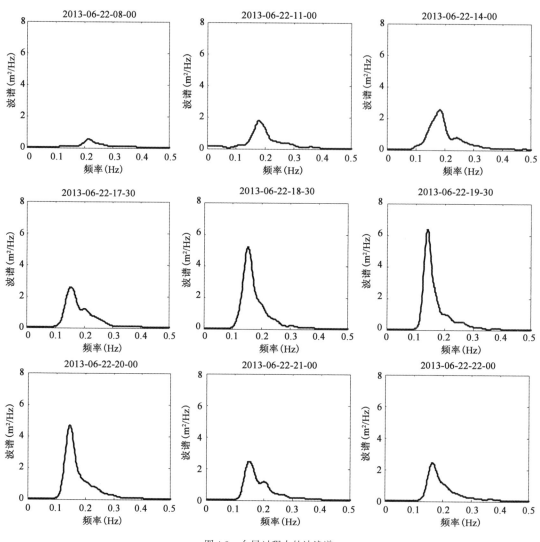

图4-9 台风过程中的波浪谱

5 风-浪-流耦合场设计参数

5.1 一般规定

5.1.1 风-浪-流耦合场设计参数包括设计风参数、设计波浪参数、设计海流参数和设计水位参数。

条文说明

设计风参数主要包括风速、风向、风攻角、风剖面指数、阵风因子、紊流度、风谱。

设计波浪参数主要包括波高、波周期、波向、波浪谱。

设计海流参数主要包括流速、流向和流速垂向分布。

设计水位参数主要包括设计高水位、设计低水位、极端高水位、极端低水位。

5.1.2 风-浪-流耦合场设计参数应根据历史气象水文观测资料和现场观测资料进行推算,同步连续的资料年数不宜少于20年。

条文说明

推算风-浪-流耦合场设计参数一般要求有20年的同步观测资料,但实际上工程区域很难有20年的历史同步观测资料,特别是波浪和海流的观测资料比较缺乏。

为获得20年以上的同步连续资料,可利用风-浪-流耦合场现场1~3年的短期观测数据,结合已有的历史气象水文资料,采用风-浪-流耦合场数值模拟分析系统数值后报方法,获得超过20年的风-浪-流耦合场风速、波高和流速等设计参数的同步连续极值序列样本,用于推算风-浪-流耦合场设计参数。目前已知的全国沿海、海岛及海峡百年一遇的基本风速见附录A。

5.1.3 运营期桥梁风-浪-流耦合场的设计参数重现期应根据桥梁设计基准年限来确定。施工期风-浪-流耦合场的设计参数重现期应根据工程规模和重要性按施工年限推算。浮运沉放期桥梁大型深水预制基础施工窗口期风-浪-流耦合场设计参数应根据良态气候期观测数据、施工作业条件等综合分析确定。

条文说明

桥梁风-浪-流耦合场设计参数重现期应与桥梁设计基准年限相匹配。

跨海桥梁往往是国家主干路网中的关键控制性工程,其社会经济影响巨大。对于运营阶段,设计参数重现期不应小于100年,如港珠澳大桥采用的设计使用年限为120年,设计参数重现期取120年。对于施工阶段,设计参数重现期不应小于25年,具体取值与工程规模、重要性和计划施工年限有关。杭州湾大桥施工阶段风速取30年一遇10m高度的设计风速。

5.2 风-浪-流耦合场设计参数分析方法

5.2.1 风-浪-流耦合场风速、波高、流速等设计参数应采用联合概率方法推算;其余设计参数应根据风-浪-流耦合场现场观测结果、历史气象水文资料和相关规范推算。

条文说明

风-浪-流耦合场设计参数可以大致分为两类,一类是风速、波高和流速等直接表征环境条件强度类的参数,这类参数相关性较强,推算时应采用联合概率的方法;另一类是结构设计中需要用到的方向、分布、频谱类的参数,这类参数相关性较弱,可根据现场观测结果、历史气象水文资料和相关规范直接推算。

5.2.2 采用联合概率方法推算风-浪-流耦合场风速、波高和流速等设计参数的分析流程见图5.2.2,设计参数的取值应根据不同结构构件响应的敏感性分析分别确定。其中,风-浪-流耦

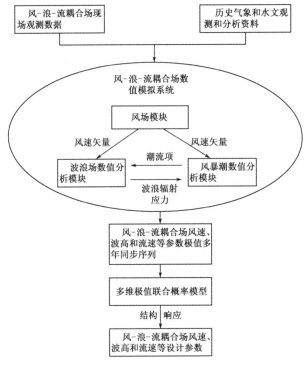

图 5.2.2 风-浪-流耦合场风速、波高、流速等设计参数的分析流程图

合场数值模拟分析参见附录 B，风速、波高和流速等设计参数的多维极值联合概率模型参见附录 C。

条文说明

一般工程区域很难有 20 年以上的风速、波高和流速等设计参数的同步观测资料。推算风-浪-流耦合场风速、波高、流速等设计参数，可结合已有的同步观测资料和数值模拟手段建立工程区域风-浪-流耦合场数值分析模型，并通过不少于 1 年的同步观测资料校核和验证该数值分析模型。在此基础上，由风-浪-流耦合场数值分析模型后报反演得到不少于 20 年的风速、波高和流速等设计参数的同步连续信息，进一步建立风速、波高和流速等设计参数多维极值联合概率模型，最后基于不同结构构件响应的敏感性分析，确定不同结构构件的风速、波高和流速等设计参数取值。

桥梁的主梁、缆索系统等上部结构构件一般对风的作用最为敏感，这些结构构件的风-浪-流耦合场设计参数取值时，应考虑风速最大时的风速、波高、流速等设计参数的组合。桥梁的索塔、桥墩、基础等下部结构构件对波浪的作用更为敏感，其风-浪-流耦合场设计参数取值时，应考虑波高最大时的风速、波高、流速等设计参数的组合。

5.2.3 应根据观测资料和风-浪-流耦合场数值模拟分析结果，统计分析工程区域风向、浪向和流向的分布相关性，给出风、浪、流的主方向。

条文说明

根据观测资料和风-浪-流耦合场数值分析结果，统计分析工程区域的风向、浪向和流向分布，包括：①盛行风向，特别是热带气旋大风、冷空气大风以及龙卷风等强对流天气大风；②常浪向、次常浪向、强浪向的分布特点；③潮汐类型及流向分布特点。通过绘制风向玫瑰图和浪向玫瑰图，结合工程区域流向分布，给出工程区域风、浪、流的主方向。

对于台风影响较大的工程区域，应分析不同台风路径下的风向与波向的相关性及分布规律。

5.2.4 对于受台风影响较大的工程区域，宜考虑台风路径和地形的影响，采用风-浪-流耦合场设计参数重现期的风参数，并按历史上的最不利台风路径进行风-浪-流耦合场数值模拟分析，获得极端天气条件下的风速、风向、波高、波向、流速、流向等设计参数。

条文说明

在台风影响较大的工程区域，可通过统计分析工程区域典型的几类台风路径，采用风-浪-流耦合场设计参数重现期的风参数，按历史上最不利台风路径进行风-浪-流耦合场数值模拟分析,给出极端天气下的风-浪-流耦合场设计参数,供设计参考使用。

图 5-1 给出了琼州海峡跨海工程海域的五类典型台风路径。其中,第Ⅰ类台风路径对跨海工程的影响最大,历史上出现概率为 23%,为最不利台风路径。

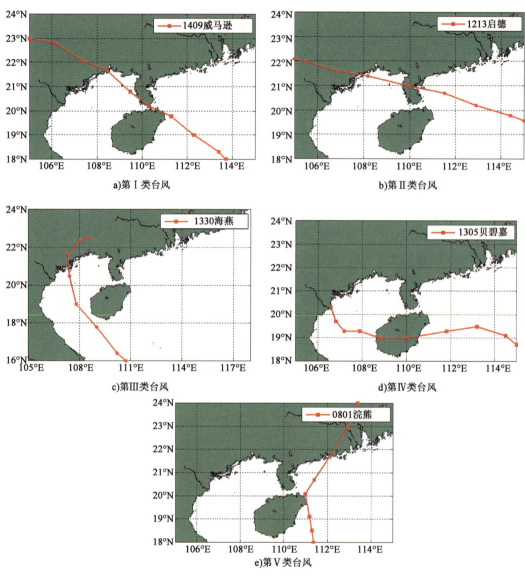

图 5-1 琼州海峡跨海工程海域的五类典型台风路径示意图

5.3 设计风参数

5.3.1 基本风速

5.3.1.1 基本风速指桥梁设计基准期 T 年重现期的风速,应采用第 5.2 节的方法推算。

5.3.1.2 简化计算时,海面上基本风速可用陆地上基本风速乘以风速增大系数得到,见表5.3.1.2。

海面上基本风速增大系数　　　　表5.3.1.2

海面距海岸距离(km)	海面上基本风速增大系数
<2	<1.10
2~30	1.10~1.14
30~50	1.14~1.22
50~100	1.22~1.30
>100	根据实测或调查资料确定

条文说明

由于气流在海面的摩擦力小于陆地,再加上陆地与海面的地形、温差等影响,海面上的风速往往比陆地的上风速大。因此,采用陆地上的基本风速推算海面上的基本风速时,应乘以风速增大系数。表5.3.1.2的取值,参考了中国船级社《海上固定平台入级与建造规范》(CCS 1992)的有关规定。

5.3.2 设计基准风速

5.3.2.1 地表粗糙度系数可按表5.3.2.1的规定选取。

地　表　分　类　　　　表5.3.2.1

地表类别	地表状况	地表粗糙度系数 α	粗糙高度 z_0 (m)
A0	开阔海面	0.10	0.01
A	海岸、峡湾	0.12	0.01

条文说明

根据琼州海峡2012—2015年现场风速观测资料的统计分析,当风速大于25m/s(10级及以上的大风)时,地表粗糙度系数 α 趋近于0.08,见图5-2。因此,本指南在传统A类地表类别的基础上,新增加了A0类地表,该地表类别对应于开阔海面。

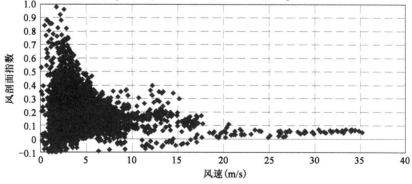

图5-2 琼州海峡现场观测统计的风剖面指数随风速变化规律

5.3.2.2 风速沿竖向高度的分布可按式(5.3.2.2)计算：

$$V_{z_2} = V_{z_1}\left(\frac{z_2}{z_1}\right)^\alpha \tag{5.3.2.2}$$

式中：V_{z_2}——地面以上高度 z_2 处的风速(m/s)；

V_{z_1}——地面以上高度 z_1 处的风速(m/s)；

α——地表粗糙度系数。

5.3.2.3 桥梁构件基准高度处的设计基准风速可按式(5.3.2.3)计算：

$$V_d = V_{a10}\left(\frac{Z}{10}\right)^\alpha \tag{5.3.2.3}$$

式中：V_d——桥梁构件设计基准风速(m/s)；

V_{a10}——桥址处的设计风速(m/s)；

Z——构件基准高度(m)。

5.3.3 一般情况下，风攻角应在 $-3°\sim+3°$ 范围内取值。在地形影响较大的工程区域，应结合现场观测资料，可在 $-5°\sim+5°$ 范围内取值。

5.3.4 阵风风速可按式(5.3.4)计算：

$$V_g = G_g V_Z \tag{5.3.4}$$

式中：V_g——阵风风速，$1\sim3s$ 时距的平均风速(m/s)；

G_g——阵风因子，按工程区域现场风速观测资料的统计分析，也可按表5.3.4取值；

V_Z——基准高度 Z 处 10min 时距的平均风速(m/s)。

阵 风 因 子 G_g 表5.3.4

地 表 类 别	地 表 状 况	阵 风 因 子
A0	开阔海面	1.25
A	海岸、峡湾	1.38

条文说明

阵风因子是预测参考时间尺度内极值风速的重要参数。在本指南中，阵风因子定义为3s阵风风速与10min平均风速的比值。参考国内外现行抗风设计规范，A类场地的阵风因子取1.38。参考琼州海峡2012—2015年现场风速观测资料的统计分析结果，新增加的A0类场地的阵风因子通常取1.25。

5.3.5 风谱模型

5.3.5.1 风谱模型应根据工程区域风场观测资料拟合得到。当缺乏现场观测资料时，可采用 Simu 谱、Daveport 谱、Panofskey 谱、Kaimal 谱等。

条文说明

台风风谱模型应通过对强风观测记录进行相关分析,获得相关曲线和相关函数。根据预先建立的风谱模型数学表达式(5-1)、式(5-2),通过傅氏变换和非线性拟合技术确定模型中的具体参数数值,最终得到风速谱的数学表达式。

顺风向和水平向风谱模型:

$$\frac{nS_u(z,n)}{u_*^2} = \frac{Af^{(\alpha\beta-2/3)}}{(1+Bf^\alpha)^\beta} \tag{5-1}$$

式中:A、B、α、β——取值大于0的参数;

f——莫宁坐标,$f = nz/U(z)$,n 表示风的频率,$U(z)$ 表示高度 z 处平均风速,z 表示距离地面(或水平)的高度;

u_*——摩擦速度(m/s);

S_u——顺风向和水平方向的功率谱密度函数(m^2/s)。

垂向方向风谱模型:

$$\frac{nS_w(z,n)}{u_*^2} = \frac{Af}{(1+Bf)^2} \tag{5-2}$$

式中:A、B——取值大于0的参数;

S_w——垂直方向的功率谱密度函数(m^2/s)。

对琼州海峡台风期实测风谱及其拟合谱(图5-3)的分析表明:对顺风向谱,Simu谱对高风速谱形描述较好,但能量有偏离,Daveport谱能描述高-低频的变化,但低频段存在较大偏差;对垂直向风谱:Panofsky谱在高频有一定偏离。采用风谱模型数学表达式(5-1)、式(5-2)以较好地拟合实测风谱。

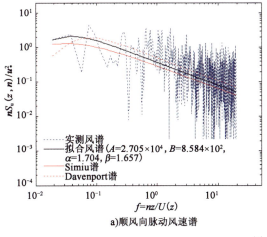
a)顺风向脉动风速谱

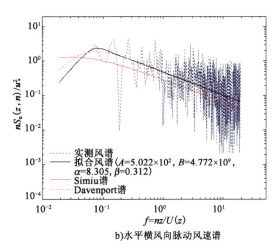
b)水平横风向脉动风速谱

图 5-3

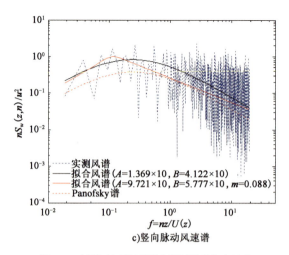

c) 竖向脉动风速谱

图 5-3 琼州海峡现场观测实测风谱及拟合风谱

5.3.6 紊流强度应根据工程区域风场观测资料统计分析得到。当缺乏现场观测资料时，按表 5.3.6 取值。

紊流强度 I_i 表 5.3.6

高 度 (m)	地表粗糙度类别	
	A0	A
$10 < Z \leq 20$	0.13	0.14
$20 < Z \leq 30$	0.12	0.13
$30 < Z \leq 40$	0.12	0.12
$40 < Z \leq 50$	0.11	0.12
$50 < Z \leq 70$	0.11	0.11
$70 < Z \leq 100$	0.10	0.11
$100 < Z \leq 150$	0.10	0.10
$150 < Z \leq 200$	0.10	0.10

条文说明

紊流强度是描述紊流风最常用的参数，定义为标准时距内脉动风速根方差与平均风速之间的比值，表征了风速随时间和空间而变化的程度。紊流强度不仅与地貌有关系，而且随高度而减小。表 5.3.6 中 A0 类地表的紊流强度是根据琼州海峡多年梯度风观测数据统计分析确定的。

5.4 设计波浪参数

5.4.1 设计波高

5.4.1.1 设计波高指桥梁设计基准期 T 年重现期的波高，应根据第 5.2 条的方法确定。

5.4.1.2 设计波高的波列累积频率取1%。

条文说明

设计波浪的重现期指设计波浪平均出现一次的时间,它代表波浪要素的长期(以几十年计)统计分布规律,主要反映跨海桥梁的使用年限和重要性。

设计波浪的波列累积频率指设计波浪在一次实际海面不规则波列中的出现概率,它代表波浪要素的短期(以几十分钟计)统计分布规律,主要反映波浪对跨海桥梁的作用性质。

5.4.2 各种累积频率波高间的换算

5.4.2.1 不规则波浪的波高可用平均波高 $\overline{H}$、均方根波高 H_r、累积频率为 F 的波高 H_F 和 $1/p$ 大波的平均波高 $H_{1/p}$ 等统计特征值表示。

5.4.2.2 各种累积频率波高间的换算关系可按式(5.4.2.2)计算:

$$H_F = \overline{H}\left[-\frac{4}{\pi}\left(1+\frac{1}{\sqrt{2\pi}}H^*\right)\ln F\right]^{\frac{1-H^*}{2}} \quad (5.4.2.2)$$

式中:H_F——累积频率为 F 的波高(m);

$\overline{H}$——平均波高(m);

H^*——相对水深(m),$H^* = \overline{H}/d$;

d——水深(m);

F——累积频率。

条文说明

$H_F/\overline{H}$ 的比值,是根据经过验证的瑞利分布关系得出的。

5.4.2.3 对于深水波,各种累积频率的波高可按式(5.4.2.3-1)~式(5.4.2.3-3)换算:

$$H_{1\%} = 2.42\overline{H} \quad (5.4.2.3\text{-}1)$$

$$H_{5\%} = 1.95\overline{H} \quad (5.4.2.3\text{-}2)$$

$$H_{13\%} = 1.61\overline{H} \quad (5.4.2.3\text{-}3)$$

式中:$H_{1\%}$——累积频率为1%的波高(m);

$H_{5\%}$——累积频率为5%的波高(m);

$H_{13\%}$——累积频率为13%的波高(m)。

条文说明

深水波一般指水深大于半个波长的波。

5.4.2.4 对于深水波,常见的 $1/p$ 大波、平均波高和均方根波高可按式(5.4.2.4-1)~式(5.4.2.4-4)换算:

$$H_{1/100} = 2.66\overline{H} \qquad (5.4.2.4\text{-}1)$$

$$H_{1/10} = 2.03\overline{H} \qquad (5.4.2.4\text{-}2)$$

$$H_{1/3} = 1.60\overline{H} \qquad (5.4.2.4\text{-}3)$$

$$H_r = 1.13\overline{H} \qquad (5.4.2.4\text{-}4)$$

式中:$H_{1/100}$——1/100 大波的平均波高(m);
$H_{1/10}$——1/10 大波的平均波高(m);
$H_{1/3}$——1/3 大波的平均波高(m);
H_r——均方根波高(m)。

5.4.2.5 部分波浪特征值可按 $H_{1/100} \approx H_{0.4\%}$,$H_{1/10} \approx H_{4\%}$,$H_{1/3} \approx H_{13\%}$ 换算。

5.4.3 设计波周期

5.4.3.1 设计波周期指桥梁设计基准期 T 年重现期的波周期,应根据第 5.2 条的方法确定。在连续观测资料不足时,可根据有效波高与有效波周期关系曲线确定,见图 5.4.3.1。

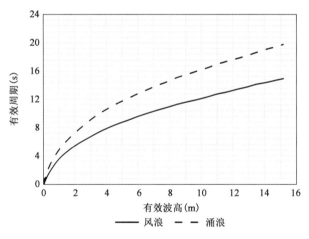

图 5.4.3.1 有效波高-有效波周期的关系曲线

条文说明

本条内容参考《浮式结构物定位系统设计与分析的推荐作法》(SY/T 10040—2002)第 4.4 节有关规定。

5.4.3.2 有效波周期、谱峰周期宜根据波浪场的统计分析结果得到,当无统计资料时,分

别按式(5.4.3.2-1)和式(5.4.3.2-2)计算,设计波浪波长可按式(5.4.3.2-3)计算:

$$T_s = 1.15\overline{T} \quad (5.4.3.2\text{-}1)$$

$$T_p = 1.05T_s = 1.21\overline{T} \quad (5.4.3.2\text{-}2)$$

$$L = \frac{g\overline{T}^2}{2\pi}\text{th}\frac{2\pi d}{L} \quad (5.4.3.2\text{-}3)$$

式中:L——波长(m);

　　g——重力加速度(m/s^2);

　　$\overline{T}$——平均周期(s);

　　T_s——有效波周期(s);

　　T_p——谱峰周期(s)。

5.4.4 波浪谱模型

5.4.4.1 波浪谱应根据现场观测资料、历史气象水文资料和相关规范分析确定。

5.4.4.2 波浪谱分析时,风浪谱模型宜参考文圣常谱和改进JONSWAP谱;当海况中涌浪部分是重要的,可参考Torsethaugen双峰谱。常用波浪谱的数学描述参见附录D。

条文说明

将台风过程中波浪场达到充分成长状态(波高接近到达最大值)时的观测波浪频谱与常用谱(文圣常谱、改进JONSWAP谱、布-光易谱、P-M谱等)进行对比,见图5-4。结果表明:多数情况下,观测波浪频谱与改进JONSWAP谱(谱峰因子γ取3.0)比较接近。

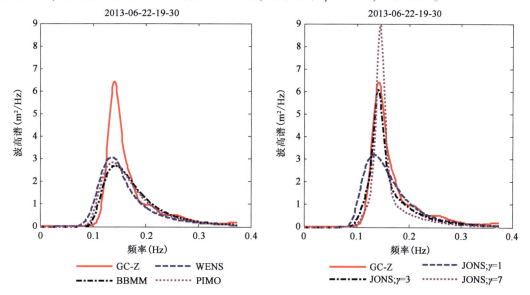

注:图中GC-Z指观测谱;WENS指文圣常谱;JONS指改进JONSWAP谱;BBMM指布-光易谱;PIMO指P-M谱。

图5-4 琼州海峡台风"贝碧嘉"过程中观测的海浪频谱与常用谱的对比

5.5 设计水流参数

5.5.1 设计水流流速

5.5.1.1 采用第5.2条的方法推算桥梁设计基准期 T 年重现期的水流流速作为设计流速。

5.5.1.2 近岸海流以潮流和风海流为主,近岸海流最大可能流速等于潮流最大可能流速与风海流最大可能流速的矢量和。

5.5.1.3 当实测资料不足时,开阔海域风海流在静水面的流速可按式(5.5.1.3)取值

$$U_w = KV_{10} \tag{5.5.1.3}$$

式中:U_w——风海流的流速(m/s);

V_{10}——海面上10min平均最大风速(m/s);

K——风系数,一般取 $0.024 \leq K \leq 0.05$。

5.5.2 当缺乏现场观测资料时,流速随水深的变化取值[式(5.5.2)]:

$$U_z = U_0 \left(\frac{z}{d}\right)^{1/7} \tag{5.5.2}$$

式中:U_z——海底以上高度 z 处的流速(m/s);

U_0——海面流速(m/s);

d——水深(m)。

5.6 设计水位参数

5.6.1 桥梁工程的设计水位包括设计高水位、设计低水位、极端高水位、极端低水位等参数。

条文说明

设计水位是指桥梁工程在正常使用条件下的高、低水位。极端水位相当于校核水位。

5.6.2 设计高水位应采用高潮累积频率10%的潮位或历时累积频率1%的潮位,设计低水位应采用低潮累积频率90%的潮位或历时累积频率98%的潮位。

5.6.3 极端高水位应采用桥梁设计基准期 T 年重现期的年极值高水位;极端低水位应采用桥梁设计基准期 T 年重现期的年极值低水位。

5.6.4 根据桥梁工程的重要性,当地海平面上升时,桥梁设计基准期 T 年的上升值可参照国家海洋局发布的《中国海平面公报》中的有关数值。

条文说明

海平面上升是由全球气候变暖引起的缓发性海洋灾害,给人类社会的生存和发展带来严重挑战,是当今国际社会普遍关注的全球性热点问题。中国沿海地区经济发达、人口众多,是易受海平面上升影响的脆弱区。2009 年《中国海平面公报》提供的数值见表 5-1。

2009 年发布的中国沿海各省(自治区、直辖市)海平面上升值　　　表 5-1

区域名称	未来 30 年预测值(mm) (相对于 2009 年海平面)	区域名称	未来 30 年预测值(mm) (相对于 2009 年海平面)
辽宁	79 ~ 121	浙江	88 ~ 140
河北	72 ~ 118	福建	70 ~ 110
天津	76 ~ 145	广东	83 ~ 149
山东	89 ~ 137	广西	74 ~ 110
江苏	77 ~ 128	海南	82 ~ 123
上海	98 ~ 148		

5.6.5 设计水位的统计和计算方法参见附录 E。

5.6.6 承载能力极限状态作用效应组合时,桥梁工程的计算水文应满足下列要求:

(1)持久组合:采用设计高水位、设计低水位、极端高水位、极端低水位、设计高水位与设计低水位分别进行计算;

(2)短暂组合:采用设计高水位、设计低水设、设计高水位与设计低水位之间的某一不利水位分别进行计算。

5.6.7 正常使用极限状态作用效应组合时,可不考虑极端水位。

5.7 浮运沉放施工窗口期设计参数

5.7.1 桥梁大型深水预制基础浮运沉放施工窗口期设计参数主要包括风速、波高、波周期和流速。

5.7.2 应充分调研浮运、沉放施工海域海洋环境参数的历史和现场观测资料,结合施工海域风-浪-流耦合场施工期设计参数、预制基础浮运沉放的施工作业周期、施工设备条件等,给出施工作业窗口期内的风-浪-流耦合场环境参数限值条件。

条文说明

预制基础的浮运、沉放施工作业对水文气象条件有严格要求。作业窗口期是指一个连续的时间段,在此期间水文、气象条件满足浮运、沉放的作业要求。作业窗口期的选择是一个关系到工程总体工期、工程风险、设备投入成本等的复杂课题,需要综合论证分析。

以港珠澳大桥岛隧工程为例,经充分论证分析后该项目沉管隧道浮运、沉放施工过程中的窗口期环境条件参数如表 5-2 所示。

浮运沉放施工窗口期环境条件参数　　　　表 5-2

作业阶段和内容		流速 (m/s)	波高 H_s (m)	波浪周期 (s)	风速 (级)	能见度 (m)
浮运	航道浮运	0.8	0.8	≤6	≤6	≥1 000
	基槽内浮运	0.6	0.8	≤6	≤6	≥1 000
沉放	沉放等待	1.3	0.8	≤6	≤6	≥1 000
	沉放实施	0.6	0.8	≤6	≤6	≥1 000

5.7.3 应根据桥梁大型深水预制基础的施工组织设计方案,对预制基础浮运、沉放两个施工阶段的施工工艺和作业时间进行细分,明确浮运和沉放的施工作业周期。

条文说明

桥梁大型深水预制基础的施工过程主要包括浮运、沉放两个阶段,浮运阶段主要包括预制基础出坞、航道内浮运和转向、基础系泊、沉放等待、消除干舷、基础下沉、定位调整等。预制基础浮运和沉放的施工作业周期是指从出坞、浮运到沉放完成需要的作业时间。

5.7.4 在浮运、沉放施工作业前,应建立施工作业窗口预报保障系统,为浮运、沉放作业提供窗口预报保障服务和决策支持。

条文说明

预报保障系统的预报内容应包括:
(1)气象预报要素:天气现象、风速、风向、水平能见度等;
(2)海浪预报要素:波高、周期、波向;
(3)海流预报要素:流速、流向;
(4)潮汐预报要素:潮高、高低潮位、高低潮时等。

6 风-浪-流耦合作用荷载

6.1 一般规定

6.1.1 在桥位风-浪-流耦合场作用下,桥梁结构或构件上的风-浪-流耦合作用荷载可分解为风荷载、浪-流耦合荷载。

6.1.2 风-浪-流耦合作用荷载与其他可变作用的作用效应组合应参照本指南 3.3 节的规定执行。

6.1.3 当风-浪-流耦合作用荷载与汽车荷载组合时,桥面高度处的风速可取为 25m/s,波浪、水流的设计参数与风参数的概率水准保持一致。

条文说明

研究表明,当风速大于 25m/s 时,桥上汽车的行驶安全性和舒适性将得不到保证,桥上交通关闭。因此,当风-浪-流耦合作用荷载与汽车荷载组合时,桥面高度处的风速可取为 25m/s。此外,考虑到风、波浪的相关性和设计目标可靠度统一,波浪和水流设计参数取值应与 25m/s 的风速处于相同的概率水准。

6.2 风荷载

6.2.1 风荷载组成

6.2.1.1 作用在桥梁结构上的风荷载,由平均风荷载、脉动风荷载和结构运动引起的风荷载三部分组成,即:

$$F_{\text{wind}} = F_q + F_b + F_s \tag{6.2.1.1}$$

式中:F_{wind}——作用在桥梁结构上的风荷载;

F_q——平均风引起的风荷载;

F_b——脉动风引起的风荷载;

F_s——结构运动引起的风荷载。

条文说明

作用在桥梁结构上的风荷载,由平均风荷载、脉动风荷载和结构运动引起的风荷载三部分组成。其中,脉动风荷载常称为抖振力荷载,结构运动引起的风荷载主要针对主梁而言,常称为自激气动力。桥梁设计中不同构件所涉及的主要风荷载及其描述如表6-1所示。

桥梁构件风荷载分类　　　　　　　　　　　表6-1

构件	风荷载	性质及描述形式	说明
主梁	平均静风荷载	采用静力三分力系数、平均风速与参考高度、参考宽度描述	
	抖振力荷载	采用静力三分力系数、平均风速、参考高度、参考宽度、脉动风速和气动导纳描述	气动导纳描述较难,通常简化处理
	自激气动力	钝体断面通常采用颤振导数来表示	
桥塔、桥墩	平均静风荷载	采用阻力系数、平均风速与参考宽度描述	
	抖振力荷载	采用阻力系数、平均风速、参考长度、脉动风速和气动导纳描述	
主缆、拉索	平均静风荷载	采用阻力系数、平均风速与直径描述	仅在超大跨桥梁中需要单独考虑拉索气动力
	抖振力荷载	采用阻力系数、平均风速、直径、脉动风速描述	

6.2.2　平均风荷载

6.2.2.1　主梁上的平均风荷载由单位展长的阻力、升力和扭矩描述(图6.2.2.1),在风轴坐标系中表达式如式(6.2.2.1-1)~式(6.2.2.1-3):

$$F_{q,d}^{D} = \frac{1}{2}\rho U^2 H C_{D,d}(\alpha) \qquad (6.2.2.1\text{-}1)$$

$$F_{q,d}^{L} = \frac{1}{2}\rho U^2 B C_{L,d}(\alpha) \qquad (6.2.2.1\text{-}2)$$

$$F_{q,d}^{M} = \frac{1}{2}\rho U^2 B^2 C_{M,d}(\alpha) \qquad (6.2.2.1\text{-}3)$$

式中:$F_{q,d}^{D}$——平均风引起的主梁的阻力(kN);

$F_{q,d}^{L}$——平均风引起的主梁的升力(kN);

$F_{q,d}^{M}$——平均风引起的主梁的扭矩(kN·m);

ρ——空气密度(kg/m³);

U——主梁上的平均风速(m/s);

α——风攻角(°);

$C_{D,d}$——主梁阻力系数,是关于风攻角α的无量纲形状系数,可通过风洞试验或数值方法获取;

$C_{L,d}$——主梁升力系数,是关于风攻角α的无量纲形状系数,可通过风洞试验或数值方法获取；

$C_{M,d}$——主梁扭矩系数，是关于风攻角 α 的无量纲形状系数，可通过风洞试验或数值方法获取；

H——主梁高度(m)；

B——主梁宽度(m)。

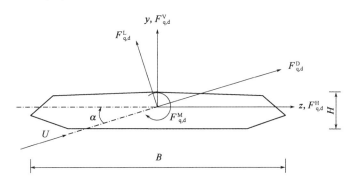

图 6.2.2.1　主梁平均风荷载示意

条文说明

平均风荷载的定义方式与坐标系、角度和参考长度有关，容易混淆。一般在风轴坐标系或体轴坐标系中描述风荷载。体轴坐标系与结构断面联系在一起，固定在横断面上；风轴坐标系由风的来流方向确定。主梁在风荷载作用下，结构姿态随时发生改变，不宜取用体轴下的平均风荷载。主梁上平均风荷载在体轴坐标系和风轴坐标系中的表达式见表 6-2。需要注意的是，表中 $C_{H,d}$ 和 $C_{D,d}$ 以主梁高度 H 为参考长度，其余系数以主梁断面宽度 B 为参考长度。

主梁上平均风荷载　　　　　　　　　　表 6-2

风 轴 坐 标 系	体 轴 坐 标 系	转 换 关 系
$F_{q,d}^{D} = \frac{1}{2}\rho U^2 H C_{D,d}(\alpha)$ $F_{q,d}^{L} = \frac{1}{2}\rho U^2 B C_{L,d}(\alpha)$ $F_{q,d}^{M} = \frac{1}{2}\rho U^2 B^2 C_{M,d}(\alpha)$	$F_{q,d}^{H} = \frac{1}{2}\rho U^2 H C_{H,d}(\alpha)$ $F_{q,d}^{V} = \frac{1}{2}\rho U^2 B C_{V,d}(\alpha)$ $F_{q,d}^{M} = \frac{1}{2}\rho U^2 B^2 C_{M,d}(\alpha)$	$F_{q,d}^{H} = F_{q,d}^{D}\cos\alpha - F_{q,d}^{L}\sin\alpha$ $F_{q,d}^{V} = F_{q,d}^{D}\sin\alpha + F_{q,d}^{L}\cos\alpha$

静力三分力系数由节段模型试验直接测量获得，或借助 CFD（计算流体力学，Computational Fluid Dynamics）软件得到数值结果。在节段模型测力试验中，三分力系数按照惯例定义如式(6-1)、式(6-2)：

$$C_{H,d} = \frac{F^H}{1/2\rho U_\infty^2 Hl} \quad C_{V,d} = \frac{F^V}{1/2\rho U_\infty^2 Bl} \quad C_{M,d} = \frac{F^M}{1/2\rho U_\infty^2 B^2 l} \quad (6\text{-}1)$$

$$C_{D,d} = \frac{F^D}{1/2\rho U_\infty^2 Hl} \quad C_{L,d} = \frac{F^L}{1/2\rho U_\infty^2 Bl} \quad C_{D,d} = \frac{F^M}{1/2\rho U_\infty^2 B^2 l} \quad (6\text{-}2)$$

式中：F^H、F^V、F^M——节段模型测力试验中模型受到的体轴坐标系下阻力(kN)、升力(kN)和力矩(kN·m)；

F^D、F^L、F^M——节段模型测力试验中模型受到的风轴坐标系下阻力(kN)、升力(kN)和力矩(kN·m)；

U_∞——试验风速(m/s)；

l——节段模型长度(m)。

相应地，三分力系数在体轴和风轴之间的转换关系见表6-3。

主梁三分力系数转换关系　　　　　　　　　　　　　　　　　表6-3

体轴坐标系到风轴坐标系	风轴坐标系到体轴坐标系
$C_{D,d} = C_{H,d}\cos\alpha + \dfrac{B}{H}C_{V,d}\sin\alpha$	$C_{H,d} = C_{D,d}\cos\alpha - \dfrac{B}{H}C_{L,d}\sin\alpha$
$C_{L,d} = -\dfrac{H}{B}C_{H,d}\sin\alpha + C_{V,d}\cos\alpha$	$C_{V,d} = \dfrac{H}{B}C_{D,d}\sin\alpha + C_{L,d}\cos\alpha$

图6-1为琼州海峡主跨2×1 500m三塔斜拉桥方案分体式钢箱梁主梁的静力三分力系数试验测试结果。

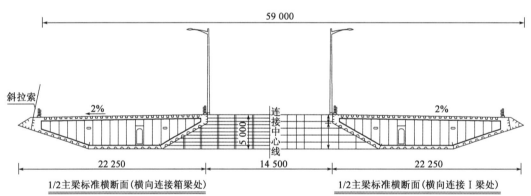

a) 主梁标准横断面图(单位：mm)

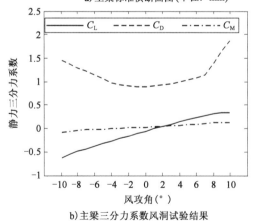

b) 主梁三分力系数风洞试验结果

图6-1　主梁断面静力三分力系数随风攻角变化曲线

6.2.2.2 塔柱或墩柱平均风荷载通常只考虑阻力,顺风向单位投影高度上的阻力表达式见式(6.2.2.2):

$$F_{q,t}^{D} = \frac{1}{2}\rho U^2 H_t C_{D,t}(\beta) \qquad (6.2.2.2)$$

式中:$F_{q,t}^{D}$——平均风引起的塔柱或墩柱的阻力(kN);

U——塔柱或墩柱上的平均风速(m/s);

β——风偏角(°);

$C_{D,t}$——塔柱或墩柱阻力系数,是关于风攻角 β 的无量纲形状系数,可通过风洞试验或虚拟风洞试验方法获取,或参照表6.2.2.2取值;

H_t——塔柱或墩柱的迎风面投影宽度(m)。

常用塔柱或墩柱截面的阻力系数 表6.2.2.2

截面形状	$\dfrac{t}{b}$	桥墩或桥塔的高宽比						
		1	2	4	6	10	20	40
风向 → □ (t,b)	$\leq \dfrac{1}{4}$	1.3	1.4	1.5	1.6	1.7	1.9	2.1
风向 → □ (t,b)	$\dfrac{1}{3} \sim \dfrac{1}{2}$	1.3	1.4	1.5	1.6	1.8	2.0	2.2
风向 → □ (t,b)	$\dfrac{2}{3}$	1.3	1.4	1.5	1.6	1.8	2.0	2.2
风向 → □ (t,b)	1	1.2	1.3	1.4	1.5	1.6	1.8	2.0
风向 → □ (t,b)	$\dfrac{3}{2}$	1.0	1.1	1.2	1.3	1.4	1.5	1.7
风向 → □ (t,b)	2	0.8	0.9	1.0	1.1	1.2	1.3	1.4
风向 → □ (t,b)	3	0.8	0.8	0.8	0.9	0.9	1.0	1.2
风向 → □ (t,b)	≥ 4	0.8	0.8	0.8	0.8	0.8	0.9	1.1

续上表

截面形状		桥墩或桥塔的高宽比						
		1	2	4	6	10	20	40
风向 ◇ 正方形或八角形 风向 ⬡		1.0	1.1	1.1	1.2	1.2	1.3	1.4
⬡ 12边形		0.7	0.8	0.9	0.9	1.0	1.1	1.3
○ 光滑表面圆形 若 $dU_d \geq 6\,\mathrm{m}^2/\mathrm{s}$		0.5	0.5	0.5	0.5	0.5	0.6	0.6
○ 1. 光滑表面圆形若 $dU_d < 6\,\mathrm{m}^2/\mathrm{s}$ 2. 有粗糙面或带凸起的圆形		0.7	0.7	0.8	0.8	0.9	1.0	1.2

注：1. 上部结构架设后，应根据高宽比为40计算阻力系数；
2. 对于带圆弧角的矩形桥墩，其阻力系数应由上表查出后再乘以 $1 - 1.5r/b$ 或0.5，并取二者中的较大值，r 为圆弧角的半径；
3. 对于带三角尖端的桥墩，其阻力系数应按能包括该桥墩外边缘的矩形截面计算；
4. 对随高度有锥度变化的桥墩，阻力系数应按桥墩高度分段计算；在推算 t/b 时，每段的 t/b 应按其平均值计，高宽比值应以桥墩总高度对每段的平均宽度计。

条文说明

作用于桥墩或桥塔上的风荷载，可根据地面或水面以上0.65倍墩高或塔高处的风速值计算确定。

对于桥塔塔柱、墩柱而言，在设计中往往个性化特征较为显著，在对风荷载较为敏感的结构设计中，往往通过风洞试验或虚拟风洞试验获取断面的阻力系数。但阻力系数受风偏角的影响较为明显（图6-2），为了考虑最不利影响，一般取横桥向或顺桥向附近±30°风偏角范围内的最不利值作为阻力系数设计值。

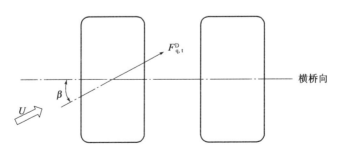

图6-2 塔柱截面与风偏角

6.2.2.3 缆索平均风荷载通常只考虑阻力,顺风向单位投影高度上的阻力表达式见式(6.2.2.3):

$$F_{q,c}^{D} = \frac{1}{2}\rho U^2 D_c C_{D,c}(\beta) \qquad (6.2.2.3)$$

式中:$F_{q,c}^{D}$——平均风引起的缆索的阻力(kN);

U——缆索上的平均风速(m/s);

β——风偏角(°);

$C_{D,c}$——缆索阻力系数,是关于风攻角 β 的无量纲形状系数;表面光滑、表面凹坑处理及表面缠绕螺旋线的拉索在设计基准期 T 年重现期风作用水平时阻力系数可取为1.0,在计算与活载组合的风作用水平时阻力系数可取为0.8;其他外形、并列平行布置以及考虑覆冰影响的斜拉索、主缆及吊杆(索)的阻力系数宜通过风洞试验或虚拟风洞试验获取;

D_c——缆索直径(m)。

条文说明

当悬索桥主缆的中心间距为直径的4倍及以上时,每根缆索的风荷载宜单独考虑,单根主缆的阻力系数可取0.7;当主缆中心间距不足直径的4倍以上时,可按一根主缆计算,其阻力系数宜取1.0。当悬索桥吊杆的中心间距为直径的4倍及以上时,每根吊杆的阻力系数可取0.7。

斜拉桥斜拉索的阻力系数在考虑与活载组合时可取为1.0,在设计基准风速下可取0.8。

6.2.3 脉动风荷载

6.2.3.1 主梁上的脉动风荷载由单位展长的抖振阻力、抖振升力和抖振力矩描述(图6.2.3.1),在风轴坐标系下其表达式见式(6.2.3.1-1)~式(6.2.3.1-3):

$$F_{b,d}^{D} = \rho UB\left\{H/B C_{D,d}(\alpha)\chi_{Du}u(t) + 1/2\left[H/B\frac{dC_{D,d}(\alpha)}{d\alpha}\chi_{Dw}w(t)\right]\right\} \quad (6.2.3.1\text{-}1)$$

$$F_{b,d}^{L} = \rho UB\left\{C_{L,d}(\alpha)\chi_{Lu}u(t) + 1/2\left[\frac{dC_{L,d}(\alpha)}{d\alpha} + H/B C_{D,d}(\alpha)\right]\chi_{Lw}w(t)\right\} \quad (6.2.3.1\text{-}2)$$

$$F_{b,d}^{M} = \rho UB^2\left[C_{M,d}(\alpha)\chi_{Mu}u(t) + 1/2\frac{dC_{M,d}(\alpha)}{d\alpha}\chi_{Mw}w(t)\right] \quad (6.2.3.1\text{-}3)$$

式中:$F_{b,d}^{D}$——脉动风引起的主梁上的抖振阻力(kN);

$F_{b,d}^{L}$——脉动风引起的主梁上的抖振升力(kN);

$F_{b,d}^M$——脉动风引起的主梁上的抖振力矩（kN·m）；

u、w——水平和竖向脉动风速分量；

$\dfrac{\mathrm{d}(\ )}{\mathrm{d}\alpha}$——对风攻角求导；

χ_{Du}、χ_{Dw}——与抖振阻力相关的气动导纳函数；

χ_{Lu}、χ_{Lw}——与抖振升力相关的气动导纳函数；

χ_{Mu}、χ_{Mw}——与抖振力矩相关的气动导纳函数。

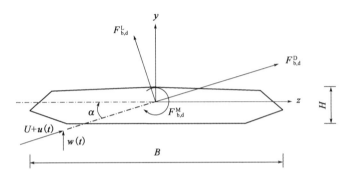

图 6.2.3.1　主梁上的抖振阻力、升力和力矩

条文说明

气动导纳函数的引入是用于考虑抖振力的非定常特性。关于气动导纳，一个经典的例子是飞机机翼迎面来流中有正弦变化的竖向脉动风。

基于势流理论，Sears 推导出用于机翼的非定常升力的气动导纳函数，即 Sears 函数。后来，Liepmann 给出 Sears 函数的一个简化表达式，即式(6-3)：

$$\chi(\omega) = \dfrac{1}{1 + \pi\omega B/U} \tag{6-3}$$

机翼的升力气动导纳即 Sears 函数是基于势流理论的推导结果。在钝体断面中，气流经过断面时会存在分离和涡脱现象，此时流场不再有势。这种情况下基于势流理论的 Sears 函数用于钝体桥梁断面的气动导纳必定存在较大偏差。如何求解钝体桥梁断面的气动导纳至今没有成熟的理论与方法。桥梁抖振分析中气动导纳函数需通过模型试验进行识别或采用简化的气动导纳表达式。

由于气动导纳是频率的函数，无法在时域分析中直接应用，通常采用等效风谱法模拟的等效风速考虑气动导纳的影响。

6.2.3.2　塔柱或墩柱脉动风荷载通常只考虑阻力气动力，顺风向单位投影高度上的阻力表达式见式(6.2.3.2)：

$$F_{b,t}^{D} = \rho U H_t C_{D,t}(\beta) u(t) \chi_{D,t} \tag{6.2.3.2}$$

式中:$F_{b,t}^{D}$——脉动风引起的塔柱或墩柱的抖振阻力气动力(kN);

u——塔柱或墩柱上的水平脉动风速分量(m/s);

$\chi_{D,t}$——塔柱的气动导纳函数,可取为1。

6.2.3.3 拉索脉动风荷载通常只考虑阻力气动力,顺风向单位投影高度上的阻力表达式见式(6.2.3.3):

$$F_{b,c}^{D} = \rho U D_c C_{D,c}(\beta) u(t) \chi_{D,c} \tag{6.2.3.3}$$

式中:$F_{b,c}^{D}$——脉动风引起的缆索的抖振阻力气动力(kN);

u——缆索上的水平脉动风速分量(m/s);

$\chi_{D,c}$——缆索的气动导纳函数,可取为1。

6.2.4 结构运动引起的风荷载

6.2.4.1 主梁运动引起风荷载由单位长度上的自激升力、自激阻力和自激力矩描述,在风轴坐标系中其表达式见式(6.2.4.1-1)~式(6.2.4.1-3):

$$F_{s,d}^{D} = \rho U^2 B \left[K P_1^*(v) \frac{\dot{p}}{U} + K P_2^*(v) \frac{B\dot{\theta}}{U} + K^2 P_3^*(v) \theta + K^2 P_4^*(v) \frac{p}{B} \right] \tag{6.2.4.1-1}$$

$$F_{s,d}^{L} = \rho U^2 B \left[K H_1^*(v) \frac{\dot{h}}{U} + K H_2^*(v) \frac{B\dot{\theta}}{U} + K^2 H_3^*(v) \theta + K^2 H_4^*(v) \frac{h}{B} \right] \tag{6.2.4.1-2}$$

$$F_{s,d}^{M} = \rho U^2 B \left[K A_1^*(v) \frac{\dot{h}}{U} + K A_2^*(v) \frac{B\dot{\theta}}{U} + K^2 A_3^*(v) \theta + K^2 A_4^*(v) \frac{h}{B} \right] \tag{6.2.4.1-3}$$

式中:$F_{s,d}^{D}$——主梁运动引起的自激阻力(kN);

$F_{s,d}^{L}$——主梁运动引起的自激升力(kN);

$F_{s,d}^{M}$——主梁运动引起的自激力矩(kN·m);

$h、p、\theta$——主梁竖向、侧向位移(m)和扭转位移(rad);

$\dot{h}、\dot{p}、\dot{\theta}$——主梁竖向、侧向速度(m/s)和扭转速度(rad/s);

K——折算频率,$K = \omega B/U$;

$H_i^*、P_i^*、A_i^*$——主梁颤振导数,可通过风洞试验或数值方法获取。

条文说明

颤振导数是表征断面气动自激力特征的一组函数。只要测定了颤振导数,就可依据它计算同一形状断面在任意运动状态(微振动)中的气动自激力,如图6-3所示。p,h,θ是以桥面断面的体轴定义的,风攻角的影响由颤振导数体现,即同一断面不同攻角的颤振导数是不同的。图6-4为琼州海峡主跨2×1500m三塔斜拉桥方案分体式钢箱梁主梁0°风攻角时的颤振导数。

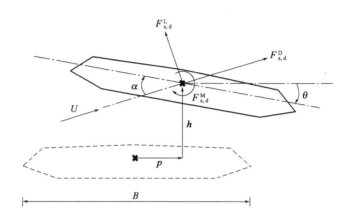

图6-3 主梁上的自激阻力、自激升力和自激力矩

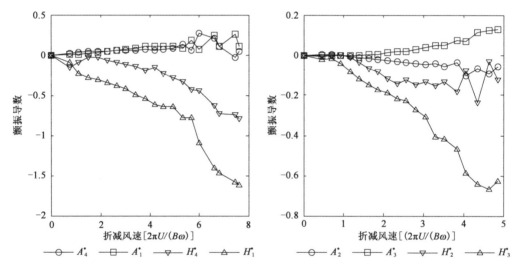

图6-4 主梁断面颤振导数(0°风攻角)

6.3 浪-流耦合作用荷载

6.3.1 桩(柱)等小尺度结构上的浪-流耦合作用荷载

6.3.1.1 对于固定不动的垂直小尺度圆柱受到的浪-流耦合荷载可按下列规定确定。

(1)计算浪-流耦合作用力时,可按附录F采用在水流影响下的波浪要素。

(2)作用于水底面以上高度z处桩(柱)断面上的正向浪-流耦合水压力(图6.3.1.1-1)按式(6.3.1.1-1)~式(6.3.1.1-6)计算:

$$p(z,t) = K_D |u(z,t) + u_c|[u(z,t) + u_c] + K_M \frac{\partial u(z,t)}{\partial t} \quad (6.3.1.1-1)$$

$$K_D = \frac{\gamma}{2g} D C_D \quad (6.3.1.1-2)$$

$$K_M = \frac{\pi \gamma}{4g} D^2 C_M \quad (6.3.1.1-3)$$

$$u(z,t) = \frac{\omega_r H}{2} \frac{\mathrm{ch}kz}{\mathrm{sh}kd} \cos\omega t \quad (6.3.1.1-4)$$

$$\frac{\partial u(z,t)}{\partial t} = -\frac{\omega_r^2 H}{2} \frac{\mathrm{ch}kz}{\mathrm{sh}kd} \sin\omega t \quad (6.3.1.1-5)$$

$$\omega_r = \omega - k u_c \quad (6.3.1.1-6)$$

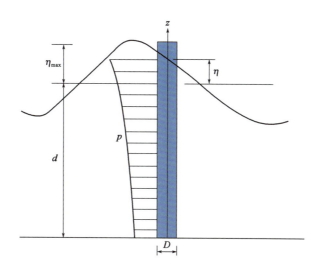

图 6.3.1.1-1　桩(柱)上的动水压力分布图

(3) 波数 k 按式(6.3.1.1-7)计算:

$$\left(\frac{2\pi}{T} - k u_c\right)^2 = gk\mathrm{th}kd \quad (6.3.1.1-7)$$

(4) C_D 和 C_M 取值参见图 6.3.1.1-2,图中的 KC 系数按式(6.3.1.1-8)~式(6.3.1.1-11)计算:

$|u_c| < u_m$ 时

$$KC = \frac{u_m T}{D}[\sin\phi + (\pi - \phi)\cos\phi] \quad (6.3.1.1-8)$$

$|u_c| \geq u_m$ 时

$$KC = \frac{\pi |u_c| T}{D} \quad (6.3.1.1-9)$$

$$\phi = \arccos\frac{|u_c|}{u_m} \quad (6.3.1.1\text{-}10)$$

$$u_m = \frac{\pi H}{T}\text{cth}kd \quad (6.3.1.1\text{-}11)$$

(5)计算作用于整个桩(柱)上的总浪-流耦合荷载力时,沿柱体自水底 $z=0$ 到波面 $z=d+\eta$,计算点不少于五个,包括 $z=0$、d 和 $d+\eta$ 三点,用分段求和法求得总力。

(6)波面在静水面以上的高度 η 值按式(6.3.1.1-12)计算:

$$\eta = \eta_{\max}\cos\omega t \quad (6.3.1.1\text{-}12)$$

式中: D——圆柱直径(m);

$\quad z$——计算点高度(m);

$\quad p(z,t)$——作用于桩(柱)断面上的正向浪-流耦合作用压力(kPa);

K_D、K_M——参数;

$\quad u(z,t)$——水质点轨道运动的水平速度(m/s);

$\quad u_c$——水流流速(m/s);

$\frac{\partial u(z,t)}{\partial t}$——水质点轨道运动的水平加速度(m/s²);

C_D、C_M——分别为速度力和惯性力系数,由图6.3.1.1-2确定;

$\quad \gamma$——水的重度(kN/m³);

$\quad g$——重力加速度(m/s²);

$\quad \omega_r$——相对于水流的圆频率(rad/s);

$\quad H$——波高,不规则波时取有效波高(m);

$\quad k$——波数(m⁻¹);

$\quad \omega$——水质点轨道运动圆频率(rad/s);

$\quad t$——时间(s);

$\quad T$——波浪周期(s),不规则波时取谱峰周期 T_p;

$\quad d$——水深(m);

$\quad u_m$——水面处水质点轨道运动的最大水平速度(m/s);

$\quad KC$——系数,不规则波时由谱峰周期 T_p 计算的 KC 数以 $(KC)_p$ 表示;

$\quad \phi$——相位角;

$\quad \eta$——波面在静水面以上的高度(m);

$\quad \eta_{\max}$——波峰在静水面以上的高度(m),按图6.3.1.1-3确定。

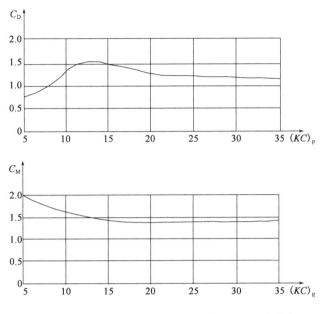

图 6.3.1.1-2　浪流共同作用下 C_D、C_M 与 $(KC)_P$ 的关系图

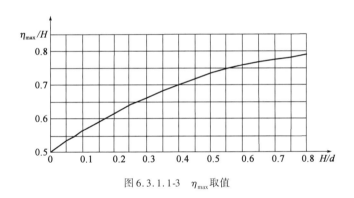

图 6.3.1.1-3　η_{max} 取值

条文说明

对于结构物上的波浪力,按照其特征尺度 D 的大小,将问题分为与波长 L 相比较小(小尺度)和较大(大尺度)两类来考虑。当满足式(6-4)时,可认为结构为小尺度结构,反之为大尺度结构。

$$L > 5D \tag{6-4}$$

式中:L——波长(m);

D——结构构件直径或横截面投影尺寸(m)。

对于小尺度结构的波浪力和波流力可采用 Morison 方程进行计算。式(6.3.1.1-1)为有水流时计算波流力的 Morison 方程。

运用 Morison 方程的关键在于确定速度力系数 C_D 和惯性力系数 C_M。在稳定流中,试验证

明 C_D 及 C_M 为雷诺数 Re 的函数,而在波浪运动中雷诺数是周期性变化的。美国的 Keulegan 及 Carpenter 发现系数 C_D 及 C_M 与 KC 数有关,它定义为:

$$KC = \frac{u_m T}{D} \qquad (6\text{-}5)$$

$$u_m = \frac{\pi H}{T}\text{cth}kd \qquad (6\text{-}6)$$

当波浪和水流共存时下,需采用重新定义的 KC:

$$KC = \frac{\pi S}{D} \qquad (6\text{-}7)$$

式中:S——一个波周期中水质点最大位移距离,纯波时它由波浪运动引起,波流共存时它由波浪与水流共同作用引起。

式(6-5)与式(6-7)是完全等价的,式(6-7)的定义可将波流共存情况与纯波情况自然统一起来。当有水流时,S 值可按式(6-8)~式(6-10)计算:

$|u_c| < u_m$ 时
$$S = \frac{u_m T}{\pi}[\sin\phi + (\pi - \phi)\cos\phi] \qquad (6\text{-}8)$$

$|u_c| \geqslant u_m$ 时
$$S = |u_c|T \qquad (6\text{-}9)$$

$$\phi = \arccos\frac{|u_c|}{u_m} \qquad (6\text{-}10)$$

在此定义条件下可得纯波与波流共存两种情况下对于圆柱的归一化速度力系数 C_D 和惯性力系数 C_M 与 KC 的相关图(图 6.3.1.1-2)。

6.3.1.2 对于运动的垂直小直径圆柱,除了下列规定外,可按 6.3.1.1 款规定计算其受到的浪-流耦合荷载。

高度 z 处桩(柱)断面上的正向浪-流耦合水压力按式(6.3.1.2)计算:

$$p(z,t) = K_D|u(z,t) + u_c + u_s(z,t)|[u(z,t) + u_c + u_s(z,t)] + K_M\left(\frac{\partial u(z,t)}{\partial t} + \frac{\partial u_s(z,t)}{\partial t}\right) \qquad (6.3.1.2)$$

式中:$u_s(z,t)$——高度 z 处桩(柱)的运动速度(m/s)。

条文说明

式(6.3.1.2)实际上是考虑结构与流场相对运动情况下的 Morison 公式。为简化计算,不考虑结构运动对速度力系数 C_D 和惯性力系数 C_M 的影响,仍然由图 6.3.1.1-2 确定。

6.3.1.3 对于非圆形断面垂直小尺度桩(柱),可换算成等截面的垂直圆柱按 6.3.1.1

款和 6.3.1.2 款规定计算其受到的浪-流耦合荷载。

6.3.1.4 如果当地没有水流或水流非常小时,直接按附录 G 计算。

6.3.2 沉井、沉箱等大尺度结构浪-流耦合作用荷载

6.3.2.1 浪-流耦合场中作用在沉井、沉箱等大尺度结构上的浪-流耦合作用荷载,由假定结构固定不动时受到的浪-流耦合激振荷载和结构运动引起的静水恢复力、浪-流耦合辐射荷载,即:

$$F_{hy} = F_{id} + F_{sh} + F_r \quad (6.3.2.1)$$

式中:F_{hy}——作用在桥梁结构上的浪-流耦合作用荷载;

F_{id}——结构固定不动时受到的浪-流耦合场和绕射浪-流耦合场共同作用下的浪-流耦合作用荷载,简称为浪-流激振荷载;

F_{sh}——结构运动引起的静水恢复力;

F_r——结构运动引起的浪-流辐射荷载。

条文说明

波长 L 与结构特征尺度 D 满足 $L \leqslant 5D$ 时,认为结构为大尺度结构。

结构受到的流体荷载与其运动状态(刚体运动与弹性变形)密切相关,当结构尺度较大并且结构运动幅度很大时,结构运动将会对周围流体施加作用力引起辐射波,而辐射波反过来会对结构施加流体压力。因此,对于大尺度柔性结构而言,要正确进行结构动力响应分析,必须考虑运动状态对其所受水动力荷载的影响。对于成桥状态,由于桥梁基础发生弹性变形量比较小,由运动引起的附加水动力因此也比较小,波浪激励力是桥梁基础波浪荷载的主要部分。

(1)固定绕射浪-流耦合作用荷载

对于大尺度结构物上的波力计算,只有极少数比较规则的物体可以基于绕射理论求解其作用力的解析解,对于任意形状的结构,必须采用数值方法求解,目前普遍采用的数值方法是有限基本解方法和有限元法。基本解法处理的是边界,有限元方法处理的是流域。前者效率高,后者应用范围更广。对大尺度结构、小尺度结构,或者大尺度与小尺度组合结构,一般采用基于有限元方法的数值水槽进行计算。

(2)静水恢复力

在无波浪的静水流场中,结构的湿表面也会受到静水压力,结构运动时,由于结构的湿表面上点的吃水深度会发生改变,其受到的静水压力随之改变,从而引起了结构物受到的浮力会发生变化,并有使物体恢复到原始位置的趋势,一般把这种由于位置改变引起的浮力称为静水恢复力。

(3)浪-流耦合辐射荷载

在波浪和水流的作用下,处于系泊状态的大型深水基础会做刚体强迫振荡,结构振荡运动会产生辐射波,辐射波对结构的作用称为浪-流耦合辐射荷载。此外,当结构比较柔时,结构弹性变形也会产生辐射波,结构与流场之间存在水弹性相互作用,这就是所谓的水弹性问题。由于本指南中的大尺度结构物一般刚度都很大,因此,本指南中不讨论大尺度结构的水弹性问题。

6.3.2.2 相对水深 $d/L>0.15$ 且 $D/L>0.2$ 的大直径圆柱,其浪-流耦合激振荷载可按式(6.3.2.2-1)~式(6.3.2.2-3)计算:

$$P_{id} = C_M \gamma R \frac{H}{2} \frac{\text{th}kd}{k} \qquad (6.3.2.2\text{-}1)$$

$$M_{id} = C_M \gamma R \frac{H}{2} \left(\frac{kd\text{sh}kd - \text{ch}kd + 1}{k^2 \text{ch}kd} \right) \qquad (6.3.2.2\text{-}2)$$

$$k = \frac{2\pi}{L} \qquad (6.3.2.2\text{-}3)$$

式中:d——水深(m);

L——波长(m);

D——圆柱直径(m);

P_{id}——作用在圆柱上的浪-流耦合作用力(kN);

C_M——系数,按图6.3.2.2确定;

γ——水的重度(kN/m³);

R——圆柱半径(m);

H——波高(m);

k——波数(m⁻¹);

M_{id}——作用在圆柱上的浪-流耦合作用力矩(kN·m)。

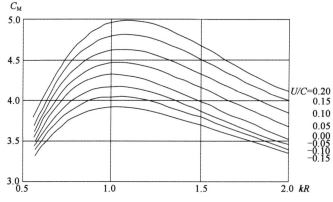

图6.3.2.2 浪流共同作用力的 C_M 系数

注:U-水流的平均流速(m/s),浪流同向为正、逆向为负;C-水流中的波速。

6.3.2.3 大尺度圆端形断面或矩形倒角断面垂直沉井、沉箱基础受到的浪-流激振荷载可按下列规定进行计算：

（1）基础受到的浪-流激振荷载由波浪激振荷载和水流荷载叠加而成，即式（6.3.2.3-1）、式（6.3.2.3-2）：

$$P_{id} = C_w \left[\int_0^{d+\eta} f_H(z) \mathrm{d}z + F_c(u_c) \right] \quad (6.3.2.3-1)$$

$$M_{id} = C_w \left[\int_0^{d+\eta} f_H(z) z \mathrm{d}z + M_c(u_c) \right] \quad (6.3.2.3-2)$$

（2）计算波浪激振荷载的波浪力沿竖向分布计算公式如式（6.3.2.3-3）～式（6.3.2.3-6）：

$$f_H(z) = C_M \rho S \frac{\partial u(z,t)}{\partial t} \quad (6.3.2.3-3)$$

$$C_M = F(D, L, B, H, R) \quad (6.3.2.3-4)$$

$$\frac{\partial u(z,t)}{\partial t} = -\frac{\omega_r^2 H}{2} \frac{\mathrm{ch} kz}{\mathrm{sh} kd} \sin\omega t \quad (6.3.2.3-5)$$

$$\omega_r = \omega - k u_c \quad (6.3.2.3-6)$$

（3）计算作用于整个基础的总浪-流耦合荷载力时，沿基础自水底 $z=0$ 到波面 $z=d+\eta$，计算点不少于五个，包括 $z=0$、d 和 $d+\eta$ 三点，用分段求和法求得总力；

（4）高度 η 值按式（6.3.2.3-7）计算：

$$\eta = \eta_{\max} - \frac{H}{2} \quad (6.3.2.3-7)$$

式中：P_{id}、M_{id}——大尺度垂直沉井（箱）基础受到的浪-流耦合激振力合力（kN）和力矩（kN·m）；

f_H——大尺度垂直沉井、沉箱基础受到的等效波浪压力（kPa），如图 6.3.2.3-1 所示；

F_c、M_c——大尺度垂直沉井、沉箱基础受到的纯水流作用力合力和力矩，按附录 H 计算；

C_w——波浪力和水流力合成系数，取为 1.1；

S——断面的横截面面积（m²）；

$\partial u(z,t)/\partial t$——波浪水质点加速度（m/s²）；

C_M——是断面特征尺度 D、波浪波长 L、断面边长 B、宽 H、圆端半径或圆倒角半径 R 的函数，如图 6.3.2.3-2 所示，可按附录 J 查表获得；

B——圆端形断面基础或矩形倒角断面基础的长边边长（m）；

R——圆端形断面基础圆端半径或矩形倒角断面基础倒角半径（m）；

H——矩形倒角断面基础短边边长（m）。

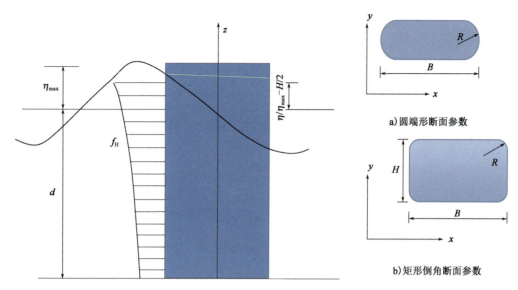

图 6.3.2.3-1　大尺度垂直沉井、沉箱基础单位长度上等效波浪力沿高度分布

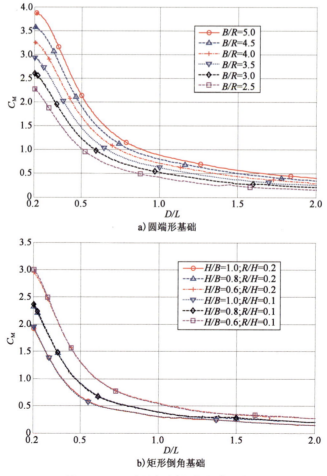

图 6.3.2.3-2　大尺度垂直沉井、沉箱基础 C_M

条文说明

针对垂直等截面圆端形基础或矩形倒角基础,基于线性绕射理论,采用数值方法,计算不同波浪(不同入射角度、波高、波周期、水深)对不同尺度基础模型(不同长、宽、圆端半径、倒角半径)的波浪力,最终归一化得出式(6.3.2.3-3)。

对于波浪和水流共存条件下的浪-流耦合作用荷载计算,本指南采用简化处理方法,即大尺度结构的浪-流耦合激振荷载可通过波浪荷载和水流荷载的合成计算得到式(6-11):

$$F_{id} = C_w(F_{idw} + F_c) \tag{6-11}$$

式中:F_{id}——作用在大尺度结构上的浪-流耦合激振荷载;

F_{idw}——大尺度结构受到的波浪荷载(计算或试验测量时须采用波流共同作用下的波长值);

F_c——大尺度结构受到的水流荷载,计算方法见附录L;

C_w——波浪力和水流力合成系数。

上述关键在于确定波浪力和水流力合成系数 C_w,理论上分析 C_w 与诸多因素相关,比如波浪条件,结构尺寸等。但从工程实用的角度讲,应取为定值。以半径 $a = 50m$、水深 $d = 50m$ 的圆柱为例,对单独波浪和波-流耦合对结构的作用进行对比研究。单独波浪、波流同向传播($F_r = U/\sqrt{ga} = 0.1$)和波流逆向传播($F_r = U/\sqrt{ga} = -0.1$)情况下的圆柱水平向总波浪力随波数变化情况见图6-5。从图上看出,波浪单独作用与波-流耦合作用下的结构总波浪力在波浪周期较小(波数较大)情况下相差较大,波浪周期较大(波数较小)情况下相差较小,且绝大多数情况下纯波浪力幅值介于同向浪-流耦合作用力和逆向浪-流耦合作用力幅值之间。本例中,周期 $T = 10.0s$ 时,波流同向传播和波流逆向传播作用下的波浪力分别约为单浪作用下

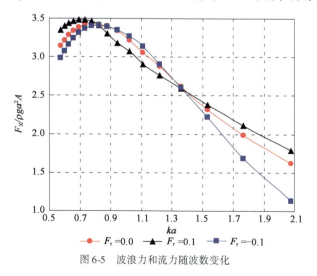

图6-5 波浪力和流力随波数变化

波浪力的110%和70%（图6-6）。根据《港口工程荷载规范》（JTS 144-1—2010），单流作用下的水流力约为单浪作用下波浪力的5%。可见周期$T=10.0s$时，波流同向和逆向传播时，C_w分别为1.05和0.67。大多数情况下，桥梁工程中的流为往复潮流，而工程设计一般也取最大波流力为不利设计荷载，因此，本例中，当周期$T=10.0s$时，C_w可取为1.05。综合考虑数值模拟结果和试验结果，本指南中C_w取1.1。

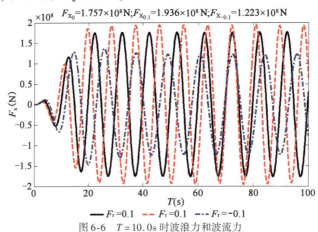

图6-6 $T=10.0s$时波浪力和波流力

6.3.2.4 大尺度不规则断面结构受到的浪-流耦合激振荷载可表示为式（6.3.2.4-1）：

$$F_{id} = \int_0^t h(t-\tau)\eta(\tau)d\tau \quad (6.3.2.4\text{-}1)$$

其中，传递函数见式（6.3.2.4-2）：

$$h(t) = \mathrm{Re}\left(\frac{1}{\pi}\int_0^\infty R(\omega_e)e^{i\omega_e t}d\omega_e\right), R(\omega_e) = \{R_j(\omega_e)\}, j=1,\cdots,6 \quad (6.3.2.4\text{-}2)$$

式中：F_{id}——作用在大尺度不规则断面结构上的浪-流耦合激振荷载；

$h(t)$——时域内线性脉冲响应函数；

η——波面升高（m）；

$R(\omega_e)$——频域内线性传递函数，即单位波幅规则波作用下物体上的一阶浪-流激振力，R_j可采用附录K方法进行计算或采用物理模型试验进行测定；

ω_e——遭遇频率，$\omega_e = \omega + \omega^2 U\cos\beta/g$，其中$\omega$为静水条件下的波浪频率（rad/s），$U$为水流流速（m/s），$\beta$为波浪传播方向与水流传播方向之间的夹角（°），$g$为重力加速度（m/s²）；

t——时间（s）。

条文说明

本条采用频域下激振力通过傅氏变换求得时域下的波浪作用力。该方法的关键在于计算传递函数$R(\omega_e)$，一般采用三维源汇方法进行计算，具体方法参加附录K。图6-7为直径90m、高8.68m的截断圆柱体在水深43.4m的海域中的波浪激振力传递函数曲线。

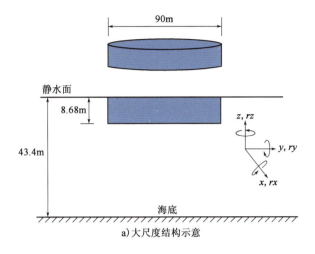

a) 大尺度结构示意

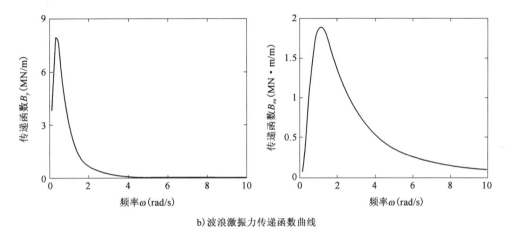

b) 波浪激振力传递函数曲线

图 6-7 大尺度结构激振力传递函数(直径 90m 圆柱,入水深度为 8.68m,水深 43.4m)

6.3.2.5 预制基础在浮运、沉放过程中受到的静水恢复升力和扭矩(图 6.3.2.5)为:

$$F_{\text{hs}}^{z} = -\rho g (K_{33}\xi_z + K_{34}\theta_x + K_{35}\theta_y) \quad (6.3.2.5\text{-}1)$$

$$F_{\text{hs}}^{rx} = -\rho g (K_{43}\xi_z + K_{44}\theta_x + K_{45}\theta_y) \quad (6.3.2.5\text{-}2)$$

$$F_{\text{hs}}^{ry} = -\rho g (K_{53}\xi_z + K_{54}\theta_x + K_{55}\theta_y) \quad (6.3.2.5\text{-}3)$$

其中

$$K_{33} = \iint_{S_{F0}} \mathrm{d}S \quad (6.3.2.5\text{-}4)$$

$$K_{34} = K_{43} = \iint_{S_{F0}} y \mathrm{d}S \quad (6.3.2.5\text{-}5)$$

$$K_{35} = K_{53} = -\iint_{S_{F0}} x \mathrm{d}S \quad (6.3.2.5\text{-}6)$$

$$K_{44} = \iint_{S_{F0}} y^2 \mathrm{d}S + \iiint_{V_0} z \mathrm{d}V \quad (6.3.2.5\text{-}7)$$

$$K_{45} = K_{54} = -\iint_{S_{F0}} xy \, \mathrm{d}S \qquad (6.3.2.5\text{-}8)$$

$$K_{55} = \iint_{S_{F0}} x^2 \, \mathrm{d}S + \iiint_{V_0} z \, \mathrm{d}V \qquad (6.3.2.5\text{-}9)$$

式中：F_{hs}^{z}、F_{hs}^{rx}、F_{hs}^{ry}——预制基础在静水中运动受到的垂荡力（kN）、横摇力矩（kN·m）和纵摇力矩（kN·m）；

ξ_z——预制基础的垂荡位移（m）；

θ_x、θ_y——预制基础的横摇、纵摇角位移（rad）；

K_{ij}——静水恢复力刚度系数（kN·m，kN·m/rad）；

S_{F0}——静止水线面；

V_0——预制基础位于静水中的体积（m³）；

ρ——海水密度（kg/m³）。

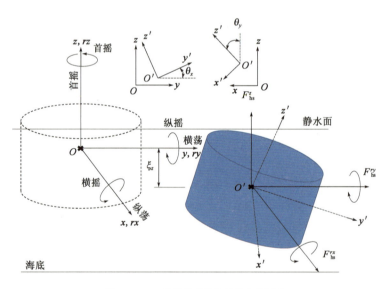

图 6.3.2.5　浮体运动引起的静水恢复力

6.3.2.6　对于浮运沉放过程中的预制基础，由于预制基础运动引起的浪-流耦合辐射荷载可表示为式（6.3.2.6-1）：

$$\boldsymbol{F}_{\mathrm{r}} = -\boldsymbol{P}\ddot{\boldsymbol{\xi}}(t) - \int_{-\infty}^{t} \boldsymbol{Q}(t-\tau)\dot{\boldsymbol{\xi}}(\tau) \, \mathrm{d}\tau \qquad (6.3.2.6\text{-}1)$$

其中，矩阵 $\boldsymbol{P}$ 和矩阵 $\boldsymbol{Q}$ 的元素可表示为式（6.3.2.6-2）、式（6.3.2.6-3）：

$$P_{kj} = A_{kj}(\infty) \qquad k,j = 1,\cdots,6 \qquad (6.3.2.6\text{-}2)$$

$$Q_{kj}(t) = \frac{2}{\pi}\int_{0}^{\infty} B_{kj}(\omega_e)\cos(\omega_e t) \, \mathrm{d}\omega_e \qquad k,j = 1,\cdots,6 \qquad (6.3.2.6\text{-}3)$$

式中：$\boldsymbol{F}_{\mathrm{r}}$——作用在大尺度结构上的浪-流耦合辐射荷载；

$\dot{\xi}$、$\ddot{\xi}$——预制基础运动速度和加速度向量;

P——附加质量矩阵,是频域附加质量当 $\omega\to\infty$ 的结果;

Q——迟滞函数矩阵;

A_{kj}、B_{kj}——附加质量系数和辐射阻尼系数,可采用附录 K 方法进行计算或采用物理模型试验进行测定;

ω_e——遭遇频率,$\omega_e = \omega + \omega^2 U\cos\beta/g$,其中 ω 为静水条件下的波浪频率(rad/s),U 为水流流速(m/s),β 为波浪传播方向与水流传播方向之间的夹角(°),g 为重力加速度(m/s²);

t——时间(s)。

条文说明

本条采用频域下附加质量 $A(\omega_e)$ 和辐射阻尼 $B(\omega_e)$ 通过傅氏变换求得时域下的附加质量 P 和迟滞函数 Q。结合时域下的波浪激振力,通过结构的时域运动方程求得结构物的运动响应和系泊系统的内部应力。附加质量 $A(\omega_e)$ 和辐射阻尼 $B(\omega_e)$ 具体计算方法参见附录 K。

6.3.3 承台桩基式基础等大尺度与小尺度组合结构浪-流耦合作用荷载

6.3.3.1 计算大尺度与小尺度组合结构如承台桩基式基础的浪-流耦合激振荷载时,应考虑承台和桩柱对各自周围流场边界的影响,采用附录 M 的数值水槽计算其受到的浪-流耦合激振荷载。

条文说明

本指南以港珠澳大桥青州航道桥哑铃形高桩承台群桩基础为对象,采用数值水槽进行的浪-流耦合作用数值模拟。哑铃形高桩承台群桩基础结构顺桥向长度为 36.5m、横桥向长度为 87m,海床面高程为 -6.2m,冲刷后高程为 -18.9m,计算水位为 +3.47m。计算中采用实际观测推算的波浪和水流参数,将给定的波浪和水流参数换算成计算模型参数作为输入条件进行模拟。采用随机波浪作为入射波时,采用 JONSWAP 谱描述的不规则波,$\gamma = 2.0$,有效波高和有效周期按 $H_{13\%}$ 和 $T_{H1/3}$ 进行取值。根据哑铃形高桩承台群桩基础和环境作用参数,建立了相应的三维数值波浪水槽计算模型(图 6-8),计算模型网格划分中采用非均匀网格在结构附近区域和水面附近区域进行加密,最小网格步长为 0.05m。

通过数值模拟得到桥墩基础结构在随机波浪作用下的水平浪-流耦合作用力和相应的弯矩随机变化过程,以及桥墩横桥向、斜向和顺桥向波浪作用下的荷载极值,其中水平波浪力分别为 11 823kN、17 308kN 和 20 709kN,具体浪-流耦合作用形态及动水压力分布见图 6-9。计算表明:基础结构对波动场有显著的影响,使得入射波在结构附近时产生强烈的绕射效应,并破坏了入射波的二维特性而呈现显著的三维特性;当波峰到达结构时表现为最大正向水平浪-流耦合作用力,当波峰越过结构后表现为最大负向水平浪-流耦合作用力。

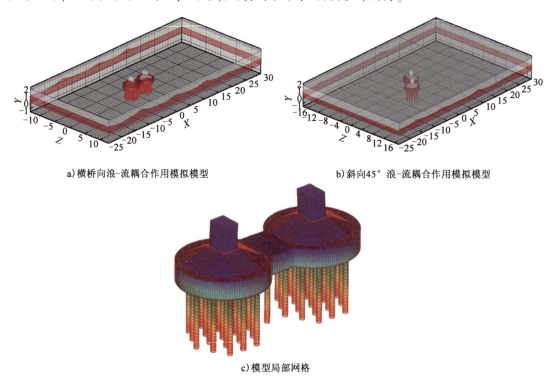

图6-8 哑铃形高桩承台群桩基础数值水槽计算模型

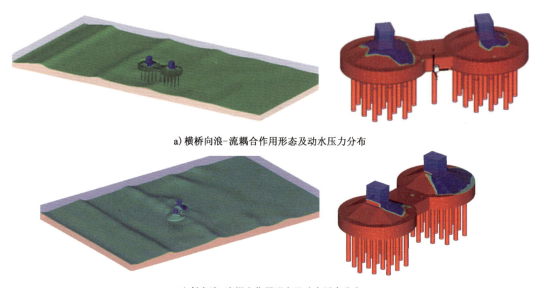

图6-9 哑铃形高桩承台群桩基础浪-流耦合作用形态及水压力变化过程

6.3.3.2 简化计算时,承台桩基式基础受到的浪-流耦合激振荷载可表示为式(6.3.3.2):

$$F_{id} = F_b + C_b \cdot K_p \cdot \sum_j F_{p,0}^j \tag{6.3.3.2}$$

式中: F_{id}——作用在承台桩基式基础上的浪-流耦合激振荷载;

F_b——承台作为独立结构受到的浪-流耦合激振荷载,按第6.3.2.4款计算;

$F_{p,0}^j$——第j根桩基作为独立结构受到的浪-流耦合激振荷载,按第6.3.1.3款计算;

$C_b \cdot K_p \cdot F_{p,0}^j$——考虑承台和群桩对流场影响后第$j$根桩基受到的浪-流耦合激振荷载;

C_b——承台效应系数,通过模型试验确定,无试验结果时可取1.3;

K_p——群桩效应,与桩的中心距l和直径D有关,见表6.3.3.2。

群桩系数K_p 表6.3.3.2

l/D	2	3	4	≥4
K_p	1.5	1.2	1.1	1.0

条文说明

目前在计算承台桩基式结构上波浪荷载时,通常将承台和桩基波浪力分别进行计算。承台部分可采用绕射理论求解波浪力,而桩基部分目前广泛采用半经验半理论的Morison公式计算。对于承台桩基式结构中桩基波浪力的计算,由于承台的存在对桩基周围的波动场存在严重扰动(当承台在静水面附近时),此时运用Morison公式计算桩基波浪力时,应考虑桩基周围被扰动后的波浪场。有研究人员采用承台效应系数(承台桩基式结构中,有承台情况下与无承台情况下桩基所受波浪力的比值)来定量研究承台扰动影响,承台效应系数主要与承台下桩基的布置形式及相对位置、承台的尺寸和承台的相对入水深度等因素有关。为了分析这些因素对承台效应系数的影响程度,通过数值计算和物模试验发现,这种承台效应系数可以达到1.25左右。鉴于还没有关于波浪和水流共同作用下的承台效应系数的研究成果,建议通过模型试验方法获得承台效应系数,在无试验结果可用的前提下,借鉴单浪条件下的承台效应系数,保守地取为1.3。

此外,对于群桩上的波流力,可以在单桩上的波流力为基础进行计算,两者的主要差别在于:一是波峰通过各桩的时间可能不同,作用于各桩上的波流力峰值可能有相位差;二是要考虑到邻桩对波浪力的影响,即群桩效应。①为了确定同一时刻桩基建筑物中各桩上波流力,应该绘出波浪剖面图。②对于群桩效应,可将作用于单桩上的波浪力乘上群桩系数K,主要参考《海港水文规范》(JTS 145-2—2013)表8.3.5的群桩系数。根据规范的条文说明,该系数是在大连理工大学试验成果的基础上经过修正得出的,试验资料显示桩列方向平行于波向时群桩系数接近1.0,故取消了对该方向的修正。在桥梁工程领域,群桩基础中桩柱很多时候是呈梅花形布置,且波浪传播方向与桩列方向很多情况不平行,因此,在本条中我们不区分桩列方向,统一认为各个方向都需要修正。

6.4 静力等效荷载及其作用效应

6.4.1 静力等效风荷载及其作用效应

6.4.1.1 主梁的等效风荷载及其作用效应可选择下列方式之一进行计算：

（1）采用阵风风速计算的平均风荷载即阵风荷载作为静力等效风荷载，将静力等效风荷载作用下的作用效应作为静力等效风荷载作用效应，见式（6.4.1.1-1）～式（6.4.1.1-3）。

$$F_{e,d}^{D} = \frac{1}{2}\rho V_g^2 H C_{D,d}(\alpha) \qquad (6.4.1.1-1)$$

$$F_{e,d}^{L} = \frac{1}{2}\rho V_g^2 B C_{L,d}(\alpha) \qquad (6.4.1.1-2)$$

$$F_{e,d}^{M} = \frac{1}{2}\rho V_g^2 B^2 C_{M,d}(\alpha) \qquad (6.4.1.1-3)$$

式中：$F_{e,d}^{D}$、$F_{e,d}^{L}$、$F_{e,d}^{M}$——作用在主梁上的静力等效风荷载（kN,kN·m）；

V_g——主梁阵风风速（m/s）。

（2）主梁的静力等效风荷载由按设计基准风速计算的等效静阵风荷载和脉动风引起的抖振惯性荷载两部分组成，静力等效风荷载作用效应由等效静阵风荷载效应和抖振惯性力作用效应按式（6.4.1.1-4）进行组合而成。

$$R_d = R_{G,d} \pm \sqrt{\sum_i (R_{m,d}^i)^2} \qquad (6.4.1.1-4)$$

式中：R_d——主梁的静力等效风荷载作用效应；

$R_{G,d}$——主梁的等效静阵风荷载效应；

$R_{m,d}^i$——主梁的第i阶振型的抖振惯性力作用效应。

①等效静阵风荷载按式（6.4.1.1-5）～式（6.4.1.1-7）计算：

$$F_{G,d}^{D} = G_V^2 \frac{1}{2}\rho V_d^2 H C_{D,d}(\alpha) \qquad (6.4.1.1-5)$$

$$F_{G,d}^{L} = G_V^2 \frac{1}{2}\rho V_d^2 B C_{L,d}(\alpha) \qquad (6.4.1.1-6)$$

$$F_{G,d}^{M} = G_V^2 \frac{1}{2}\rho V_d^2 B^2 C_{M,d}(\alpha) \qquad (6.4.1.1-7)$$

式中：$F_{G,d}^{D}$、$F_{G,d}^{L}$、$F_{G,d}^{M}$——作用在主梁上的等效静阵风荷载（kN,kN·m）；

G_V——等效静阵风系数，按现行《公路桥梁抗风设计规范》（JTG D60-1）规定取值。

②抖振惯性力及其作用效应按式(6.4.1.1-8)计算:

$$F_{m,d}^i(x) = G_p m(x) \sigma_i(x) (2\pi f_i)^2 \quad (6.4.1.1-8)$$

式中:$F_{m,d}^i$——主梁第 i 阶振型惯性力荷载集度(kN/m);

G_p——峰值因子,一般取 4.0;

m——主梁的质量线分布集度(kg/m);

σ_i——主梁位移根方差(m),一般通过风-浪-流耦合随机振动分析获得,或通过模型试验获得;

f_i——第 i 阶振型频率(Hz)。

条文说明

在现行《公路桥梁抗风设计规范》(JTG/T D60-1)中,主梁横向设计风荷载采用静阵风荷载,是用静阵风风速算出的风荷载,静阵风风速则在 10min 平均风速的基础上乘以一个阵风系数 G_V 得到。阵风系数定义为平均风作用和风的背景脉动两部分合并的总响应和平均风响应之比。因此,静阵风荷载中包括了平均风载和脉动风的背景响应两部分的综合效应。

对于大跨度桥梁而言,作用在主梁上的竖向力和扭转力矩主要由风致振动产生的结构惯性力构成,横桥向作用力由风致振动产生的结构惯性力也不能忽略。因此,要准确描述桥梁结构上的静力等效风荷载,需要采用数值方法获得风致振动产生的结构惯性力。风致振动产生的结构惯性力应通过风-浪-流耦合作用下的抖振响应分析获得。抖振响应分析应考虑脉动风的空间相关和频率特征以及结构的振动特性等因素。抖振响应可以通过随机抖振响应分析或风洞试验得到。抖振分析应包括可能被紊流激发的主要振型。但从设计角度而言,抖振分析不方便设计人员应用。一种可行的方案是重新定义阵风系数 G_V,即将阵风系数定义为平均风作用、风的背景脉动和结构抖振惯性力三部分合并的总响应和平均风响应之比,使得静阵风荷载中包含平均风载、脉动风的背景响应和结构抖振惯性力三部分的综合效应。日本在本州-四国联络桥设计过程中,采用了这种设计思路,静力设计中只考虑风阻力。

主梁和缆索上的静力等效风阻力:

$$F_e^D = \mu_2 \frac{\rho V_d^2}{2} C_D A_n \quad (6-12)$$

塔柱上的静力等效风阻力:

$$F_e^D = \mu_3 \frac{\rho V_d^2}{2} C_D A_n \quad (6-13)$$

式中:F_e^D——静力等效风阻力(kN);

V_d——主梁、缆索、桥塔上的基准风速(m/s);

C_D——阻力系数;

A_n——构件顺风向的投影面积(m²);

$\mu_2 \smallsetminus \mu_3$——静力等效风阻力系数,见表6-4。

静力等效风阻力系数 表6-4

桥梁	结构	悬吊结构		塔	
	方向	横桥向	顺桥向	横桥向	顺桥向
明石海峡大桥（日本）	缆 μ_2	1.55	—	1.35	—
	加劲梁 μ_2	1.55	1.25	1.35	1.25
	塔 μ_3	—	—	1.55	1.50（塔顶固定）1.75（塔顶自由）
来岛海峡大桥（日本）	缆索、加劲梁 μ_2	2.0	1.3	1.7	1.3
	塔 μ_3			1.4	1.55（塔顶固定）1.7（塔顶自由）
多多罗大桥（日本）	索、加劲梁 μ_3	1.9	1.35	1.65	1.35
	塔 μ_3	1.9	1.5	1.65	1.5（塔顶固定）1.8（塔顶自由）

如果将静力等效风阻力表达式做适当调整，并采用静阵风风速的概念，即：

$$F_e^D = \frac{\rho(\sqrt{\mu_2}V_d)^2}{2}C_D A_n = \frac{\rho V_g^2}{2}C_D A_n \quad \text{或} \quad F_e^D = \frac{\rho(\sqrt{\mu_3}V_d)^2}{2}C_D A_n = \frac{\rho V_g^2}{2}C_D A_n \quad (6-14)$$

那么，

$$V_g = \sqrt{\mu_2}V_d = G_V V_d \quad \text{或} \quad V_g = \sqrt{\mu_3}V_d = G_V V_d \quad (6-15)$$

即阵风系数 $G_V = \sqrt{\mu_2}$ 或 $G_V = \sqrt{\mu_3}$。

根据表6-4中桥梁的地表类型取最不利情况，本指南采用的阵风系数见表6-5。

阵风系数 G_V 表6-5

地表类别	地表状况	阵风系数
A0	开阔海面	1.25
A	海岸、峡湾	1.38

6.4.1.2 塔、墩、缆索可采用阵风风速计算的平均风阻力作为静力等效风荷载，即式(6.4.1.2-1)、式(6.4.1.2-2)：

$$F_{e,t}^D = \frac{1}{2}\rho v_g^2 H_t C_{D,t}(\alpha) \quad (6.4.1.2\text{-}1)$$

$$F_{e,c}^D = \frac{1}{2}\rho v_g^2 D_c C_{D,c}(\alpha) \quad (6.4.1.2\text{-}2)$$

式中：$F_{e,t}^D$、$F_{e,c}^D$——作用在塔、墩、缆索上的静力等效风荷载。

6.4.2 静力等效浪-流耦合荷载

6.4.2.1 小尺度桩（柱）结构的静力等效荷载为浪-流耦合激振荷载的最大值，即式(6.4.2.1)：

$$F_{e,s} = \max(F_{id}) \quad (6.4.2.1)$$

式中：$F_{e,s}$——作用在小尺度结构的静力等效浪-流耦合荷载；

F_{id}——小尺度结构固定不动时受到的浪-流耦合激振荷载。

6.4.2.2 大尺度圆柱受到的静力等效浪-流耦合激振荷载按6.3.2.3规定计算。

6.4.2.3 大尺度圆端形断面或矩形倒角断面垂直沉井、沉箱基础受到的静力等效浪-流耦合荷载见式(6.4.2.3-1)~式(6.4.2.3-4)：

$$P_{e,s} = C_w \left[C_M \rho S \frac{\omega_r^2 H}{2} \int_0^d f_{H\max} dz + F_c(u_c) \right] \quad (6.4.2.3\text{-}1)$$

$$M_{e,s} = C_w \left[C_M \rho S \frac{\omega_r^2 H}{2} \int_0^d z f_{H\max} dz + M_c(u_c) \right] \quad (6.4.2.3\text{-}2)$$

$$f_{H\max}(z) = -C_M \rho S \frac{\omega_r^2 H}{2} \frac{\mathrm{ch} kz}{\mathrm{sh} kd} \quad (6.4.2.3\text{-}3)$$

$$\omega_r = \omega - k u_c \quad (6.4.2.3\text{-}4)$$

式中：$P_{e,s}$、$M_{e,s}$——作用在大尺度沉井、沉箱基础的静力等效浪-流耦合总力和力矩。

条文说明

本条实际上是取水质点加速度最大时的浪-流耦合作用激励荷载作为静力等效浪-浪耦合荷载。

6.4.2.4 大尺度非规则截面结构的静力等效浪-流耦合作用荷载为浪-流耦合作用荷载的最大值，即式(6.4.2.4)：

$$F_{e,b} = \max(F_{id} + F_{sh} + F_r) \quad (6.4.2.4)$$

式中：$F_{e,b}$——作用在大尺度结构的静力等效浪-流耦合荷载；

F_{id}——大尺度结构固定不动时受到的浪-流耦合激振荷载；

F_{sh}——大尺度结构运动引起的静水恢复力；

F_r——大尺度结构运动引起的浪-流辐射荷载。

6.4.2.5 简化计算时，承台桩基式基础的桩(柱)和基础整体的静力等效浪-流耦合作用荷载见式(6.4.2.5-1)、式(6.4.2.5-2)：

$$F_{e,p}^i = \max(C_b \cdot K_p \cdot F_{id,p}^i) \quad (6.4.2.5\text{-}1)$$

$$F_{e,bp} = \max(F_{id,b} + \sum_i F_{id,p}^i) \quad (6.4.2.5\text{-}2)$$

式中：$F_{e,p}^i$——第i个桩基的静力等效浪-流耦合荷载；

$F_{e,bp}$——承台桩基式基础的静力等效浪-流耦合荷载；

$F_{id,p}^i$——第i个桩基固定不动时受到的浪-流耦合激振荷载时程值；

$F_{id,b}$——承台固定不动时受到的浪-流耦合激振荷载时程值；

C_b——承台效应系数；

K_p——群桩系数。

7 风-浪-流耦合作用静力效应验算

7.1 一般规定

7.1.1 桥梁风-浪-流耦合作用静力效应验算应包括其作为等效静力荷载的单独作用及其与其他荷载组合作用下的承载能力极限状态验算和正常使用极限状态验算。

(1) 承载能力极限状态验算应包括：

① 浮运沉放阶段、施工阶段及运营期风-浪-流耦合作用与自重、温度作用等荷载组合作用下的结构的倾覆、滑移、扭转发散、横向屈曲等静力稳定性验算；

② 浮运沉放阶段、施工阶段及运营期风-浪-流耦合作用与自重、温度作用等荷载组合作用下结构或构件的承载力验算；

③ 运营期正常行车条件下风-浪-流耦合作用与自重、汽车荷载、温度作用等荷载组合作用下结构或构件的承载力验算。

(2) 正常使用极限状态验算应包括：

① 浮运沉放阶段、施工阶段、运营期风-浪-流耦合作用与自重、温度作用等荷载组合作用下结构或构件的开裂、变形等验算；

② 运营期正常行车条件下风-浪-流耦合作用与汽车荷载、温度作用等其他荷载组合作用下结构或构件的开裂、变形等验算。

7.1.2 设计验算时应根据浮运沉放阶段、施工阶段、运营期和运营期正常行车工况等不同工况相应的风-浪-流耦合场设计参数，按6.4节规定计算静力等效风荷载和静力等效浪-流耦合荷载，并根据3.3节规定计算静力等效风荷载、静力等效浪-流耦合荷载与自重、温度等荷载组合作用下结构构件上的作用组合效应。

7.1.3 除本章要求外，设计验算内容和指标应满足现行《公路桥涵设计通用规范》(JTG D60)等桥涵设计相关规范的要求。

7.2 静力稳定性验算

7.2.1 预制基础浮运沉放阶段静力稳定性验算

7.2.1.1 预制基础(大型深水预制沉箱、沉井等)在浮运、沉放过程中，应进行浮游稳定性验算,保证不发生倾覆。

7.2.1.2 预制基础浮运、沉放过程中的浮游稳定性用定倾高度 H_M 来表示和量化,见式(7.2.1.2),计算图示如图 7.2.1.2 所示。

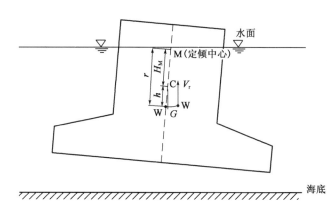

图 7.2.1.2 预制基础浮游稳定性计算图示

$$H_M = r - h \geq \delta \qquad (7.2.1.2)$$

式中:H_M——定倾高度(m);

r——定倾半径(m);

h——预制基础重心到浮心的距离(m);

δ——定倾高度的限值,参考《重力式码头设计与施工规范》(JTS 167-2—2009),为保证浮游稳定性的安全度,对于近程浮运,$\delta = 0.2$;对于远程浮运,以固体压载时,$\delta = 0.3$,以液体压载时,$\delta = 0.4$。

7.2.1.3 定倾半径 r 可按式(7.2.1.3)计算:

$$r = \frac{I}{V} \qquad (7.2.1.3)$$

式中:I——预制基础对纵向中心轴的惯性矩(m^4),当预制基础采用液体压载时,此惯性矩需要扣除预制基础各格舱压舱水的水面面积对其纵轴的惯性矩之和;

V——预制基础的排水量(m^3)。

条文说明

大型桥梁深水预制基础设计时,应考虑预制基础浮运沉放过程中的吃水、干舷高度和浮游稳定性。同时在浮运过程中,还应根据当地自然条件和施工要求确定预制基础底部的富裕水深。

其中,稳定性(stability)是指浮体在外力或外力矩(如风、浪等)的作用下发生倾斜,当外力矩消除后能自行恢复到原来平衡位置的能力。

具体对于预制基础来说,在外力矩的作用下发生倾斜,在倾斜过程中预制基础的浮心 W

位置也随之变化。根据小倾角(倾角<15°)理论,在小倾角情况下(沉箱、沉井预制基础倾斜一般属于小倾角),浮心 W 的运行轨迹接近于圆弧,圆弧的圆心称为定倾中心 M,圆弧的半径称为定倾半径 r,定倾中心 M 与预制基础重心 C 的距离称为定倾高度 H_M。当定倾中心 M 在重心 C 之上,预制基础在外力矩作用下发生倾斜时,存在一个由预制基础重力 G 和浮力 V_r 构成的扶正力偶,此时预制基础是稳定的;当定倾中心 M 在重心 C 之下,则存在一个使预制基础继续倾斜的力偶,此时预制基础是不稳定的。

此外,当预制基础采用半潜驳浮运时,也应考虑半潜驳在风-浪-流环境荷载作用下的稳定性问题。

预制基础处于系泊状态进行定位沉放时,如图 7-1 所示。此时预制基础的稳定性也尤为重要,此时的稳定性也可理解为定位精度的要求,相关内容详见第 8 章。

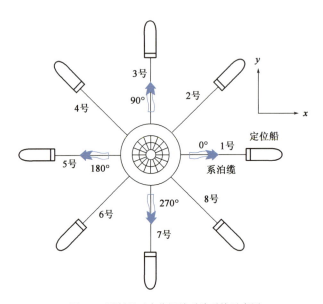

图 7-1 预制基础定位沉放系泊系统示意图

7.2.2 预制沉箱基础施工阶段抗滑稳定性验算

7.2.2.1 抗滑稳定性验算主要针对预制沉箱基础结构。

7.2.2.2 风-浪-流耦合作用下索塔基础抗滑稳定性可按式(7.2.2.2)验算:

$$\gamma_0 \gamma_P Q \leqslant (\gamma_G V_K - \gamma_U P_U) f \quad (7.2.2.2)$$

式中:γ_0——结构重要性系数,按现行《公路桥涵设计通用规范》(JTG D60)取用;

γ_P——稳定验算时风-浪-流耦合作用分项系数,取 1.4;

Q——水平风-浪-流耦合作用标准值(kN);

γ_G——自重力分项系数,取 1.0;

V_K——作用在计算面上的竖向合力(不包括波浪浮托力)标准值;

P_U——计算面上的浪流浮托力的标准值(kN);

γ_U——浪流浮托力分项系数,取1.0;

f——沿计算面的摩擦系数设计值,按表7.2.2.2采用。

摩擦系数设计值 表7.2.2.2

材料		摩擦系数
墙底与抛石基床顶面	墙身为预制混凝土结构	0.60
	墙身为预制浆砌石方块结构	0.65
抛石基床底面与地基土顶面	地基为细砂~粗砂	0.50~0.60
	地基为粉砂	0.40
	地基为砂质粉土	0.35~0.50
	地基为黏土、粉质黏土	0.30~0.45

条文说明

本条文主要针对采用沉箱基础的桥梁。

7.2.3 预制沉箱、沉井基础施工阶段抗倾覆稳定性验算

7.2.3.1 抗倾覆稳定性验算主要针对基础自立状态、索塔基础自立状态、最大双悬臂状态等施工状态。

7.2.3.2 风-浪-流耦合作用下索塔基础抗倾稳定性可按式(7.2.3.2)验算:

$$\gamma_0(\gamma_P M_P + \gamma_U M_{PU}) \leq \frac{1}{\gamma_d}\gamma_G M_{VK} \quad (7.2.3.2)$$

式中:γ_0——结构重要性系数,按现行《公路桥涵设计通用规范》(JTG D60)取用;

γ_P——稳定验算时风-浪-流耦合作用分项系数,取1.4;

M_P——水平风-浪-流耦合作用对计算面的倾覆力矩(kN·m);

γ_U——浪流浮托力分项系数;

M_{PU}——计算底面上的浪流浮托力的标准值对计算面的倾覆力矩(kN·m);

γ_d——结构系数,取1.25;

γ_G——自重力分项系数,取1.0;

M_{VK}——作用在计算面上的竖向合力(不包括浪流浮托力)标准值对计算面的稳定力矩(kN·m)。

7.2.4 运营期扭转发散、侧向屈曲验算

7.2.4.1 对主跨大于400m的斜拉桥、主跨大于600m的悬索桥应在运营期进行主梁扭转发散、侧向屈曲静风稳定性检验。

条文说明

大跨径桥梁在静风荷载作用下有可能因升力矩过大而发生扭转发散,或因顺风向阻

力过大而引起横向失稳这两种静风失稳。根据对国内1 000m以下的斜拉桥和悬索桥的抗风稳定性分析和风洞试验验证,颤振的临界风速一般都低于静风失稳的临界风速。在跨径超过1 000m后,静风失稳临界风速逐渐向颤振失稳临界风速逼近。因此本条文偏安全地以跨径400m和600m为界分别作为斜拉桥和悬索桥静风稳定性验算的起点。

7.2.4.2 悬索桥的静风横向失稳临界风速可按式(7.2.4.2-1)~式(7.2.4.2-6)计算:

$$V_{\mathrm{lb}} = K_{\mathrm{lb}} \cdot f_{\mathrm{t}} \cdot B \tag{7.2.4.2-1}$$

$$K_{\mathrm{lb}} = \sqrt{\frac{\pi^3 \dfrac{B}{H} \mu \dfrac{r}{b}}{1.88 C_{\mathrm{H}} \varepsilon \sqrt{4.54 + \dfrac{C'_{\mathrm{L}} B_{\mathrm{c}}}{C_{\mathrm{H}} H}}}} \tag{7.2.4.2-2}$$

$$\mu = \frac{m}{\pi \rho b^2} \tag{7.2.4.2-3}$$

$$b = \frac{B}{2} \tag{7.2.4.2-4}$$

$$\frac{r}{b} = \frac{1}{b}\sqrt{\frac{I_{\mathrm{m}}}{m}} \tag{7.2.4.2-5}$$

$$\varepsilon = \frac{f_{\mathrm{t}}}{f_{\mathrm{b}}} \tag{7.2.4.2-6}$$

式中:V_{lb}——静风横向失稳临界风速(m/s);

μ——主梁质量与空气密度比;

B——主梁全宽(m);

b——主梁半宽(m);

H——主梁高度(m);

B_{c}——主缆中心距(m);

m——桥面系及主缆单位长度质量(kg/m);

I_{m}——桥面系及主缆单位长度质量惯性矩(kg·m²/m);

f_{t}——主梁扭转基频(Hz);

f_{b}——主梁竖向弯曲基频(Hz);

ε——扭弯频率比;

C_{H}——主梁体轴阻力系数;

C'_{L}——风攻角 $\alpha = 0$ 时主梁升力系数的斜率,可通过风洞试验得到。

7.2.4.3 悬索桥和斜拉桥的静风扭转发散临界风速可按式(7.2.4.3-1)和式(7.2.4.3-2)计算:

$$V_{td} = K_{td} \cdot f_t \cdot B \quad (7.2.4.3\text{-}1)$$

$$K_{td} = \sqrt{\frac{\pi^3}{2}\mu\left(\frac{r}{b}\right)^2 \frac{1}{C'_M}} \quad (7.2.4.3\text{-}2)$$

式中:V_{td}——静风扭转发散临界风速(m/s);

C'_M——当风攻角 $\alpha = 0°$ 时,主梁扭转力矩系数 C_M 的斜率可通过风洞试验或虚拟风洞试验得到;按 $m/(\pi\rho b^2)$ 计算。

7.2.4.4 对主跨大于1 200m悬索桥、主跨大于800m斜拉桥以及主跨大于500m的拱桥,除按7.2.4.1~7.2.4.3条款计算静风稳定临界风速外,还应进行考虑几何非线性、气动力的非线性效应静风稳定性分析,必要时可通过全桥气弹模型风洞试验进行检验。

7.2.4.5 桥梁的静风稳定性检验应满足式(7.2.4.5-1)和式(7.2.4.5-2)的要求。

$$V_{lb} > \gamma_{lb} V_d \quad (7.2.4.5\text{-}1)$$

$$V_{td} > \gamma_{td} V_d \quad (7.2.4.5\text{-}2)$$

式中:V_{lb}——静风扭转失稳临界风速(m/s);

V_{td}——静风横向发散临界风速(m/s);

V_d——桥梁或构件参考高度处的设计基准风速(m/s);

γ_{lb}、γ_{td}——静风稳定性分项系数,按7.2.4.6条选取。

7.2.4.6 静风稳定性分项系数 γ_{lb}、γ_{td} 的确定应遵循下列规定:

(1)当采用7.2.4.2或7.2.4.3条款计算式时,取为2.0;

(2)当采用仅考虑气动力非线性与几何非线性的计算方法分析时,取为1.60;

(3)当采用考虑气动力非线性、几何非线性及材料非线性的计算方法分析时,取为1.30;

(4)当采用气弹模型风洞试验获取发散临界风速时,取为1.40。

7.3 静力承载力验算

7.3.1 浮运沉放阶段承载力验算

7.3.1.1 桥梁大型深水预制基础浮运沉放过程中,会受到风、波浪和水流环境荷载作用,同时还受到浮运时拖船的拖带力、定位沉放时定位船或锚碇的系泊缆力等作用,应进行预制基础结构在浮运阶段和沉放阶段的承载力验算。

条文说明

大型深水预制基础浮运时可采用浮运拖带法、半潜驳或浮船坞干运法。参考《重力式码头设计与施工规范》(JTS 167-2—2009),采用半潜驳或浮船坞干运法时,若无资料和类似条件下的浮运实例时,对下潜装载、浮运、下潜卸载的各个作用阶段应验算:半潜驳的吃水、稳定性、总体强度、甲板强度和局部承载力;在风、浪、流作用下的船舶运动相应和预制基础自身的强度、稳定性等。

本节主要介绍预制基础采用浮运拖带法时的浮运沉放过程结构承载力验算。

7.3.1.2 预制基础在浮运沉放阶段承载力验算时,风-浪-流耦合作用作为可变作用荷载,荷载组合时考虑承载能力极限状态基本组合(ULS),其效应表达式见式(7.3.1.2):

$$S_{ud} = \gamma_0 S(\sum_{i=1}^{m} \gamma_{Gi} G_{ik}, \gamma_{L1} \gamma_{Q1} Q_{1k}, \psi_c \sum_{j=2}^{n} \gamma_{Lj} \gamma_{Qj} Q_{jk}) \quad (7.3.1.2)$$

式中:S_{ud}——承载能力极限状态下作用基本组合的效应设计值;

$S(\ )$——作用组合的效应函数;

γ_0——结构重要性系数,按《公路桥涵设计通用规范》(JTG D60)规定的结构设计安全等级采用;

γ_{Gi}——第i个永久作用的分项系数,见表7.3.1.2-1;

G_{ik}——第i个永久作用的标准值;

γ_{Q1}——主要可变作用的分项系数,见表7.3.1.2-1;

Q_{1k}——主要可变作用的标准值;

γ_{Qj}——第j个可变作用的分项系数,见表7.3.1.2-1;

Q_{jk}——第j个可变作用的标准值;

γ_{L1}——主要可变作用的结构设计使用年限荷载调整系数;

γ_{Lj}——第j个可变作用的结构设计使用年限荷载调整系数,一般取1.0;

ψ_c——组合系数,见表7.3.1.2-2。

承载能力极限状态基本组合的作用和分项系数　　　　表7.3.1.2-1

作用分类	作用名称	浮运沉放阶段
永久作用	结构重力	1.2
	压舱混凝土重力	1.2
	压载水箱重力	1.2
	临时舾装及其预埋件重力	1.2
	压载水箱中水的重力	1.2
	混凝土的收缩徐变	1.0
	浮力	1.0
	预应力	1.2
可变作用	混凝土不均匀重度	1.4
	不均匀加载水荷载	1.4
	风-浪-流耦合作用荷载	1.4

承载能力极限状态基本组合的主要可变作用组合系数　　表7.3.1.2-2

作　用　名　称	ψ_c(ULS)
混凝土不均匀重度	0.75
不均匀加载水荷载	0.75
风-浪-流耦合作用荷载	0.75

条文说明

预制基础静力承载力验算宜建立荷载-结构模型,采用空间有限元数值计算方法。浮运阶段,水的浮力可模拟为柔性弹簧,并通过吃水深度和浮力来计算弹簧刚度,此外在拖船的拖带力作用位置应设置约束条件;沉放阶段在预制基础的系泊缆力作用位置也应设置约束条件。

预制基础结构承载能力应满足现行《公路钢筋混凝土及预应力混凝土桥涵设计规范》(JTG 3362)的要求。

7.3.2　施工阶段承载力验算

7.3.2.1　对悬臂施工中的大跨斜拉桥、悬索桥和连续刚构桥,宜对其最大双悬臂状态和最大单悬臂状态进行施工阶段承载力验算。

7.3.2.2　双悬臂施工的桥梁横桥向风荷载加载时,应考虑主梁上的对称加载工况与不对称加载工况,不对称工况加载时主梁风荷载一端宜取另一端的0.5倍,主梁荷载加载示意图见图7.3.2.2。

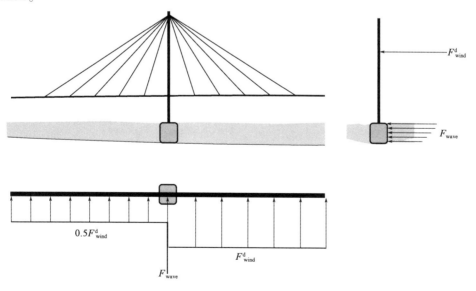

图7.3.2.2　对称悬臂施工桥梁主梁、基础横桥向荷载加载工况

7.3.2.3 施工阶段风-浪-流耦合作用作为静力荷载与重力、温度作用、施工荷载等荷载组合作用下结构或构件的承载力验算,应满足下列规定。

承载力验算主要设计荷载及荷载组合见表7.3.2.3-1和表7.3.2.3-2。

涉及的荷载　　　　　　　　　　　　　　　表7.3.2.3-1

分　类	名　称
永久作用	结构重力(包括结构附加重力)
	预加力
	土侧压力
	混凝土收缩、徐变作用
	水浮力
可变作用	风-浪-流耦合荷载
	温度(均匀温度和梯度温度)作用
	施工荷载

荷载组合表-总体计算、运营期索塔　　　　表7.3.2.3-2

荷载组合编号	荷载组合	备　注
组合1	永久作用+温度作用+施工荷载+纵向施工期风-浪-流耦合作用	裸塔
组合2	永久作用+温度作用+施工荷载+横向施工期风-浪-流耦合作用	裸塔
组合3	永久作用+温度作用+施工荷载+索力+纵向施工期风-浪-流耦合作用	主梁施工最大双悬臂状态; 主梁施工边跨合拢前状态; 主梁施工最大单悬臂状态
组合4	永久作用+温度作用+施工荷载+索力+横向施工期风-浪-流耦合作用	

承载能力验算时,对持久设计状况和短暂设计状况采用作用的基本组合。基本组合的效应设计值按式(7.3.2.3)计算:

$$S_{ud} = \gamma_0 S\left(\sum_{i=1}^{m}\gamma_{Gi}G_{ik}, \gamma_L\gamma_{Q1}Q_{1k}, \psi_c\sum_{j=2}^{n}\gamma_{Lj}\gamma_{Qj}Q_{jk}\right) \quad (7.3.2.3)$$

式中:γ_{Qj}——在作用组合中除主导可变作用外的其他第j个可变作用的分项系数,取1.4;风-浪-流耦合荷载的分项系数取1.0;

Q_{jk}——在作用组合中除主导可变作用外的第j个可变作用的标准值;

ψ_c——在作用组合中除主导可变作用外的其他可变作用的组合值系数,取0.75。

7.3.3 运营期承载力验算

运营期风-浪-流耦合作用作为静力荷载与自重、汽车荷载、温度作用等荷载组合作用下结构或构件的承载力验算,应满足下列规定:

(1)承载力验算主要设计荷载及荷载组合见表7.3.3-1和表7.3.3-2。

涉 及 的 荷 载　　　　　　　　　　表7.3.3-1

分　　类	名　　称
永久作用	结构重力(包括结构附加重力)
	预加力
	土侧压力
	混凝土收缩、徐变作用
	水浮力
	基础变位作用
可变作用	汽车荷载(含汽车冲击力、离心力、制动力)
	人群荷载
	风-浪-流耦合荷载
	温度(均匀温度和梯度温度)作用
	支座摩阻力
偶然作用	船撞作用

荷载组合表(总体计算、运营期索塔)　　　　　表7.3.3-2

荷载组合编号	荷 载 组 合
组合1	永久作用+汽车荷载+温度作用+纵向运营风-浪-流耦合作用
组合2	永久作用+汽车荷载+温度作用+横向运营风-浪-流耦合作用
组合3	永久作用+纵向设计基准期风-浪-流耦合作用
组合4	永久作用+横向设计基准期风-浪-流耦合作用
组合5	永久作用+汽车荷载+温度作用+纵向运营风-浪-流耦合作用+纵向船撞力
组合6	永久作用+汽车荷载+温度作用+横向运营风-浪-流耦合作用+横向船撞力

(2)承载能力验算时,对持久设计状况和短暂设计状况采用作用的基本组合,对偶然设计状况采用作用的偶然组合。

①基本组合的效应设计值按式(7.3.3-1)计算:

$$S_{ud} = \gamma_0 S \left(\sum_{i=1}^{m} \gamma_{Gi} G_{ik}, \gamma_L \gamma_{Q1} Q_{1k}, \psi_c \sum_{j=2}^{n} \gamma_{Lj} \gamma_{Qj} Q_{jk} \right) \quad (7.3.3-1)$$

式中:γ_{Q1}——汽车荷载(含汽车冲击力、离心力)的分项系数,当风-浪-流耦合荷载在组合中其效应值超过汽车荷载效应时,则风-浪-流耦合荷载取代汽车荷载,其分项系数取1.4;

Q_{1k}——汽车荷载(含汽车冲击力、离心力)的标准值;

γ_{Qj}——在作用组合中除汽车荷载(含汽车冲击力、离心力)、风-浪-流耦合荷载外的其他第j个可变作用的分项系数取1.4,风-浪-流耦合荷载的分项系数取1.0;

Q_{jk}——在作用组合中除汽车荷载(含汽车冲击力、离心力)外的第j个可变作用的标准值;

ψ_c——在作用组合中除汽车荷载(含汽车冲击力、离心力)外的其他可变作用的组合值系数,取0.75。

②偶然组合采用永久作用标准值与可变作用某种代表值、一种偶然作用设计值相组合;与偶然作用同时出现的可变作用,可根据观测资料和工程经验取用频遇值或准永久值。作用偶然组合的效应设计值可按式(7.3.3-2)计算:

$$S_{ad} = S\left[\sum_{i=1}^{m}G_{ik}, A_d, (\psi_{f1}\text{或}\psi_{q1})Q_{1k}, \sum_{j=2}^{n}\psi_{qj}Q_{jk}\right] \quad (7.3.3\text{-}2)$$

式中:S_{ad}——承载能力极限状态下作用偶然组合的效应设计值;

A_d——偶然作用的设计值;

ψ_{f1}——汽车荷载(含汽车冲击力、离心力)的频遇值系数,取0.7;当某个可变作用在组合中其效应超过汽车荷载效应时,则该作用取代汽车荷载,人群荷载取1.0,风-浪-流耦合作用荷载取0.75,温度梯度作用取0.8,其他作用取1.0;

ψ_{q1}、ψ_{qj}——第1个和第j个可变作用的准永久值系数,汽车荷载(含汽车冲击力、离心力)取0.4,人群荷载取0.4,风-浪-流耦合作用荷载取0.75,温度梯度作用取0.8,其他作用取1.0;

Q_{jk}——第j个可变作用的准永久值。

7.4 正常使用极限状态验算

7.4.1 浮运沉放阶段正常使用极限状态验算

7.4.1.1 桥梁大型深水预制基础浮运、沉放过程应按正常使用极限状态(SLS)进行抗裂和变形验算。

7.4.1.2 预制基础浮运沉放阶段正常使用极限状态(SLS)验算在考虑荷载效应组合时,应考虑准永久组合,其效应表达式见式(7.4.1.2):

$$S_{qd} = S\left(\sum_{i=1}^{m}G_{ik}, \sum_{j=1}^{n}\psi_{qj}Q_{jk}\right) \quad (7.4.1.2)$$

式中:S_{qd}——正常使用极限状态下作用准永久组合的效应设计值;

G_{ik}——第i个永久作用效应的标准值,永久作用荷载见表7.3.1.2-1;

Q_{jk}——第j个可变作用效应的标准值,可变作用荷载见表7.3.1.2-1;

ψ_{qj}——第j个可变作用效应的准永久值系数,见表7.4.1.2。

准永久组合的可变作用效应准永久系数　　　　表7.4.1.2

作　用　名　称	ψ_{qj}
混凝土不均匀表观密度	1.0
不均匀加载水荷载	1.0
风-浪-流耦合作用荷载	1.0

条文说明

预制基础浮运沉放正常使用极限状态裂缝和变形验算的荷载-结构模型和计算方法与静力承载力验算相同,不同的是作用效应组合、作用分项系数以及荷载系数。

预制基础浮运沉放正常使用极限状态验算应满足现行《公路钢筋混凝土及预应力混凝土桥涵设计规范》(JTG 3362)的要求。

7.4.2　施工阶段正常使用极限状态验算

施工阶段风-浪-流耦合作用作为静力荷载与重力、温度作用、施工荷载等荷载组合作用下结构或构件的正常使用极限状态验算,应满足下列规定:

1)主要设计荷载及荷载组合见表7.3.2.3-1和表7.3.2.3-2;

2)正常使用极限状态验算时,采用作用的准永久组合。

准永久组合采用永久作用标准值与可变作用准永久值的组合。作用准永久组合的效应设计值可按式(7.4.2)计算:

$$S_{qd} = S(\sum_{i=1}^{m} G_{ik}, \sum_{j=1}^{n} \psi_{qj} Q_{jk}) \tag{7.4.2}$$

式中：S_{qd}——正常使用极限状态下作用准永久组合的效应设计值。

7.4.3　运营期正常使用极限状态验算

7.4.3.1　运营期正常行车条件下风-浪-流耦合作用与列车活载、汽车荷载、温度作用等其他荷载组合作用下结构或构件的开裂、变形等验算,应满足下列规定:

1)主要设计荷载及荷载组合见表7.3.3-1和表7.3.3-2;

2)正常使用极限状态验算时,采用作用的频遇组合或准永久组合。

(1)频遇组合采用永久作用标准值与汽车荷载频遇值、其他可变作用准永久值的组合。作用频遇组合的效应设计值可按式(7.4.3.1-1)计算:

$$S_{fd} = S\left(\sum_{i=1}^{m} G_{ik}, \psi_{f1} Q_{1k}, \sum_{j=2}^{n} \psi_{qj} Q_{jk}\right) \tag{7.4.3.1-1}$$

式中：S_{fd}——正常使用极限状态下作用频遇组合的效应设计值；

ψ_{f1}——汽车荷载(含汽车冲击力、离心力)的频遇值系数,取0.7。

(2)准永久组合采用永久作用标准值与可变作用准永久值相组合。作用准永久组合的效应设计值可按式(7.4.3.1-2)计算:

$$S_{fd} = S\left(\sum_{i=1}^{m} G_{ik}, \sum_{j=1}^{n} \psi_{qj} Q_{jk}\right) \tag{7.4.3.1-2}$$

式中：S_{fd}——正常使用极限状态下作用准永久组合的效应设计值。

7.4.3.2 运营期正常行车条件下风-浪-流耦合作用与车辆活载（包括竖向静活载、横向摇摆力、离心力）频遇值（频遇值系数取1.0）和温度荷载组合作用下主梁横向挠跨比建议限值：

（1）对大跨度公路桥梁，横向挠跨比不宜大于1/150；

（2）对大跨度铁路桥梁和公铁两用桥梁，横向挠跨比不宜大于1/4 000。

7.4.3.3 运营期正常行车条件下风-浪-流耦合作用与车辆活载（包括竖向静活载、横向摇摆力、离心力）频遇值（频遇值系数取1.0）和温度荷载组合作用下，大跨度铁路桥梁和公铁两用桥梁的主梁梁端横向转角不应大于0.1‰弧度。

条文说明

对于大跨度桥梁，主梁竖向位移、横向位移及梁端转角的限制主要是保障桥上行车的安全性和舒适性。

对于大跨度公路桥梁，限值主要参考《公路悬索桥设计规范》（JTG/T D65-05—2015）。

对于大跨度公铁两用桥梁横向位移限值，相关资料较少。日本柜石岛、岩黑岛两座桥的数据，其挠跨比约在1/1 000左右，均已超出现有规范。通过分析可以发现，规范中对横向挠跨比的规定是在列车横向摇摆力、离心力、风力和温度力的作用下进行限制的。根据线路的实际运营要求，当横向风速小于线路可行车风速时，列车摇摆力、离心力等才可能与风力组合，此时产生的横向挠度也才会对行车造成影响。当横向风速大于可行车风速时，桥上已经封闭通行，由于桥上无车，故横向挠度自然也不会对车辆走行性构成影响，此时桥梁横向挠度可适当放宽。建议大跨度公铁两用桥梁在可行车风速下考虑横向挠度对车辆走行性影响，横向挠跨比限值按规范取为1/4 000~1/2 000；在设计风速大于行车风速时，横向挠跨比可放宽到1/2 000~1/1 000；安全行车风速要基于当地的铁路管理部门要求、桥梁抗风设计方案、风洞试验、车桥分析等手段综合判断；同时，最终桥梁设计方案要通过风-车-桥动力分析验证各工况下列车的运营安全性及舒适性。

对于大跨度铁路桥梁和公铁两用桥梁梁端横向转角位移限值，主要参考《铁路桥涵设计规范》（TB 10002—2017）中关于墩台刚度的规定。梁端水平折角计算应考虑以下荷载作用：竖向列车和汽车静荷载；曲线上汽车和列车的离心力；列车的横向摇摆力；列车、汽车、梁及墩身风-浪-流耦合荷载或0.4倍的风-浪-流耦合荷载与0.5倍的桥墩温差组合作用，取较大者；地基基础弹性变形引起的墩顶水平位移。

8 风-浪-流耦合作用动力效应验算

8.1 一般规定

风-浪-流耦合作用动力效应验算应包括其作为动力荷载的单独作用及其与其他荷载组合作用下的承载能力极限状态验算和正常使用极限状态验算。

(1) 承载能力极限状态验算应包括：

①浮运沉放阶段、施工阶段及运营期风-浪-流耦合作用与自重、温度作用等荷载组合作用下的颤振稳定性、驰振稳定性等动力稳定性验算；

②浮运沉放阶段、施工阶段运营期风-浪-流耦合作用与自重、温度作用等荷载组合作用下的承载力验算；

③运营期正常行车条件下风-浪-流耦合作用与自重、汽车荷载、温度作用等荷载组合作用下的承载力验算。

(2) 正常使用极限状态验算应包括：

①浮运沉放阶段、施工阶段及运营期风-浪-流耦合作用与自重、温度作用等荷载组合作用下的涡激共振、波激共振、湍流抖振引起的结构、施工装备和附属设施的动态响应、疲劳性能等验算；

②运营期正常行车条件下风-浪-流耦合作用与汽车荷载、温度作用等其他荷载组合作用下的涡激共振验算、波激共振验算、湍流抖振引起的结构和附属设施的动态响应、疲劳性能、行车或行人安全性及舒适性等验算。

条文说明

涡激共振验算主要包括主梁涡振、索塔涡振、缆索涡振、桩柱涡振等验算；波激共振验算主要包括规则波浪作用下主梁共振、索塔共振、桩柱共振等验算。

8.2 动力稳定性验算

8.2.1 预制基础浮运沉放阶段砰击颤振稳定性验算

桥梁大型深水预制基础在浮运沉放过程中，应评估预制基础在波浪条件较差时的砰击颤振稳定性。

条文说明

预制基础在浮运过程中,由于受波浪的作用进行六自由度运动,基础结构会产生变形。在一般情况下,船体受到的波浪荷载和结构中的应力应变随时间的变化是一个缓慢的、随机的、与波浪特征一致的过程。当预制基础浮运航行方向为迎浪方向,且波浪条件较差时,有可能产生较为剧烈的基础结构和波浪相对运动,使得基础结构受到波浪的冲击,基础结构由于这种砰击荷载的作用而发生颤振,产生所谓的"颤振"现象。砰击颤振现象在船舶水动力领域已有一定的研究基础,具体可参见中国船级社2015年发布的《波激振动和砰击颤振对船体结构疲劳强度影响计算指南》。

结构砰击是一种流体与结构之间持续时间短暂的相互作用,广义上,这种相互作用问题可以用流固耦合相关理论来求解,具体可通过数值模拟和模型试验的方法进行颤振稳定性验算。

《波激振动和砰击颤振对船体结构疲劳强度影响计算指南》中给出了船舶模型水池试验测量到的船中剖面垂向弯矩砰击颤振响应时域测量曲线,图8-1中的低频曲线为波浪弯矩的低频(波频)分量。测量曲线中包含了明显的船体梁总振动成分,经滤波处理后获得高频(船体梁总振动频率)分量曲线,且有明显的衰减,是一种砰击颤振现象。

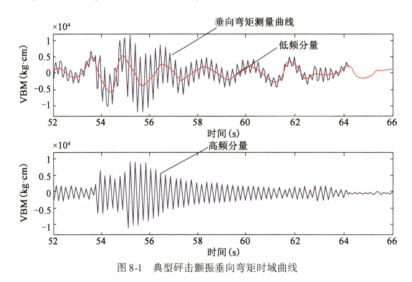

图8-1 典型砰击颤振垂向弯矩时域曲线

8.2.2 桥梁施工阶段及成桥状态驰振稳定性验算[见现行《公路桥梁抗风设计规范》(JTG/T D60-1)]

8.2.2.1 具有下列特征的结构或构件应进行驰振稳定性检验:
(1)宽高比 $B/H<4$ 的钢主梁;
(2)处于自立状态下的斜拉桥和悬索桥的钢质桥塔;
(3)断面驰振力系数 $C_g<0$ 的钢质构件;
(4)受积冰或积雪影响的斜拉索、吊杆(索),以及受积冰或积雪影响的斜拉索或钢主梁。

其中，C_g 为结构断面的驰振力系数，$C_g = C'_L + C_H$，一般可通过物理风洞试验或数值模拟试验得到；表 8.2.2.1 给出了典型断面的驰振力系数；C'_L 为结构断面风轴升力系数的斜率；C_H 为结构断面风轴阻力系数。

典型断面的驰振力系数 C_g 表 8.2.2.1

断面形状		C_g	断面形状	C_g
索上有积冰 ($t=0.06D$)		-1.0	六边形	-1.0
			U形 l/D	-4.0
矩形	$B/D = 2.0$	-2.0	V形	-0.7
	$B/D = 1.5$	-1.7	薄板	-5.0
	$B/D = 1.0$	-1.2	薄板	-7.0
矩形	$B/D = 2/3$	-1.0	薄板	-7.5
	$B/D = 1/2$	-0.7	十字形	-3.2
	$B/D = 1/3$	-0.4	T形	-1.0

8.2.2.2 驰振稳定性临界风速可按式(8.2.2.2)计算：

$$V_{cg} = -\frac{4m\omega_{b1}\xi_s}{\rho C_g D} \quad (8.2.2.2)$$

式中：V_{cg}——驰振临界风速(m/s)；

m——桥梁单位长度质量(kg/m)，对于悬索桥包含主缆与吊杆的质量，对于斜拉桥包含斜拉索的质量；

ω_{b1}——结构一阶弯曲圆频率(rad/s)，$\omega_{b1}=2\pi f_{b1}$；

ξ_s——结构或构件阻尼比；

ρ——空气密度(kg/m³)；

C_g——驰振力系数，详见表8.2.2.1；

D——构件断面迎风宽度(m)。

8.2.2.3 桥梁的驰振稳定性检验应满足式(8.2.2.3)要求：

$$V_{cg} \geq 1.2 V_d \quad (8.2.2.3)$$

式中：V_{cg}——驰振临界风速(m/s)；

V_d——桥梁或构件参考高度处的设计风速(m/s)。

8.2.2.4 当驰振稳定性不满足检验要求时，可通过改变构件基本气动外形、附加气动措施或阻尼措施改善。

8.2.2.5 当斜拉索、吊杆(索)间距小于2~20倍直径时宜进行尾流驰振检验。

8.2.2.6 尾流驰振发生风速可按式(8.2.2.6)计算，也可通过模拟阻尼条件下的节段模型振动试验或气弹模型试验直接获得。

$$V_{wg} = C_{wg} f_i D \left(\frac{m\xi_s}{\rho D^2}\right)^{\frac{1}{2}} \quad (8.2.2.6)$$

式中：V_{wg}——尾流驰振临界风速(m/s)；

C_{wg}——常数，当沿风向上下游索间距为2~6倍拉索直径时取25；当上下游索间距为10~20倍拉索直径时取80；

f_i——拉索或吊杆(索)第i阶振动频率(Hz)。

8.2.2.7 尾流驰振稳定性检验应满足式(8.2.2.7)要求：

$$V_{wg} > \gamma_{wg} V_d \quad (8.2.2.7)$$

式中：γ_{wg}——尾流驰振稳定性分项系数，取为1.2。

8.2.3 在风场中，桥梁施工阶段及成桥状态颤振稳定性验算(见《公路桥梁抗风设计规范》)

8.2.3.1 颤振稳定性指数按照式(8.2.3.1)确定：

$$I_f = \frac{K_s}{\sqrt{\mu}} \cdot \frac{V_d}{f_t B} \quad (8.2.3.1)$$

式中：I_f——颤振稳定性指数；

　　　K_s——与截面形状有关的系数，闭口箱梁取12，半开口断面形式取15，开口、桁架等截面取22；

　　　B——桥面全宽(m)。

8.2.3.2　成桥状态下的双塔斜拉桥可按对称扭转基频检验颤振稳定性；成桥状态下的双塔悬索桥可取较小的对称与反对称扭转基频检验颤振稳定性；当结构复杂或扭转振型难以辨识时，宜通过振型分析确定扭转振型及其频率并进行颤振稳定性的检验。

8.2.3.3　颤振稳定性检验可按以下原则进行：

(1) 当颤振稳定性指数 $I_f < 2.0$ 时，可按第8.2.3.4条规定计算桥梁的颤振临界风速；

(2) 当颤振稳定性指数 $2 \leqslant I_f < 4$ 时，可按第8.2.3.4条规定计算桥梁的颤振临界风速，可通过节段模型风洞试验或数值模拟进行检验；

(3) 当颤振稳定性指数 $4 \leqslant I_f < 10$ 时，应利用节段模型风洞试验或数值模拟进行主梁的气动选型，并通过节段模型风洞试验或全桥模型风洞试验进行检验；

(4) 当颤振稳定性指数 $I_f \geqslant 10$ 时，应利用节段模型风洞试验或数值模拟进行主梁的气动选型，并通过节段模型风洞试验和全桥模型风洞试验以及详细的颤振稳定性分析进行检验。

8.2.3.4　当桥梁的颤振稳定性指数 $I_f < 4$ 时，颤振临界风速可按式(8.2.3.4-1)和式(8.2.3.4-2)计算：

$$V_{cr} = \eta_s \cdot \eta_\alpha \cdot V_{co} \qquad (8.2.3.4\text{-}1)$$

$$V_{co} = 2.5\sqrt{\mu \cdot \frac{r}{b}} \cdot f_t \cdot B \qquad (8.2.3.4\text{-}2)$$

式中：V_{cr}——桥梁的颤振临界风速(m/s)；

　　　V_{co}——与主梁相同宽度的理想平板颤振临界风速(m/s)；

　　　η_s——形状系数，可按表8.2.3.4-1和表8.2.3.4-2取用；

　　　η_α——攻角效应系数，可按表8.2.3.4-1和表8.2.3.4-2取用；

　　　r——主梁的截面惯性半径(m)；

　　　b——$b = B/2$ (m)。

常见桥梁断面形状系数和攻角效应系数　　表8.2.3.4-1

截面形状		形状系数 η_s			攻角效应系数 η_α
		主跨材质			
		钢	组合结构	混凝土	
	理想平板	1	1	1	—
	钝头断面	0.5	0.55	0.60	0.80
	带挑臂箱梁	0.65	0.70	0.75	0.70

续上表

截 面 形 状		形状系数 η_s			攻角效应系数 η_α
		主跨材质			
		钢	组合结构	混凝土	
带斜腹板箱梁		0.60	0.70	0.90	0.70
带风嘴的闭口箱梁		0.70	0.70	0.80	0.80
带分流板和风嘴的闭口箱梁		0.80	0.80	0.80	0.80
开口板梁		0.35	0.40	0.50	0.85
桁架梁		0.35	—	—	0.70

非常见主梁断面形状系数和攻角效应系数　　　表8.2.3.4-2

类 型	工 程 实 例	截 面 形 状 (mm)	形状系数 η_s 推荐值	攻角效应系数 η_α 推荐值
流线型分离双箱断面	西堠门大桥,梁宽36.0m,梁高3.51m		1.10	1.10
	昂船洲大桥,梁宽38.0m,梁高3.45m			
钝体分离双箱断面	港珠澳大桥中的青州航道桥初步设计方案,梁宽41.6m,梁高4.0m		0.65	0.65
	港珠澳大桥中的江海直达船航道桥初步设计方案,梁宽38.8m,梁高4.0m			

续上表

类型	工程实例	截面形状(mm)	形状系数 η_s 推荐值	攻角效应系数 η_α 推荐值
P-K梁断面	鄂东大桥,梁宽38.0m,梁高3.804m		0.65	0.65
钢桥面中央开槽的桁架梁断面	坝陵河大桥,梁宽28.0m,梁高10.0m,中央开槽0.6m(钢桥面)		0.45	0.90
	北盘江大桥,梁宽28.0m,梁高5.0m,封闭开槽(钢桥面)			
加气动翼板的桁架梁断面	坝陵河大桥,梁宽28.0m,梁高10.0m,气动翼板(双层 b=0.05B)		0.55	0.95
加中央稳定板的桁架梁断面	北盘江大桥,梁宽28.0m,梁高5.0m,1.0m高中央稳定板		0.50	0.90

8.2.3.5 应在均匀流场风攻角 −3°、0 和 +3°的工况下进行颤振稳定性的检验;对风攻角效应较为明显的地区,宜增加 −5°和 +5°风攻角下的工况。

8.2.3.6 采用节段模型振动试验进行颤振稳定性检验时,若无明显颤振发散现象,可在模拟阻尼比的条件下取扭转位移根方差值为 1°时对应的试验风速经换算后作为颤振临界风速值。

8.2.3.7 桥梁或构件的颤振稳定性应按照式(8.2.3.7)检验：

$$V_{cr} > \gamma_f \gamma_t \gamma_\alpha V_d \qquad (8.2.3.7)$$

式中：γ_f——颤振稳定性修正系数，当采用 8.2.3.4 款、8.2.3.7 款条文计算颤振临界风速时取 1.4，采用风洞试验方法获取颤振临界风速时取 1.15，采用数值模拟方法时取 1.25；

γ_t——风速脉动空间影响修正系数，见表 8.2.3.7；

γ_α——攻角效应分项系数，当风攻角 α 为 +3°、0、-3°时，取为 1.0；当风攻角 α 为 +5°或 -5°时，可取 0.7；当风攻角 α 为 +7°或 -7°时，可取 0.5。

风速脉动空间影响修正系数　　　表 8.2.3.7

地表类别	主跨跨径（m）											
	100	200	300	400	500	650	800	1 000	1 200	1 500	1 800	>2 100
A0	1.30	1.27	1.25	1.24	1.23	1.22	1.21	1.20	1.20	1.19	1.18	1.17
A	1.30	1.27	1.25	1.24	1.23	1.22	1.21	1.20	1.20	1.19	1.18	1.17

8.2.4 在风-浪-流耦合场中，桥梁施工阶段及成桥状态的颤振稳定性验算

8.2.4.1 在风场中，按 8.2.3 条规定验算桥梁的颤振稳定性。

8.2.4.2 在浪-流耦合场中，验算桥梁的波激共振和砰击颤振稳定性。

8.2.4.3 在风-浪-流耦合场中，验算桥梁的颤振稳定性。

8.3 动力承载力验算

8.3.1 浮运沉放阶段承载力验算

8.3.1.1 桥梁大型深水预制基础在浮运沉放过程中，应通过相关水动力分析进行预制基础结构动力承载力验算。

8.3.1.2 预制基础浮运阶段应考虑风-浪-流耦合作用的动力效应，验算预制基础的结构强度。

条文说明

相对于沉放阶段，预制基础浮运阶段窗口期风-浪-流耦合设计参数较大，此时应考虑预制基础的结构强度验算。

预制基础浮运阶段的强度验算可通过三维有限元数值分析技术(如挪威 DNV 船级社的 SESAM 软件系统)，建立预制基础结构有限元模型、质量模型、水动力计算模型，应用三维辐

射-绕射理论和有限元程序进行波浪荷载的长期预报,在此基础上确定设计波参数;对预制基础结构有限元模型在设计波荷载、风荷载和水流荷载作用下分析计算得到结构的应力水平。

预制基础浮运阶段的强度验算可参考船舶领域的船体结构分析,其中关键是波浪力的动力分析,需要建立船体结构的水动力模型和结构质量模型,选取关键截面计算截面弯矩内力。图8-2为某船体水动力模型和关键截面示意。

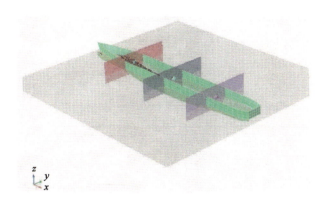

图8-2 船体结构波浪荷载计算示意

8.3.1.3 沉放阶段的动力验算可分为沉放等待阶段和定位沉放阶段。沉放等待阶段应进行预制基础系泊系统的系泊缆力强度验算。

条文说明

预制基础和系泊系统的数值模拟分析应考虑两者的互相耦合作用,将预制基础和系泊系统作为一个整体,评估其相互作用。

根据运动特性的不同,处理这一问题的主要方法有时域法和频域法。时域法是采用时间域的方法来分析结构物的运动以及锚链力随时间的变化情况,这一方法的优点是对数学模型不需要加太多的假定,可以考虑的因素比较多,反映的变化情况真实,国外已有相应的软件(如SESAM、AQWA等)进行浮式系统锚泊耦合分析。频域法是采用在频率域进行摄动展开的方法,该方法简单清楚,可以较好地考虑结构与锚系的耦合,不仅大大减少了计算工作量,而且得到的结构物理意义明显,便于机理分析,对锚系阻尼可做深入研究。但摄动法本身是一个渐进求解方法,要求对问题做一定假设,通常在弱非线性情况下适用。目前基于频域法的研究主要围绕悬链式系泊系统进行。

国内暂无系泊定位方面的规范,国外海洋工程中的一些规范和工业标准,如美国石油协会API、挪威船级社DNV相关规范和石油公司国际海事论坛OCIMF等,对系泊系统的设计和使用都有着比较详尽的规定可供参考,代表性文件有:①OCIMF系泊设备指南;②API浮式结构物定位系统设计与分析的推荐作法;③DNV定位系泊规范。

DNV规范对工作能力极限状态(ULS)锚缆张力有比较详细的规定,计算公式如式(8-1):

$$S_C - T_{C-mean}\gamma_{mean} - T_{C-dyn}\gamma_{dyn} \geq 0 \tag{8-1}$$

式中： S_C——缆绳破断力；

T_{C-mean}、T_{C-dyn}——分别为平均张力和最大动张力；

γ_{mean}、γ_{dyn}——分别为平均张力安全系数和最大动张力安全系数,其取值根据表8-1选用。

ULS状态下的安全系数取值　　　表8-1

安全等级	张力分析方法	平均张力安全系数	最大动张力安全系数
1	动力	1.10	1.50
2	动力	1.40	2.10
1	准静力	1.70	
2	准静力	2.50	

注:当平均张力超过最大动张力2/3时,安全等级1中动力情况下平均张力安全系数和动张力安全系数均取为1.3。

安全等级1:如果系泊系统失效,不会出现人员伤亡、相邻平台碰撞、石油及天然气泄漏、翻船或沉船等不可接受的后果。

安全等级2:如果系泊系统失效,会导致以上不可接受的后果。

8.3.2 施工阶段承载力验算

8.3.2.1 施工阶段承载力验算是将风-浪-流耦合作用作为动力荷载与自重、温度等荷载组合后进行结构承载力验算,主要设计荷载、荷载组合和荷载效应设计值参照7.3.2节相关规定。

8.3.2.2 施工阶段承载力验算应采用数值方法或弹性模型试验方法进行。

8.3.3 运营期承载力验算

8.3.3.1 运营期承载力验算包括运营期设计基准期承载力验算和运营期正常行车条件承载力验算。

8.3.3.2 运营期设计基准期承载力验算将运营期设计重现期的风-浪-流耦合作用作为动力荷载与自重、温度等荷载组合进行结构承载力验算,主要设计荷载、荷载组合和荷载效应设计值参照7.3.3节相关规定。

8.3.3.3 运营期正常行车条件承载力验算将运营期正常行车条件下风-浪-流耦合作用作为动力荷载与自重、汽车荷载、温度作用等荷载组合作用下结构或构件的承载力验算,主要设计荷载、荷载组合和荷载效应设计值参照7.3.3节相关规定。

8.4 正常使用极限状态验算

8.4.1 沉放阶段精度验算

预制基础定位沉放过程中,应进行预制基础和系泊系统在风、波浪和水流荷载作用下的耦合动力分析,对预制基础进行定位沉放精度评定。

条文说明

在系泊系统设计中,沉放等待阶段窗口期的波高、流速等环境参数较大,主要用于预制基础系泊系统安全评定,而沉放阶段主要是考虑定位精度的要求。在系泊系统定位精度评定时,采用该环境条件进行校核。

安全评定一般指的是在风、浪、流等荷载作用下,校核系泊系统的系泊缆拉力、锚抓力等是否具有足够的安全度,8.3.1节已有论述。精度评定指的是在风、浪、流等荷载作用下,校核基础运动幅度是否满足施工定位精度的要求。

我国《公路桥涵施工技术规范》(JTG/T F50—2011)给出了沉井定位精度的要求,如表8-2所示,该要求可以作为桥梁深水预制基础沉放定位精度的参考。

沉井基础施工质量标准　　　　表8-2

项　　目		规定值或允许偏差
沉井刃脚高程(mm)		符合设计要求
中心偏位(纵、横向)(mm)	就地制作下沉	井高的1/100
	水中下沉	井高的1/100 + 250
最大倾斜度(纵、横向)		井高的1/100
平面扭转角(°)	就地制作下沉	1
	水中下沉	2

8.4.2 涡激共振验算

8.4.2.1 涡激振动验算应包括下列结构状态与工况:

(1)施工期处于自立状态的桩柱在水流作用下的涡激振动验算;

(2)施工期大型预制基础系泊系统在水流作用的涡激振动验算;

(3)施工期和运营期拉索在风-浪-流耦合作用下的涡激振动验算;

(4)施工期处于自立状态的钢桥塔在风-浪-流耦合作用下的涡激振动验算;

(5)运营期成桥状态主梁在风-浪-流耦合作用下的涡激振动验算。

8.4.2.2 圆形截面桩柱由水流引起的涡激振动的临界流速按式(8.4.2.2)确定:

$$V_{cr} = K \cdot f_N \cdot W_S \tag{8.4.2.2}$$

式中:f_N——圆柱体的自然频率(Hz);

W_S——圆柱体的直径(m);

K——常数,其数值为:对于开始的顺流运动,$K = 1.2$;对于最大振幅顺流运动,$K = 2.0$;
对于开始的横流运动,$K = 3.5$;对于最大振幅横流运动,$K = 5.5$;

V_{cr}——水流引起的涡激振动的临界流速(m/s)。

条文说明

对于底部固定、顶部铰接、灌满水并全部浸入水中的直立薄壁钢桩,不考虑海洋附生物,其开始顺流运动的临界流速见图 8-3。该曲线是保守的,因为它假定水面位于桩顶处。对于类似的桩,若固定情况不同和(或)运动情况不同,其临界速度可利用下列方法求得:根据求出的值乘以给出的修正系数;临界流速修正系数见表 8-3。

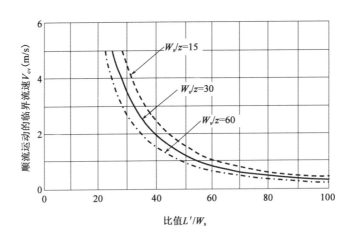

W_s-桩的直径;z-桩的壁厚;L'-由面板处至表现嵌固点高度处的总长度

图 8-3 圆形桩顺流振动的临界流速

临界流速修正系数　　　　　　　　　　表 8-3

运　动	顶部铰接、底部固定	悬臂状态	顶部和底部均铰接	顶部和底部均固定
开始顺流运动	1.0	0.23	0.64	1.46
最大顺流运动	1.67	0.38	1.07	2.43
开始横流运动	2.92	0.67	1.87	4.25
最大横梁运动	4.58	1.05	2.94	6.68

非圆形截面也遭受水流引起的振荡作用,但发生在临界流速更高时,并且一旦开始,其振幅较大。

8.4.2.3　涡激共振风洞试验模型应准确模拟构件及附属构件与设施的气动外形。

条文说明

桥梁的附属构件和设施会对涡激共振产生较大的影响,如施工塔吊、楼梯、检修车轨道、栏杆、风障、声屏障以及路缘石等。

8.4.3 波激共振验算

8.4.3.1 波激共振验算应针对涌浪占主导的海况进行。

8.4.3.2 波激振动验算应包括下列结构状态与工况：

（1）浮运沉放过程预制基础在波浪作用下的波激共振验算；

（2）施工期处于自立状态的桩柱在波浪作用下的波激共振验算；

（3）施工期处于自立状态的索塔在波浪作用下的波激共振验算；

（4）施工期主梁悬臂状态在波浪作用下的波激共振验算；

（5）运营期成桥状态全桥结构在波浪作用下的波激共振验算。

8.4.4 抖振验算

8.4.4.1 风-浪-流耦合作用与其他荷载组合作用下桥梁的位移和加速度响应，可以通过附录 P 的数值模拟方法或模型试验方法获得。

8.4.4.2 运营期设计基准期风-浪-流耦合作用与汽车荷载、温度作用等其他荷载组合作用下桥梁竖向加速度峰值不宜超过 $1.0m/s^2$，横向水平加速度峰值不宜超过 $0.3m/s^2$。

条文说明

根据研究表明，过大的竖向振动也会会引起行人的不舒适性。根据行人舒适性的研究成果，如表 8-4 所示，在竖向加速度超过 $1.0m/s^2$ 或横向加速度超过 $0.3m/s^2$ 时，行人舒适性列入"最小舒适度"等级。因此，考虑行人舒适性，本条文确定了涡激共振和抖振的峰值加速度限值。

人行桥行人舒适度等级　　　　表 8-4

等级	舒适度	竖向加速度（m/s^2）	横向加速度（m/s^2）
1	最大舒适度	<0.50	<0.10
2	中等舒适度	0.50~1.0	0.10~0.30
3	最小舒适度	1.0~2.50	0.30~0.80
4	不可忍受	>2.50	>0.80

若主梁发生扭转涡激共振，可以根据行人位置与主梁中心轴的相互关系将扭转涡激振动加速度换算至行人位置的竖向加速度，然后再按照本条文进行检验。

8.4.5 车-桥-风浪流耦合振动验算

对于特大型跨海公铁两用桥梁，应按照附录的方法，开展车-桥-风浪流耦合动力系统振动分析，保证列车和汽车车辆过桥运行的平稳性和安全性能够满足下列规定：

（1）列车运行安全性指标，见表 8.4.5-1。

列车运行安全性指标　　　　　　　　　　　表8.4.5-1

指　　标	高速铁路、城际铁路	客货共线铁路	重载铁路	
			机车	货车
脱轨系数 Q/P	≤0.8	≤0.8	≤0.8	≤1.8
轮重减载率 $\Delta P/P$	≤0.6			
轮对横向力 Q(kN)	≤10 + P_0/3	≤80	≤0.90[15 + (P_{st1} + P_{st2})/2]	≤0.85[15 + (P_{st1} + P_{st2})/2]

注：P_0、P_{st1}、P_{st2} 为车轮静轴重，单位为 kN。

（2）高速铁路、城际铁路、客货共线铁路车体竖向振动加速度 a_z 不应大于 1.3m/s²（半峰值），横向振动加速度 a_y 不应大于 1.0 m/s²（半峰值）。

（3）高速铁路、城际铁路斯佩林舒适度指标，见表8.4.5-2。

斯佩林舒适度指标　　　　　　　　　　　表8.4.5-2

序　号	斯佩林舒适度指标 W	评 价 等 级
1	W ≤ 2.50	优
2	2.50 < W ≤ 2.75	良
3	2.75 < W ≤ 3.00	合格

（4）设计速度200km/h 的客货共线铁路、高速铁路、重载铁路桥面板在 20 Hz 及以下的竖向振动加速度限值：有砟桥面不应大于 3.5m/s²（半峰值），无砟桥面不应大于 5.0m/s²（半峰值）。

（5）列车、汽车车辆的倾覆系数 D 小于 0.8。

（6）汽车车辆驾乘人员位置处车辆竖向加速度峰值不宜超过 3.6m/s²，横向加速度峰值不宜超过 2.4m/s²。

条文说明

　　桥梁结构日趋轻型化而桥梁的跨度越来越大，列车运行速度不断提高，使得列车和桥梁间的动力相互作用加剧。由于列车与轨道相互作用，列车激起各车辆及轨道的复杂振动，在不利条件下，可能引起翻车、车轮脱轨、货物破坏、驾驶员及旅客不适等现象；而高速运行的车辆对桥梁产生动力冲击作用，直接影响其工作状态和使用寿命。因此，对列车与桥梁相互作用的耦合系统进行综合研究，分析和评估桥梁和车辆的动力性能，以保证桥梁正常使用和列车运行安全，成为铁路建设中需着重研究的课题。此外，为充分利用空间，越来越多的大跨度桥梁设计成公铁两用桥梁，而对于公铁两用桥梁在汽车和列车同时作用下的车-桥耦合问题研究的很少。对于跨海特大型公铁两用桥梁，车辆、桥梁、风-浪-流耦合场之间的耦合作用同时发生，并相互影响，如何保障桥梁结构自身以及车辆运行安全性和舒适性是桥梁设计中面临的新的技术挑战。

附录 Q 基于大系统的思想,建立了车-桥-风浪流耦合动力系统,包括车辆子系统、桥梁子系统和风-浪-流耦合场子系统。根据各子系统之间的相互作用力以及车辆子系统与桥梁子系统之间的位移协调关系,建立了车-桥-风浪流耦合动力系统的运动方程,并基于分离迭代法提出了车-桥-风-浪-流耦合动力系统动态响应的求解流程,从而建立了跨海公铁两用桥梁车-桥-风-浪-流耦合动力系统的振动分析方法。

根据车-桥-风-浪-流耦合动力系统的仿真分析结果,最终可以计算出桥梁加速度响应,列车车辆运行安全性指标,包括车辆加速度响应、脱轨系数、轮重减载率、轮对横向力,以及列车、汽车车辆的舒适性指标。关于列车车辆运行安全性和舒适性指标参考中国标准《铁路桥涵设计规范》(TB 10002—2017);关于汽车车辆加速度的限值参考国际标准《人体承受全身振动的评价指南》(ISO 2631)。

对于铁路桥梁,则只需满足本条文(1)~(5)规定的列车车辆运行安全性和舒适性指标;对于公路桥梁,则只需满足本条文(5)~(6)规定的汽车车辆运行安全性和舒适性指标。

9 试验模拟

9.1 一般规定

9.1.1 桥梁风-浪-流耦合作用模型试验应在能够模拟桥位风-浪-流耦合场的风洞和水槽或水池中进行,内容包括结构风-浪-流耦合作用荷载参数测试和结构静动力效应检验。

条文说明

跨海大桥由于刚度低、阻尼小,在风的作用下,桥梁结构可能会发生涡激振动、抖振、驰振,甚至可能发生气动失稳;在波浪和水流作用下,特别是在波浪卓越周期与桥梁振动周期接近的情况下,会引起桥梁结构发生大幅共振。在风-浪-流耦合场中,桥梁结构通常会发生大幅振动,甚至可能发生毁灭性破坏。气弹/水弹效应是结构本身的运动会增加或改变流体作用力,或者结构的振动模态具有强烈的三维效应且弹性模态力难以估计。为了能够准确地再现原型结构的风-浪-流作用响应,气弹/水弹模型必须模拟自然风-浪-流特性、结构外形的关键流体动力信息,以及结构系统的刚度、质量和阻尼特性。

模型试验应确定在最严酷的风-浪-流条件下桥梁结构承受的最大荷载,以此评判桥梁结构本身的强度、刚度和稳定性,且应保证施工阶段和成桥状态桥梁不发生动力失稳以及强度和刚度破坏,并能保证成桥状态桥梁的振动不影响行车安全、结构疲劳和使用舒适性。

风-浪-流耦合场目标参数模拟中,应考虑桥梁运营期和施工期各关键状态桥位处风-浪-流耦合场参数和工况组合。运营期桥梁风-浪-流耦合场的模拟目标参数应根据桥梁设计基准年限来分析确定,施工期的风-浪-流耦合场的模拟目标参数应根据工程规模和重要性按施工年限推算确定,浮运沉放期桥梁大型深水预制基础施工窗口期风-浪-流耦合场模拟目标参数应根据良态气候期观测数据、施工作业条件等综合分析确定。

9.1.2 桥梁风-浪-流耦合作用模型试验包含桥梁结构测力模型试验、测压模型试验和弹性模型试验,其中测力和测压模型试验主要用于浪-流耦合作用下桥梁基础、主梁等构件的荷载及压力分布测试,弹性模型试验主要用于风-浪-流耦合作用下预制基础浮运沉放过程、索塔自立状态(图9.1.2)、桥梁架设过程及成桥状态的荷载及其动态响应测试,在此基础上进行桥梁结构承载能力极限状态和正常使用极限状态检验。

图 9.1.2　自立状态索塔弹性模型风-浪-流耦合作用试验

条文说明

桥梁的风-浪-流耦合作用问题是复杂的气-固耦合和液-固耦合问题：一方面，桥梁结构及其运动将改变风-浪-流场；另一方面，风-浪-流场的变化将导致其对桥梁结构的作用效应发生改变。因此，传统采用分别计算风、浪、流单因素作用然后进行叠加的方法不能够准确反映桥梁在风-浪-流耦合作用下的受力性能。

为准确评估跨海桥梁在风、浪和流环境下的动态响应特征，需要考虑风、浪、流和桥梁结构之间的耦合效应。在试验室中同时对风、浪和流进行模拟并测试在耦合场中的桥梁结构响应，将能更逼真地模拟结构受力状态，见图 9-1。

桥梁弹性模型在风-浪-流耦合作用下表现为不同类型的振动形式，桥梁成桥和施工状态的弹性模型在波浪作用下一般呈强迫振动状态。当波浪周期与结构固有周期耦合时，会产生明显的波浪-结构共振，振幅大小与波高和结构阻尼关系密切。

图 9-1　全桥弹性模型风-浪-流耦合作用试验

图 9-2 为当波浪周期与桥塔固有周期接近时,风-浪耦合作用下激起了桥塔大幅振动试验结果。当风速较低时,风-浪-流耦合作用中浪-流作用占据主导成分[如图 9-2a)所示];当风速较高时,风-浪-流耦合作用中风和浪作用同时占据了主导成分[如图 9-2b)所示]。

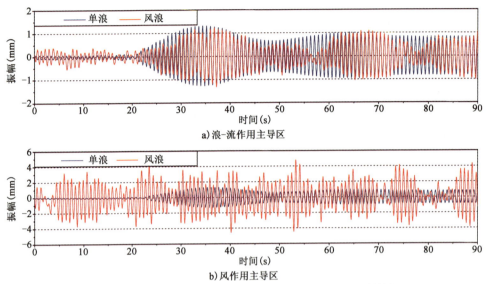

a) 浪-流作用主导区

b) 风作用主导区

图 9-2 风-浪耦合作用下自立状态桥塔塔顶位移变化时程试验结果

9.2 风-浪-流耦合场模拟

9.2.1 模拟的风-浪-流耦合场应反映桥址处的风-浪-流耦合场特性,宜采用专门的风-浪-流耦合场模拟系统来实现。该系统包括风场模拟子系统、波浪场模拟子系统和流场模拟子系统。风-浪-流耦合场模拟系统的一种实现方案如图 9.2.1 所示。

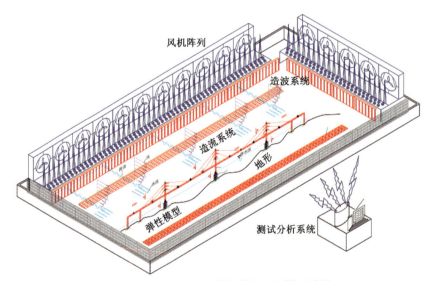

图 9.2.1 桥梁风-浪-流耦合作用试验系统示意图

条文说明

风-浪-流耦合场的模拟需要在能考虑风、浪、流时间同步、空间相关的风-浪-流耦合场模拟系统中进行。

在台风过程中,风浪占据了主导地位,风向和波向存在较高的相关性,但是由于风场和波浪场的生成存在时滞效应,且地形地貌对风和波浪的传播方向存在巨大的干扰效应,从而导致特定位置的风向与波浪方向之间往往存在不一致性。海流流向一般受潮汐和洋流影响较大,台风一般仅对海洋表面产生较大的风海流,因此,整体海流流速和流向一般与风向和波向存在较弱的相关关系。此外,桥位处地形地貌和基础局部冲刷也会极大地改变波浪场和水流场的水质点运动速度和方向,对浪流场的分布产生较大的影响。

在模型测试中,通常按风、浪、流同向条件来模拟,且认为这是趋于保守的;另外,非同向条件也需要考虑,但是往往会受到水槽/水池风-浪-流场模拟设备的限制。由于水流的作用,特别是高流速流场与短波共同作用时,通常会发生意料之外的浪-流耦合效应。

9.2.2 风-浪-流耦合场的模拟应考虑风场、波浪场和流场的不同组合工况,浪-流耦合场应包含顺流和逆流组合工况。方向的组合,根据试验条件可选择如下实现方式:

(1)以风方向为基准,通过变换波浪场模拟子系统、流场模拟子系统与风场模拟子系统的相对位置来实现风、浪、流不同方向之间的组合;

(2)以波浪方向为基准,通过变换风场模拟子系统、流场模拟子系统与波浪场模拟子系统的相对位置来实现风、浪、流不同方向之间的组合。

9.2.3 风-浪-流耦合场模拟宜按以下步骤进行:

(1)根据耦合场中流场特征参数,按附录 R.3 方法进行水流场模拟,获得稳定的目标流场;

(2)根据耦合场中风场特征参数,按附录 R.1 方法进行风场模拟,获得稳定的目标风场;

(3)根据耦合场中波浪特征参数,按附录 R.2 方法进行波浪场模拟,获得稳定的目标风-浪-流耦合场。

条文说明

风-浪-流耦合场模拟系统通过"模拟-反馈-控制"生成目标风-浪-流耦合场。风-浪-流耦合场参数的实现流程如下:①水流场模拟——由造流泵、导流管和整流器生成水流场,并达到稳定的目标流速;②风场模拟——由风机阵列、紊流发生装置、风场模拟装置平台生成风向在0~90°范围任意可调的风场,并达到稳定的风速、风剖面及紊流强度;③波浪场模拟——由造波机生成波向在 0~90°范围任意可调的入射波波浪场,并经过海底地形模拟装置改变其水质点运动形态,传播到桥梁全桥弹性模型位置处达到稳定的目标波高和波周期,从而获得空间相关、时间同步和连续的目标风-浪-流耦合场,能够考虑桥位处地形、基础局部冲刷对风-浪-流耦合场的影响。

9.3 基础浪-流耦合荷载测试试验

9.3.1 桥梁刚性模型及测试

9.3.1.1 桥梁刚性模型应能有效模拟结构的几何外形和尺寸,模型几何缩尺比不宜小于 1:80。

9.3.1.2 桥梁刚性模型应考虑地形和相邻构筑物对流场的干扰效应和群体流场效应。

9.3.1.3 桥梁刚性模型试验应合理考虑浪、流的来流方向组合,来流入射角变化范围应根据桥梁结构所受浪-流耦合场作用情况来确定,一般为 0~180°,来流角度变化步长不宜大于 15°,且在横桥向与顺桥向附近 30°范围内不宜大于 10°。

9.3.1.4 测量仪器采样间隔要视波浪的作用性质而定,一般不大于 1/50s,并应能捕获具有冲击性质的波浪力。

9.3.2 桥梁结构测力试验

9.3.2.1 桥梁结构测力试验主要用于浪-流耦合作用下桥梁结构的水平力、浮托力和力矩等测定,宜采用总力传感器进行测量,见图 9.3.2.1。

条文说明

对于较为复杂的桥梁结构,如主梁、群桩基础、高桩承台结构、桥墩和桥塔等,风、波浪、浪流或风-浪-流耦合场作用下的极端荷载计算无法采用经验公式或建立简单的数学模型进行分析,需要采用模型试验方法为结构设计提供依据。

波浪作用下箱梁受力主要分为淹没、半淹没、露出水面三种类型。由于波浪运动时水质点会上下运动,梁板底部有时全部或部分露出水面,除了受到波浪浮托力及侧压力作用外还会受到水流和空气的冲击力,动力条件复杂。根据以往物理模型试验研究结果,波浪上托力具有明显随机特性,通常迎浪部位的上托力大于尾流部位。

9.3.2.2 刚性模型试验测力系统应有足够的刚度和较高的固有频率,测试数据应根据测力系统和刚性模型的固有频率进行滤波处理和修正。

9.3.2.3 随机波浪作用下总力测试分析结果宜给出极大值平均值、极小值平均值和最大值。

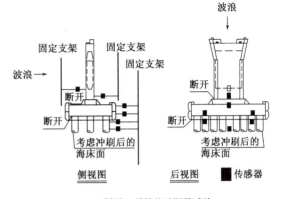

a) 主梁测力试验　　　　　　　　　b) 桥墩、群桩基础测量试验

图 9.3.2.1　桥梁结构测力模型试验示意图

9.3.3　桥梁结构测压试验

9.3.3.1　桥梁结构测压试验主要用于浪-流耦合作用下桥梁结构的水动力压力荷载分布的测定,宜采用水动力压力传感器进行测量。

9.3.3.2　浪-流耦合场压强分布测试,应在结构模型表面沿周向和垂向均布足够数量的水动力压力传感器进行同步测量。

9.3.3.3　随机波浪作用下波浪压力分布测试分析结果应给出最不利位置点压力最大值,并根据点压力分布计算结构刚性模型的同步合成总水平力、浮托力和扭矩。

9.3.4　越浪量试验

9.3.4.1　在桥梁结构测力和测压模型试验中,宜同步进行越浪量和越浪高度的测量。

9.4　桥梁弹性模型试验

9.4.1　桥梁弹性模型及测试

9.4.1.1　桥梁结构弹性模型应能有效模拟结构的几何外形、尺寸、刚度、质量及其分布,桥塔自立状态弹性模型几何缩尺比不宜小于 1∶120,全桥弹性模型几何缩尺比不小于 1∶200。

9.4.1.2　桥梁结构弹性模型宜采用芯梁模拟结构刚度、外衣模拟结构外形。外衣应与芯梁稳固连接,并避免提供额外的刚度和阻尼。弹性模型的主要几何尺寸加工允许误差为 ±2%。弹性模型的质量、频率模拟允许偏差为 ±5%,采用配重应不影响结构流态外形,模型阻尼比不宜大于实际结构阻尼比的规定值。

条文说明

全桥弹性模型局部构造示意图如图 9-3 所示。全桥弹性模型由基础、桥塔、缆索、主梁、桥墩、阻尼模拟装置等组成,用于模拟桥梁施工状态及成桥状态弹性结构外形、刚度、质量、阻尼等特性。基础通过模型底座安装在防水六分量测力天平上,利用防水六分量测力天平测量获得桥梁模型的整体荷载;基础、桥塔、桥墩和主梁由节段外衣、弹性骨架、质量配件装配而成,相邻节段外衣之间留有1~5mm的间隙,外衣密封带用于密封相邻节段外衣之间的间隙,质量配件分布式安装在节段外衣内侧或弹性骨架上;缆索由包裹外衣的康铜丝与弹簧串联模拟拉索外形和索力。

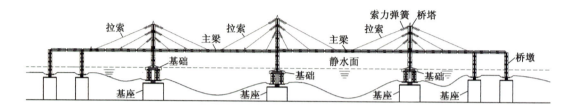

a) 全桥弹性模型示意图

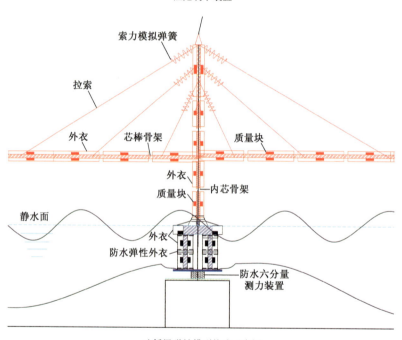

b) 桥梁弹性模型构成示意图

图9-3 桥梁弹性模型示意图

9.4.1.3 桥梁弹性模型应考虑地形和相邻构筑物对流场的干扰效应和群体流场效应。

9.4.1.4 桥梁弹性模型水中部分应采用适当的防水措施,以避免模型外衣内部进水,导致产生水体附加质量影响。

9.4.1.5 桥梁弹性模型试验应合理考虑风、浪、流的来流方向组合,来流入射角变化范围应根据桥梁结构所受风-浪-流耦合场作用情况来确定,方向角间隔不宜大于22.5°。

9.4.2 弹性模型试验相似准则

9.4.2.1 弹性模型试验模型应满足与试验原型的几何相似、运动相似和动力相似,相似条件根据表9.4.2.1确定,必要时可根据试验目的和试验对象的不同对相似准则要求进行合理放宽。

无量纲参数的相似要求　　　　　　　　　表9.4.2.1

无量纲参数	表达式	物理意义
雷诺数	$\dfrac{\rho VB}{\mu}$	气动惯性力/空气黏性力
弗劳德数	$\dfrac{V^2}{gL}$	结构物重力/气动惯性力
斯托罗哈数	$\dfrac{fL}{V}$	时间尺度
柯西数	$\dfrac{E}{\rho V^2}$	结构物弹性力/气动惯性力
密度比	$\dfrac{\rho_s}{\rho}$	结构物惯性力/气动惯性力
阻尼比	ξ	每个周期耗能/振动总能量

条文说明

(1) 几何相似。试验模型应满足与试验原型的几何相似,且应包括测试模型、周边模型、地形环境模型等。测试模型应模拟可能对测试结果产生明显影响的桥梁细部构件;周边模型应包括有可能对试验结果产生显著影响的周边建设环境;地形环境模型应包括有可能对风-浪-流场和模型试验结果产生影响的陆上地形、水底地形等。

(2) 运动相似。桥梁模型的运动与实际桥梁的运动应满足相似关系,试验风浪流场应满足速度、风速/水流流速梯度(风或水流速度垂直剖面的速度变化)、风场紊流强度(脉动风各分量的总能量)、归一化风谱和波浪谱(能量的频率分布)、频率比、尺度比(流场与结构物之间的长度比)、斯托罗哈数(时间尺度)等相似条件。

(3) 动力相似。动力相似中需要考虑的因素包括:雷诺数 Re 相似、弗劳德数 Fr 和斯托罗哈数 St 相似、欧拉数 Eu 相似。

(4) 相似条件放宽。

a. 在悬索桥和斜拉索桥等缆索承重结构的弹性模型试验中,应满足弗劳德数 Fr 相似准则。其他场合可予以适当放宽或者忽略。

b. 对大多数具有棱角断面的桥梁结构,可以忽略雷诺数 Re 相似准则。但对缆索、吊杆、桥面栏杆以及墩柱等具有圆形或流线型断面的结构及构件,应考虑雷诺数 Re 效应。

c. 当结构的某些部分或构件对结构某种振动形式的贡献可以忽略时,可适当放宽其相应的弹性参数及惯性参数相似准则。

9.4.2.2 桥梁弹性试验模型各参数的缩尺率可根据表9.4.2.2确定,必要时可根据试验目的和试验对象不同合理放宽相似准则要求。

试验模型参数的相似比　　　　　表9.4.2.2

物理量	缩尺率	物理量	缩尺率
几何尺寸	λ_l	单位质量惯性矩	$\lambda_{J_m} = \lambda_l^4$
时间 $T(s)$	$\lambda_t = \lambda_l^{1/2}$	弯曲刚度	$\lambda_{EI} = \lambda_l^5$
速度 $V(m/s)$	$\lambda_V = \lambda_l^{1/2}$	扭转刚度	$\lambda_{GJ_d} = \lambda_l^5$
频率	$\lambda_l^{-1/2}$	轴向刚度	$\lambda_{EA} = \lambda_l^3$
重力加速度	$\lambda_g = 1$	力	λ_l^3
阻尼比	$\lambda_\xi = 1$	力矩	λ_l^4
单位长度质量	$\lambda_m = \lambda_l^2$	压力	$\lambda_p = \lambda_l$

9.4.2.3 桥梁弹性试验模型缩尺比的选择,应综合考虑模型大小、试验平台的主要尺度和试验平台的风、浪、流模拟能力。

条文说明

正确选择合适的模型缩尺比是桥梁风-浪-流耦合作用弹性模型试验的重要问题,如果考虑不周,会影响试验成果的准确性和可靠性。模型几何缩尺比的选择需要考虑模型大小、试验平台的主要尺度和试验平台的风、浪、流模拟能力。

(1)模型大小是考虑模型缩尺比的首要因素。过小的模型会造成尺度效应问题突出,模型制作和模拟精度降低,试验测量数据相对误差增大;模型过大则会受到水池大小限制,引起阻塞壁面效应。

(2)试验平台的主要尺度包括工作水深、水池长度和宽度等,根据试验平台的主要尺度可以初步确定模型缩尺的上限。

(3)试验平台的造风、造波、造流系统的功能都存在一定的极限。通常造流能力是主要瓶颈。根据试验任务中实际要求的最高风速、流速、波高和波周期等参数,即可从试验平台的模拟能力初步确定模型缩尺的上限。

(4)动态测试系统的测量功能。由于试验用到的各类型测量仪器都有一定的量程范围和精度要求,在选择模型缩尺比时需要考虑测量系统的测量能力范围,以保证模型试验中能够正确获得各项数据。

9.4.3 桥塔自立状态弹性模型试验

9.4.3.1 桥塔自立状态弹性响应试验进行前,应进行结构动力特性检验,以确保模型的振型、频率和阻尼与实际桥塔一致。测试模型的动力特性应在无风和静水的条件下进行。在测试桥塔的阻尼时,宜参考桥塔设计允许振幅作为测试的最大振幅。

9.4.3.2 桥塔自立状态弹性模型试验应考虑不规则波和规则波的影响,且规则波的波频范围宜覆盖桥塔结构的前4阶固有频率。

9.4.3.3 桥塔自立状态弹性模型试验应进行桥塔的驰振试验、涡振试验、抖振试验和波激共振试验等检验,且应分析风、波浪、风-浪耦合效应、浪-流耦合效应、风-浪-流耦合效应对桥塔结构动力效应的影响。

9.4.3.4 在以获得设计荷载为目的的桥塔自立状态弹性模型试验中,应进行整体模型测力试验或结构表面测压试验。

9.4.4 全桥弹性模型试验

9.4.4.1 全桥弹性模型应满足9.4.2条规定的相似条件。对于斜拉桥和悬索桥,拉索、主缆等主要承受轴力的构件,应满足轴向刚度相似条件;对于约束扭转刚度影响较小的主梁,可放宽约束扭转刚度相似条件。

9.4.4.2 全桥弹性模型的动力特性测试应在无风和静水的条件下进行,并检验主梁竖弯、侧弯和扭转的前3阶频率和振型,以及桥塔横桥向、顺桥向振动的前2阶频率和振型,重要振型的频率模拟偏差不应大于5%。

9.4.4.3 全桥弹性模型试验应考虑不规则波和规则波作用,且规则波的波频范围宜覆盖全桥弹性模型的前2阶主梁竖弯、侧弯频率以及前2阶桥塔横桥向、顺桥向振动频率。当结构动力效应不明显时,可适当放宽要求。

9.4.4.4 全桥弹性模型试验中应进行颤振稳定性试验、涡振试验、抖振试验和波激共振试验等检验,试验时应考虑不利施工状态,且应分析风、波浪、风-浪耦合效应、浪-流耦合效应、风-浪-流耦合效应对全桥结构动力效应的影响。

9.5 预制基础浮运和沉放过程弹性模型试验

9.5.1 预制基础浮运和沉放过程弹性模型试验模拟工况包含浮运阶段、沉放等待阶段和沉放阶段。

9.5.2 预制基础浮运阶段弹性模型试验主要用于测试浮运过程中预制基础的阻力、升沉、上浪和稳定性,检验拖航船及缆绳配置的合理性,并确定浮运航道的疏浚深度以及浮运施工方案的可靠性。

条文说明

浮运阶段物理模型试验主要测定在不同水深、不同环境条件(风、浪、流)及不同拖航方向时的以下数据及参数。

(1)拖曳阻力:可采用拉力传感器测量;

(2)基础六自由度运动响应:可利用预置加速度传感器和陀螺仪测量;

(3)拖航过程各缆索力:可通过直接测量或受力分解换算得到。

9.5.3 预制基础沉放等待阶段弹性模型试验主要测试沉放等待状态下预制基础的运动及系缆力,检验沉放等待阶段系泊布置、系泊方式、缆绳配置、绞车布置等的合理性。

条文说明

沉放等待阶段物理模型试验主要测试基础在不同水深、不同环境条件(风、浪、流)及不同拖航方向时的以下数据及参数。

(1)系缆力:可采用拉力传感器测量;

(2)基础六自由度运动响应:可利用预置加速度传感器和陀螺仪测量。

9.5.4 预制基础沉放阶段弹性模型试验主要用于测试沉放过程中预制基础的位置、姿态及系缆力,检验预制基础沉放位置偏差是否满足施工精度要求,以及系泊系统的可靠性和安全性。

条文说明

沉放阶段物理模型试验主要测试基础在不同环境条件(风、浪、流)、不同沉放速度时的以下数据及参数。

(1)系缆力:可采用拉力传感器测量;

(2)基础六自由度运动响应:可利用预置加速度传感器和陀螺仪测量。

9.6 桥梁海啸作用模型试验

9.6.1 在临海大陆架建设的跨海桥梁,根据建设条件分析海啸影响较大时,应进行桥梁海啸作用模型试验。

条文说明

海啸是一种频率介于潮波和涌浪之间的重力长波,其波长约为几十至几百公里,周期为 $2\sim200\text{min}$,最常见的是 $2\sim40\text{min}$。在地震或扰动源的强迫力作用下,海啸的传播可分为3个阶段:①源地附近的传播;②大洋中的自由传播;③近岸带中的传播。海啸在传播过程中,如果不发生反射、绕射和摩擦等现象,则两波线之间的能量与波源的距离无关。海啸进入大陆架后,因深度急剧变浅,能量集中,引起振幅增大,并能诱发出以边缘波形式传播的一类长波。当海啸进入海湾以后波高骤然增大,特别是在"V"形(三角形或漏斗形)的海湾口处更是如此。这时湾顶的波高通常为海湾入口处的 3~4 倍。海啸波在湾口和湾内反复发生反射时,往往诱发出湾内海水的固有振动,使波高激增。这时出现波高为 10~15m 的大波并造成波峰倒卷,甚至发生水滴溅出海面的现象。从海面到海底,海啸的流速几乎是一致的。当它传播到近岸处时,海水的流速很大,骤然形成"水墙",冲击海岸和桥梁时,可以使堤岸决口、桥梁垮塌。海啸的发生及其传播示意图见图 9-4。

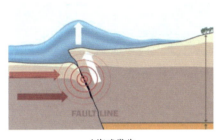 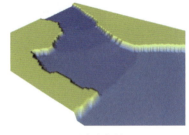 

a) 海啸发生　　　　　　　b) 海啸传播　　　　　　　c) 海啸作用

图 9-4　海啸的发生及其传播示意图

海啸破坏力巨大,1960 年 5 月 23 日在智利发生的海啸,曾把夏威夷群岛希洛湾内护岸砌壁的约 10t 的巨大玄武岩块翻转,抛到 100m 外的地方。海啸给沿岸地区的人、畜、树木、房屋建筑、港湾设施、船舶和海上建筑物等造成的严重灾害,往往大于地震灾害。地震海啸波级见表 9-1。

地震海啸波级表　　　　　　　　　　　　　　　表 9-1

等　级	灾　　害
1	波高为 1~3m,岸边建筑物可受到损失
2	波高为 4~6m,可冲毁岸边建筑物,造成生命财产的损失
3	波高为 10~20m,对岸边造成巨大损失,海水可侵入陆地 200km
4	波高超过 30m,称为毁灭性的灾害,海水可侵入陆地 500km

9.6.2　海啸的模拟应能够反映海啸的主要作用效应,可利用高速水流模拟或孤立波模拟。

条文说明

在海啸模拟中,应把起主要破坏作用的高速水流效应模拟出来。可利用水槽中蓄积的大量水体产生持续的高速水流,如图 9-5a) 所示。另外,在常规大型水槽中可利用孤立波来模拟海啸的作用效应,如图 9-5b) 所示。

孤立波的波形和水质点的运动与海啸极为相似,可用来描述海啸和风暴等引起的巨浪及波长较长的表面波的特性,如图 9-6 所示。根据推板造波机的运动条件,通过计算机产生孤立波的控制信号控制推板的运动,从而产生符合海啸波形特征的孤立波。

a) 高速水流模拟海啸

b) 孤立波模拟海啸

图 9-5　海啸的模拟方法

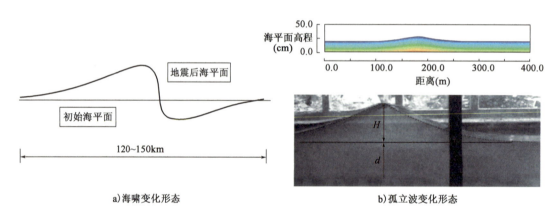

a) 海啸变化形态　　　　　　　　　　　　b) 孤立波变化形态

图 9-6　海啸及孤立波传播示意图

9.6.3 桥梁海啸作用模型试验宜进行测力试验、测压试验和弹性模型试验,检验桥梁全桥及构件的承载能力极限状态是否满足要求,试验内容按 9.3 节和 9.4 节相关规定进行。

10 风-浪-流耦合作用振动控制

10.1 一般规定

10.1.1 当桥梁结构在风-浪-流耦合作用下不能满足承载能力极限状态和正常使用极限状态设计要求时,可通过结构控制措施、气动/水动控制措施、机械措施予以改善和提高。

条文说明

结构控制措施是通过增加结构的总体刚度来提高桥梁抵抗风-浪-流耦合作用能力的措施。

气动/水动控制措施是通过优化构件气动/水动外形或附加气动/水动装置来提高桥梁结构抵抗风-浪-流耦合作用能力的措施。

机械措施是通过附加阻尼装置来提高桥梁结构抵抗风-浪-流耦合作用能力的措施。

10.1.2 控制措施的选择应综合考虑桥梁寿命周期内的安全性、经济性、耐久性等要求,宜优先选择结构控制措施和气动/水动控制措施。

10.2 结构控制措施

10.2.1 通过改变结构构件的尺寸或材料等措施提高结构的刚度,例如:
(1)增加主梁或桥塔的断面尺寸;
(2)改变主梁或桥塔的材料,如采用钢-混凝土组合结构代替钢结构。

条文说明

如图10-1和图10-2所示的塔柱采用钢-混凝土组合结构、中上塔柱采用钢筋混凝土结构的新型组合桥塔,克服了传统混凝土桥塔截面大、配筋密、延性差的缺点。与混凝土塔柱相比,钢-混组合结构塔柱承载力和延性提高15%以上。

10.2.2 通过附加装置、改变连接方式等措施提高结构的刚度,例如:
(1)为提高悬索桥或斜拉桥的刚度,可在悬索桥主跨中央或边跨端部的主缆和加劲梁之间设置中央扣或边索扣,在悬索桥长吊索上设置横向连接器,在斜拉桥的拉索上设置辅助索网;

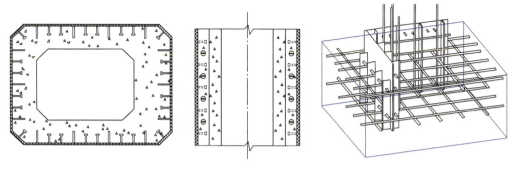

图 10-1　钢-混凝土组合结构构造形式

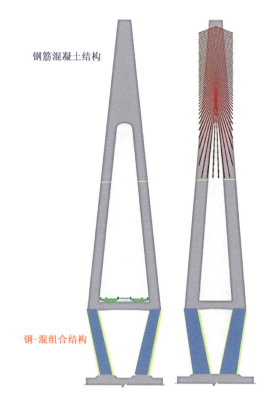

图 10-2　钢-混组合结构桥塔

（2）在预制基础浮运和沉放过程中，通过合理布置系泊缆索系统，并对系泊缆轴力进行实时主动调节，提高预制基础的整体刚度。

条文说明

定位沉放控制平台可由信息采集系统和分析控制系统组成，安装在多个动力定位船上，如图 10-3 所示。此外，在多个系泊缆上分别布置多个力传感器和力调节器，在预制基础顶面多个控制点上布置 GPS 定位装置。

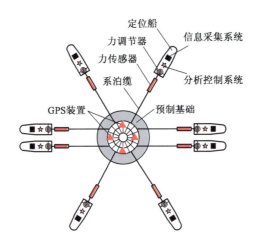

图 10-3　预制基础的一种系泊定位系统示意图(隔离装置)

信息采集系统通过无线方式采集 GPS 定位装置监测的预制基础下沉过程中多个控制点三维坐标实时动态信息,以及多个力传感器同步监测的多个系泊缆轴力实时信息。

分析控制系统在分析预测预制基础运动响应和多个系泊缆轴力实时响应的基础上,通过多个力调节器控制卷扬机,实现多点同步调节多个系泊缆轴力,进而控制预制基础的运动响应,最终将预制基础定位沉放在预设位置范围内。

10.3　气动/水动控制措施

10.3.1　主梁、桥塔、桥墩、缆索可采用下列气动控制措施。

(1)主梁的气动控制措施包括:优化主梁的气动外形;在主梁上设置风嘴、导流板、分流板、抑流板、中央稳定板、气动翼板等;将主梁开槽形成分体式主梁断面,并可在开槽处设置中央稳定板、气动格栅等。

(2)桥塔、桥墩的气动控制措施主要是优化结构断面的气动外形。

(3)缆索的气动控制措施包括:在斜拉索或吊索表面做附加凸起、凹坑、卷缠螺旋线等处理;合理布置横向并列的拉索或吊杆的中心间距。

条文说明

常见的主梁气动措施见图 10-4。以往大跨径桥梁在抗风设计过程中,为提高颤振、涡激振动性能,均采取了一定的气动措施。润扬大桥、矮寨特大桥采取设置中央稳定板的措施,西堠门大桥采取分离双箱梁措施,坝陵河特大桥等采取加设气动翼板的措施来提高桥梁的颤振性能。苏通大桥在抗风设计中,采取在检修轨道附近设置导流板的措施,有效地抑制了主梁的涡激振动。

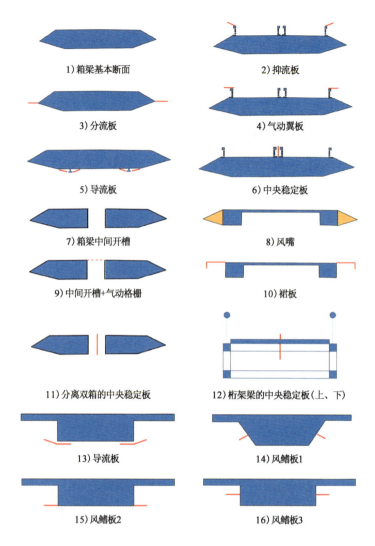

图 10-4 主梁的若干气动措施

对于桥塔断面,研究表明,圆形断面、带倒角的断面形式具有降低风荷载的效果。采用圆形倒角、方倒角与切角,其尺寸可取桥塔(桥墩)宽度的 1/12 ~ 1/8,见图 10-5。

图 10-5 桥塔断面优化

拉索和吊杆气动控制措施包括:附加凸起、卷缠螺旋线、表面加工或改变断面形状。拉索采用附加凸起断面时,应注意风荷载增加的影响。横向并列的拉索或吊杆的中心间距宜大于拉索或吊杆直径的 5 倍,并应避免在 10 ~ 20 倍的直径范围内,下风侧拉索或吊杆发生尾流驰振。

10.3.2 桥面系可采用下列措施提高桥面行车安全性和舒适性：

(1) 通过选择合适的护栏形式或设置风障来改善桥面的风场环境；

(2) 通过设置桥面防浪屏障等来改善路面行车状况。

条文说明

风障作为提高车辆行驶舒适性的工程措施，有增加风荷载、改变颤振与涡激振动特性的作用，应在抗风设计中进行专门比较研究。图 10-6 为法国米约高架桥和中国杭州湾大桥采用的风障控制措施。

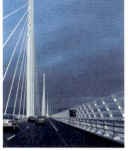

a) 法国米约高架桥风障控制措施　　　　b) 杭州湾大桥风障控制措施

图 10-6　桥梁风障控制措施

10.3.3 桥梁深水基础可采用下列水动控制措施：

(1) 优化桥梁深水基础的形式；

(2) 在桥梁深水基础周围设置消减浪流力的消浪装置或抑制涡振的抑振装置；

(3) 在预制基础浮运和沉放过程中，在桥梁深水基础迎浪方向一定距离的海面上设置浮式防波堤。

条文说明

桥梁基础受到的浪流荷载与基础外形密切相关，因此，通过优化基础的外形可以达到减小基础浪流荷载的目的。为减少基础上受到的水动力荷载，可通过以下三种途径优化桥梁基础形式：一是利用波浪能量集中分布在水面附近的特点，将桥梁基础截面设计为上小下大的形式；二是利用桥梁基础不同构件之间的空间距离，使其受到的波浪力存在相位差；三是将水下基础表面设置为斜面或者水平面向外伸出，使其波浪压力的竖向分力产生的力矩可消减桥梁基础上的总波浪力矩。图 10-7 为一种消减波浪荷载的桥梁深水基础。

当受基础结构承载能力限制，不方便改变结构的截面或形状时，可在桥梁基础上安装消浪装置。图 10-8 给出了一种桥塔基础消浪装置。该装置通过消浪室和凹曲面导浪块来消耗和吸收波浪能量，能够有效地消减作用在桥塔上的波浪力。当波浪袭击桥塔时，一部分波浪作用在套筒迎浪面而发生反射,一部分波浪通过套筒通孔进入环形消浪室,并沿支撑板通孔流入相邻的消浪腔室。消浪室内不同相位的波浪之间相互干扰,从而消耗波浪的能量。消浪室的顶部和底部透空,这样波浪的上托力很小。当波浪越过套筒冲击桥塔塔柱时,导浪块的凹弧形迎浪面将波浪的水平运动逐渐转变为竖向运动,使得部分水平波浪分力转换为竖向分力,从而削弱了作用在桥塔塔柱上的水平波浪力。

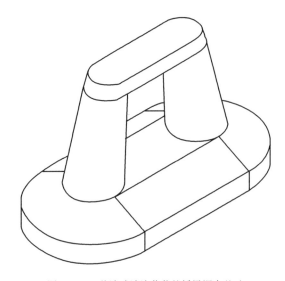

图 10-7 一种消减波浪荷载的桥梁深水基础

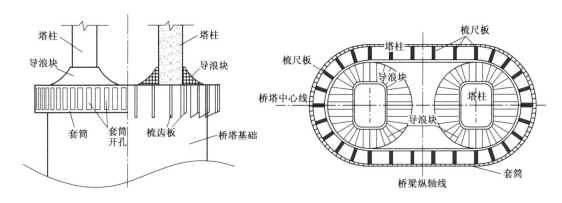

图 10-8 桥塔基础消浪装置

水流作用下桩柱有可能会发生涡激振动。可采用螺旋形鳍或螺旋状导板抑制桩柱在水流作用下的涡激共振,见图 10-9。

干扰装置经常用于抑制涡泄锁定,其原理或利用流线鳍和导板来减小拖曳力,或使构件不规则以使不同长度上旋涡变得不均匀和不规则。干扰装置有围绕构件缠绳子、罐体开孔、螺旋形鳍或螺旋状导板等方式。为使干扰设施有效,应按接近涡泄相关长度设置。干扰设施的效率应通过试验确定。

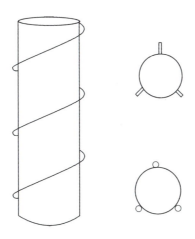

图 10-9　抑制涡激振动措施

外海跨海大桥的基础规模很大，一般采用预制基础。在预制基础的定位沉放过程中，波浪、海流影响很大，很难获得较长时间的良好海况作为施工窗口期，预制基础的高精度定位沉放和施工安全面临巨大的挑战。图 10-10 为一种用于消减波浪的 C 形浮式防波堤，主要由浮式消浪单元和锚固系统组成。浮式消浪单元由多个消浪隔室组成，消浪隔室内设置隔板，隔板上随机布置有多个消浪孔，并且在消浪隔室内填充有消浪材料。当波浪通过消浪单元时，消浪隔室隔板上随机布置的消浪孔和消浪隔室内的消浪材料可将波浪水质点的运动轨迹打乱，波浪运动能量被耗散，经过多个消浪单元的逐步耗散，最终通过 C 形浮式防波堤的波浪波高可大幅度减小，波浪能量大幅降低，进而能够显著改善预制基础施工窗口期的波浪影响。

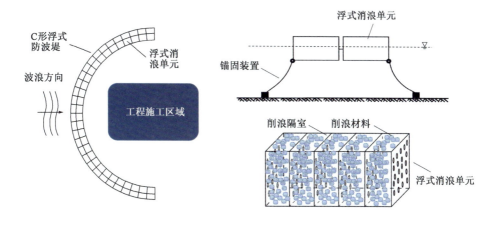

图 10-10　C 形浮式防波堤

10.4 机械措施

常用的机械措施包括以下两种：

(1)附加阻尼装置改变结构阻尼的措施,如调谐质量阻尼器 TMD、调谐液体阻尼器 TLD、黏滞阻尼器、摩擦阻尼器、磁流变阻尼器、电涡流阻尼器等；

(2)改变结构风场或流场的机械措施,如主动控制气动翼板、主动控制风障等。

条文说明

针对涡激振动或抖振响应的控制,一般针对关键的振型进行控制,调谐式阻尼器具有很好的针对性。在控制方式上,考虑到实桥维护的复杂性,被动式控制方式具有很好的优越性。国内外针对涡激振动或抖振响应的控制,采用 TMD 方式较多。

增加拉索阻尼最有效和使用最广泛的方法之一是在拉索和桥面之间安装油阻尼器,如法国的 Brotonne 桥、美国的 Sunshine Skeway 桥、日本的 Aratsu 桥及我国的南京长江第二大桥等。继油阻尼器之后,一种剪切型黏滞阻尼器被广泛应用于拉索减振,被称为第二代阻尼器(简称 VSD 阻尼器)。VSD 阻尼器的优点是结构简单,维护方便,可同时抑制面内、面外振动；缺点是阻尼器随温度变化,并偶有黏性体渗漏现象,外形也欠美观。我国很多斜拉桥都安装了 VSD 阻尼器。

磁流变阻尼器(MR 阻尼器)是近年推出的一种高科技产品,被称为第三代阻尼器。MR 阻尼器的构造与油阻尼器类似,但是它用的工作液体不是硅油,而是磁流变体。磁流变体是一种将亚纳米细度的铁粉与硅油混合制成的特殊材料。在外加磁场作用下,磁流变体可在几毫秒的短时间内变成半流体,从而使阻尼变大。在阻尼器内引入电磁线圈,通过改变电流强度来调节阻尼力的大小,MR 阻尼器是一种智能型的半主动阻尼器。由于 MR 阻尼器卓越的使用性能,它被认为是最有前途的新型阻尼器。岳阳洞庭湖大桥上安装了磁流变式拉索减振系统,被认为是世界上第一个磁流变拉索减振系统。

电涡流阻尼器在车辆悬挂系统、空间对接结构、高速列车的制动、传动系统等领域已广泛应用,它是一种新型的利用电磁感应原理产生阻尼的器件,没有机械摩擦,没有工作流体,没有弹性刚度,采用永磁体时不需要电源,结构简单可靠,耐久性好。由于电涡流阻尼本身出力很小,电涡流阻尼器在土木工程领域的应用一直局限于小尺寸的结构模型振动控制研究。为了实现电涡流阻尼器在大型土木工程结构上的应用,同时为解决桥梁和输电塔等结构减振要求 TMD 疲劳寿命高、维护工作量少的特点,陈政清等开展了电涡流 TMD 研究,研制出可同时在水平与竖直方向工作的样机,进行了 120m 高的输电塔实塔减振试验,已被证明减振效率高；为榕江大桥吊杆减振研制了一种小型电涡流 TMD,并安装至实桥；进行了电涡流阻尼器的大跨度桥梁风振控制仿真分析、斜拉索的振动控制研究、微型电涡流 TMD 的人行桥模型减振试验,均取得了良好的效果。

在风-浪-流耦合作用下,需要采用多种控制措施,如图 10-11 所示,可在桥塔顶部设置 TMD/TLD 控制风-浪-流耦合作用下桥塔结构振动,同时在主梁设置主动控制气动翼板、主动控制风障等,改变结构风场,减小结构风振。

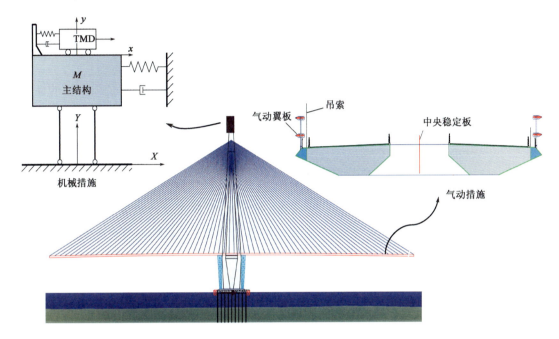

图 10-11　桥塔风-浪控制

11 桥梁风-浪-流耦合作用监测与评估

11.1 一般规定

重要的跨海桥梁应在施工期和运营期进行风-浪-流耦合作用监测,对桥梁结构的性能状态和运营期安全行车状态进行评估,并采取合理、有效的监控和养护措施。

条文说明

在役桥梁结构处在各种复杂的环境条件下,由于受荷载作用和各种突发因素(如台风、巨浪、急流、风暴潮、海啸、冲刷、严重超载、地震等)的影响,从服役开始就面临一个损伤积累的过程,结构的安全使用状态是不断发生变化的。损伤将降低结构的强度和刚度等结构性能,从而引发更大的结构损伤积累。损伤积累达到一定程度将导致结构整体或部分构件的突发性失效。桥梁水毁和风毁是桥梁失事的重要原因。过去30年中,美国垮塌的1000座桥梁中,60%是由桥墩水毁引起的。为了确保桥梁结构的安全性和耐久性,对桥梁结构进行结构安全监测和状态评估是非常有必要的。通过对现有桥梁的长期监测和评估,可以对今后桥梁的设计、施工和养护提供指导,并为相应规范的修订提供实测数据,也能对同类大型复杂桥梁结构的长期监测和结构使用状态评估提供参考。

同时,风-浪-流耦合场对于桥梁施工期窗口期选择、施工临时结构设施和不同施工阶段的桥梁结构状态安全控制至关重要,因此,风-浪-流耦合作用监测应从施工期开始。

当满足下列条件时,宜进行桥梁风-浪-流行车安全评估,确定风-浪-流对桥梁行车安全的影响程度、行车安全控制目标和安全保障措施:①位于沿海及跨海区域的桥梁;②跨越有风速突变区域的桥梁;③受波浪作用明显或桥面距离海面较小的桥梁;④对生命线工程有重要影响或事故发生后果影响严重的桥梁。

11.2 桥梁风-浪-流耦合作用监测

11.2.1 桥梁风-浪-流耦合作用监测包括风-浪-流耦合场环境监测、桥梁结构或构件响应监测和行车安全监测。

(1)风-浪-流耦合场环境监测包括风场参数、波浪场参数、流场参数、潮位参数、自然冲刷和局部冲刷深度等；

（2）桥梁结构或构件响应监测包括桥梁空间几何变位、结构应力（应变）、结构振动特性等；

（3）行车安全监测包括桥面风环境、路面状况、车辆类别及荷载状况等。

条文说明

桥梁风-浪-流耦合作用评估的主要内容包括承载能力、安全运营状态和耐久性等方面。承载能力评估与结构或构件的极限强度、稳定性能等有关，其评估的目的是要找出结构的实际安全储备，以避免在日常使用中出现灾难性后果。运营状态评估与结构或构件在日常荷载作用下的变形、振动、裂缝等有关，也与桥面行车状况有关。耐久能力评估则侧重于大桥的损伤及其成因，及其对材料物理特性的影响。面对恶劣的风-浪-流环境和复杂的桥梁结构系统，需要建立完整的运营期结构监测与安全评估系统用以监测和评估大桥在运营期间其结构的承载能力、运营状态和耐久性等。如图 11-1 所示，对于岛桥结合部桥梁、存在越浪风险，应对其进行风-浪-流耦合作用评估。

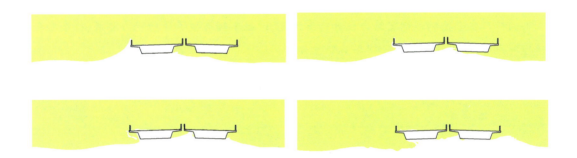

图 11-1 桥面越浪作用过程

11.2.2 风-浪-流耦合场监测宜采用自动化实时监测方法，桥梁结构或构件响应监测和行车安全监测宜采用自动化实时监测与定期巡检相结合的方法。

11.2.3 监测点的布置宜"少而精、重点突出"，对具有代表性、特殊性的重要位置和部位进行重点监测。

11.3 桥梁风-浪-流耦合作用评估

11.3.1 结合风-浪-流耦合场现场监测数据和历史观测资料，根据本指南第 5.2 节对桥梁风-浪-流耦合场设计参数进行评估。

11.3.2 结合桥梁结构及构件现场监测和检测数据，根据数值模拟方法、模型试验方法等对桥梁结构及构件的承载能力极限状态和正常使用极限状态进行评估。此外,还应采用11.3.1条评估后的风-浪-流耦合场设计参数,结合当前结构状态,根据本指南第7章和第8章对承载能力极限状态和正常使用极限状态进行评估。

11.3.3 行车安全评估应根据不同车辆类型、不同荷载状况和行车速度,采用数值模拟方法、模型试验方法对车辆侧倾稳定性和侧滑稳定性评估。

11.3.4 重要的跨海桥梁应建立桥梁风-浪-流耦合作用评估预警系统,统一采集和挖掘分析风-浪-流等环境监测、桥梁结构或构件响应监测和行车安全监测等信息,集成大数据、BIM等前沿技术,建立桥梁工程建养一体化安全监测系统平台和预警决策体系。

条文说明

承载能力评估是基于监测系统采集到的数据,经过内力状态识别和损伤识别来综合评估得到的结构当前的内力状态。安全运营状态评估主要对桥梁结构是否能够充分满足正常行车运营进行评估,主要基于定期巡检和实时监测获得的结构响应、行车环境和重要构件的损伤程度等信息。结构耐久性评估主要考虑对关键构件在运营荷载和风-浪-流耦合作用下的疲劳累积状态进行评估,并对其剩余寿命做出可靠性评估。

桥面行车安全控制目标宜结合设计行车速度、过往车辆类型等通行能力要求、行车安全和舒适性要求、所能实施的交通管理措施和工程结构措施等综合确定。

12 本指南用词说明

为便于在执行本标准条文时区别对待,对执行标准严格程度的用词说明如下:

表示很严格,非这样做不可的用词:正面词采用"必须",反面词采用"严禁"。

表示严格,在正常情况下均应这样做的用词:正面词采用"应";反面词采用"不应"或"不得"。

表示允许稍有选择,在条件许可时首先应这样做的用词:正面词采用"宜";反面词采用"不宜"。

表示有选择,在一定条件下可以这样做的,采用"可"。

条文中指明应按其他有关标准、规范执行的写法为:"应按……执行"或"应符合……要求或规定"。

附录 A 全国沿海、海岛及海峡百年一遇基本风速

全国沿海、海岛及海峡百年一遇基本风速 　　表 A

地点	基本风速 (m/s)	地点	基本风速 (m/s)	地点	基本风速 (m/s)	地点	基本风速 (m/s)
辽宁省		烟台		镇海	32.2	闸坡	38.9
丹东	30.7	威海	33.7	大陈岛	40.1	吴川	40.1
东港	29.2	成山头	40.1	温州	33.7	湛江	42.4
庄河	30.7	荣成	32.2	玉环	37.7	硇洲岛	44.6
皮口	32.2	石岛	36.4	洞头	38.9	徐闻	37.7
海洋岛	40.1	乳山口	33.7	南麂山	42.4	海南省	
长海	38.9	朝连岛	38.9	平阳	36.4	海口	38.9
大连	33.7	小麦岛	33.7	福建省		清澜	40.1
旅顺口	32.2	青岛	32.2	福鼎	35.1	文昌	43.5
长兴岛	37.7	日照	27.5	台山列岛	45.6	琼海	41.2
鲅鱼圈	32.2	江苏省		霞浦	36.4	陵水	35.1
营口	32.2	连云港	29.2	三都澳	38.9	三亚	36.4
凌海	30.7	西连岛	36.4	三沙	40.1	榆林	38.9
葫芦岛	33.7	徐圩	33.7	连江	35.1	莺歌海	38.9
兴城	29.2	灌东	32.2	福州	35.1	东方	38.9
绥中	29.2	新滩	33.7	平潭	41.2	南海诸岛	
河北省		淮农	30.7	泉州	36.4	西沙群岛	51.4
秦皇岛	27.5	射阳	29.2	崇武	38.9	广西壮族自治区	
昌黎	27.5	台南	30.7	厦门	38.9	涠洲岛	42.4
乐亭	27.5	如东	30.7	东山	41.2	北海	36.4
杨各庄	29.2	启东	30.7	广东省		钦州	35.1
黄骅	29.2	吕四港	30.7	南澳	40.1	东兴	33.7
天津市		上海市		汕头	37.7	台湾地区	
汉沽	29.2	上海	30.7	陆丰	36.4	台北	47.6
塘沽	29.2	金山嘴	32.2	汕尾	38.9	花莲	47.6
天津	27.5	浙江省		港口	40.1	台东	53.2
山东省		嵊山	41.2	广州	32.2	台南	47.6
龙口	33.7	嵊泗	40.1	珠海	36.4	琼州海峡	51.8
长岛	37.7	衢山	38.9	上川岛	43.5		
砣矶岛	41.2	定海	37.7	阳江	35.1		

条文说明

根据《港口工程荷载规范》(JTS 144-1—2010)中第11.0.2款,基本风压 W_0 可按下式确定:

$$W_0 = 1/1\,600\,V^2 \tag{A-1}$$

式中:V——距离港口附近的空旷平坦地面10m高度处30年一遇10min平均最大风速(m/s)。

根据《港口工程荷载规范》(JTS 144-1—2010)中第11.0.3款,当无实测风速资料时,沿海港口陆地上的基本风压可按表A-1选用。

全国沿海及海岛基本风压　　　　表A-1

地点	基本风压 W_0 (kPa)	地点	基本风压 W_0 (kPa)	地点	基本风压 W_0 (kPa)	地点	基本风压 W_0 (kPa)
辽宁省		烟台	0.55	镇海	0.55	闸坡	0.80
丹东	0.50	威海	0.60	大陈岛	0.85	吴川	0.85
东港	0.45	成山头	0.85	温州	0.60	湛江	0.95
庄河	0.50	荣成	0.55	玉环	0.75	硇洲岛	1.05
皮口	0.55	石岛	0.70	洞头	0.80	徐闻	0.75
海洋岛	0.85	乳山口	0.60	南麂山	0.95	海南省	
长海	0.80	朝连岛	0.80	平阳	0.70	海口	0.80
大连	0.60	小麦岛	0.60	福建省		清澜	0.85
旅顺口	0.55	青岛	0.55	福鼎	0.65	文昌	1.00
长兴岛	0.75	日照	0.40	台山列岛	1.10	琼海	0.90
鲅鱼圈	0.55	江苏省		霞浦	0.70	陵水	0.65
营口	0.55	连云港	0.45	三都澳	0.80	三亚	0.70
凌海	0.50	西连岛	0.70	三沙	0.85	榆林	0.80
葫芦岛	0.60	徐圩	0.60	连江	0.65	莺歌海	0.80
兴城	0.45	灌东	0.55	福州	0.65	东方	0.80
绥中	0.45	新滩	0.60	平潭	0.90	南海诸岛	
河北省		淮农	0.50	泉州	0.70	西沙群岛	1.40
秦皇岛	0.40	射阳	0.45	崇武	0.80	广西壮族自治区	
昌黎	0.40	台南	0.50	厦门	0.80	涠洲岛	0.95
乐亭	0.40	如东	0.50	东山	0.90	北海	0.70
杨各庄	0.45	启东	0.50	广东省		钦州	0.65
黄骅	0.45	吕四港	0.50	南澳	0.85	东兴	0.60
天津市		上海市		汕头	0.75	台湾地区	
汉沽	0.45	上海	0.50	陆丰	0.70	台北	1.20
塘沽	0.45	金山嘴	0.55	汕尾	0.80	花莲	1.20
天津	0.40	浙江省		港口	0.85	台东	1.50
山东省		嵊山	0.90	广州	0.55	台南	1.20
龙口	0.60	嵊泗	0.85	珠海	0.70		
长岛	0.75	衢山	0.80	上川岛	1.00		
砣矶岛	0.90	定海	0.75	阳江	0.65		

根据式(A-1),可以换算得到全国沿海及海岛的30年一遇的基本风速。《公路桥涵设计通用规范》(JTG D60)、《公路桥梁抗风设计规范》(JTG/T D60-01)以及本指南中都是以100年作为重现值,为方便设计者采用,故将上表的30年一遇的基本风速换算为100年一遇的基本风速。

此外,根据琼州海峡西线桥位附近2012—2015年的现场连续观测资料,以及广东省和海南省长期气象观测资料的统计分析,琼州海峡的100年一遇基本风速为51.8m/s。

附录 B 风-浪-流耦合场数值模拟分析

B.1 一般规定

B.1.1 桥梁风-浪-流耦合作用设计中应考虑风、浪、流等环境条件自身的相互作用和影响。

B.1.2 风-浪-流耦合场数值模拟中应考虑风场对波浪场和流场的影响、波浪辐射应力对流场的影响以及潮流过程对波浪的影响。

条文说明

在实际的海洋环境条件下，洋面风场、近岸水流与波浪的演化并不是相互独立的，而是存在复杂的相互作用。主要表现在以下三个方面：一方面风场决定着波浪场的方向与大小，同时表面风应力对海洋与近岸的潮流都有重要的影响；另一方面波浪在近岸传播时引起波浪辐射应力场的变化而造成波生流，和近岸潮流运动相互叠加形成复杂的近岸流；最后是近岸水动力场对波浪场演进的影响，如水位和流速、流向的变化会引起波浪变形。

B.2 风场模型

B.2.1 台风场模拟的技术路线可参考图 B.2.1。

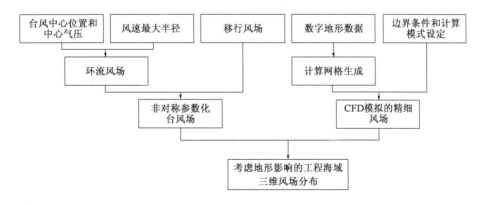

图 B.2.1 台风场模拟的技术路线

条文说明

台风场模拟可在参数化台风场模型的基础上,结合计算流体力学(CFD)模式,考虑两岸地形对风场影响,相比于普通中尺度风场模式而言,能够在小尺度范围内得到分辨率更高且更为准确的近地层风场模拟结果。

B.2.2 参数化台风场模型是在已知的台风路径和台风要素基础上,利用经验公式或理论模型分别对气压场、静止旋转风场和移行风场进行独立计算,矢量叠加得到完整的台风分布信息。

条文说明

参数化台风场模型中,可采用高桥公式和藤田公式嵌套计算同一台风域中的气压场分布。根据气压场分布,通过梯度风关系计算环流风场,采用 Veno Takeo 模型计算移行风速。综合可得台风场模型:

$$W = C_{W1}\begin{bmatrix} -\sin(\phi+\theta) \\ \cos(\phi+\theta) \end{bmatrix} + C_2 \vec{W_2} = \frac{C_1 W_1}{r}\begin{bmatrix} -(x-x_0)\sin\theta - (y-y_0)\cos\theta \\ (x-x_0)\cos\theta + (y-y_0)\sin\theta \end{bmatrix} + C_2 \vec{W_2} \quad (B-1)$$

式中:C_1、C_2——修订系数,一般分别取 1.0 和 0.8;

W_1、W_2——分别为环流风速和移行风速(m/s);

ϕ——计算点(x,y)和台风中心(x_0,y_0)的连线与 x 轴方向的夹角(°);

θ——流入角,一般取 20°。

若将坐标原点取在固定计算域,则台风域中的中心对称风场分布取以下形式:

当 $0 \leq r \leq 2R$ 时

$$W_x = C_1 V_x \exp\left(-\frac{\pi}{4} \cdot \frac{|r-R|}{R}\right) - C_2\left\{-\frac{f}{2} + \sqrt{\frac{f^2}{4} + \frac{2\Delta P}{\rho_a R^2}\left[1 + 2\left(\frac{r^2}{R^2}\right)\right]^{-\frac{3}{2}}}\right\} \cdot$$

$$[(x-x_0)\sin\theta + (y-y_0)\cos\theta] \tag{B-2}$$

$$W_y = C_1 V_y \exp\left(-\frac{\pi}{4} \cdot \frac{|r-R|}{R}\right) + C_2\left\{-\frac{f}{2} + \sqrt{\frac{f^2}{4} + \frac{2\Delta P}{\rho_a R^2}\left[1 + 2\left(\frac{r^2}{R^2}\right)\right]^{-\frac{3}{2}}}\right\} \cdot$$

$$[(x-x_0)\cos\theta - (y-y_0)\sin\theta] \tag{B-3}$$

当 $2R < r < \infty$ 时

$$W_x = C_1 V_x \exp\left(-\frac{\pi}{4} \cdot \frac{|r-R|}{R}\right) - C_2\left[-\frac{f}{2} + \sqrt{\frac{f^2}{4} + \frac{\Delta P}{\rho_a\left(1 + \frac{r}{R}\right)^2 Rr}}\right] \cdot$$

$$[(x-x_0)\sin\theta + (y-y_0)\cos\theta] \tag{B-4}$$

$$W_y = C_1 V_y \exp\left(-\frac{\pi}{4} \cdot \frac{|r-R|}{R}\right) + C_2\left[-\frac{f}{2} + \sqrt{\frac{f^2}{4} + \frac{\Delta P}{\rho_a \left(1+\frac{r}{R}\right)^2 Rr}}\right] \cdot$$
$$[(x-x_0)\cos\theta - (y-y_0)\sin\theta] \tag{B-5}$$

式中： W_x、W_y——风速在 x 和 y 方向的分量(m/s)；

$\qquad$ V_x、V_y——台风中心移行风速在 x 和 y 方向的分量(m/s)；

$\qquad$ $\Delta P = P_\infty - P_0$——台风外围气压和中心气压的气压差(kPa)；

$\qquad$ x_0、y_0——台风中心位置(m)；

$r = \sqrt{(x-x_0)^2 + (y-y_0)^2}$——质点到台风中心的距离(m)；

$\qquad$ R——风速最大半径(m)；

$\qquad$ ρ_a——空气密度(kg/m³)；

$\qquad$ θ——流入角(°)；

$\qquad$ C_1、C_2——常数；

$\qquad$ f——地转科氏系数。

风速最大半径可采用 Graham 和 Numm 提出的经验公式，该公式除考虑台风中心气压外，还考虑到地理纬度及台风中心移动速度对风速最大半径的影响，其表达式为：

$$R = 28.52\tanh[0.0873(\varphi - 28°)] + 12.22\exp\left(\frac{P_0 - 1013.2}{33.86}\right) + 0.2V + 37.22 \tag{B-6}$$

式中：φ——地理纬度(°)；

$\qquad$ V——台风中心移动速度(km/h)；

$\qquad$ P_0——台风中心气压(hPa)。

B.2.3 考虑工程区域水域和岸边地形影响的精细风场模拟可通过建立桥梁所在水域及岸边地形的三维 CFD 计算模型，利用流体力学计算分析来实现，解决桥梁工程设计中水域及岸边风速的差异及转化问题。

B.3 波浪场模型

B.3.1 波浪场模型可采用第三代近岸浅水海浪数值计算模式——SWAN 波浪场模型。

条文说明

SWAN 模式采用基于能量守恒原理的平衡方程，除考虑了第三代海浪模式共有的特点之外，它还充分考虑了模式在浅水模拟中的各种需要。首先 SWAN 模式选用全隐式的有限差分格式保证计算结果无条件稳定，使计算空间网格和时间步长上不会受到限制；其次在平衡方程的各源项中,除了风输入、四波相互作用、破碎和摩擦项等,还考虑了深度破碎(Depth-induced wave breaking)的作用、三波相互作用和波浪绕射作用。

在考虑有流场影响时,谱能量密度不守恒,但波作用量 $N(\sigma,\theta)$ [能量密度 $E(\sigma,\theta)$ 与相对波频率 σ 之比]守恒。波作用量随时间、空间而变化,在笛卡尔坐标系下,波作用量 $N(\sigma,\theta)$ 平衡方程可表示为:

$$\frac{\partial}{\partial t}N + \frac{\partial}{\partial x}C_x N + \frac{\partial}{\partial y}C_y N + \frac{\partial}{\partial \sigma}C_\sigma N + \frac{\partial}{\partial \theta}C_\theta N = \frac{S}{\sigma} \tag{B-7}$$

式中: $\frac{\partial}{\partial t}N$ —— N 随时间的变化率;

$\frac{\partial}{\partial x}C_x N$、$\frac{\partial}{\partial y}C_y N$ —— N 在空间 x 和 y 方向上的传播;

$\frac{\partial}{\partial \sigma}C_\sigma N$ —— 由于流场和水深所引起的 N 在 σ 空间的变化;

$\frac{\partial}{\partial \theta}C_\theta N$ —— N 在 θ 空间的传播,即水深及流场所引起的折射;

S —— 以谱密度表示的源汇项,包括风能输入、波与波之间非线性相互作用和由于底摩擦、白浪、破碎等引起的能量损耗;

C_x、C_y、C_σ、C_θ —— 分别为在 x、y、σ 和 θ 空间的波浪传播速度。

平衡方程的右端源汇项可表示为:

$$S = S_{\text{wind}(\sigma,\theta)} + S_{\text{ds}} + S_{\text{nl}} \tag{B-8}$$

式中: $S_{\text{wind}(\sigma,\theta)}$、$S_{\text{ds}}$、$S_{\text{nl}}$ —— 分别为风输入项、耗散项、非线性波-波相互作用项。

这几个源项所代表的物理机制并不是影响风浪成长演变的全部物理机制,但显然是影响波浪能量传递的主要机制。从应用角度来看,在现有的理论范围内,通过合理调整公式和参数,利用这些机制无疑能较好地描述波浪的成长演变过程。

B.3.2 工程区域波浪场模型的物理过程参数,在现有的理论基础上应结合现场观测结果进行校核和调整,以更好地描述工程区域波浪的成长演变过程。

B.4 风暴潮模型

B.4.1 风暴潮的数值模拟应考虑风应力、波浪辐射应力的影响,通过求解二维风暴潮数学模型的控制方程来实现。

条文说明

在风暴潮模型中,假设海水是不可压缩的,并仅限于正压海洋范围内,即密度为常数的海洋。采用直角坐标系作为风暴潮运动的参考系,由于模型应用的海域一般水平尺度为上百公里,而垂直尺度仅在几十米量级,流速在垂直方向的变化远小于水平方向上的变化,因此一般都近似地采用沿水深方向积分取平均,得到在风应力、波浪辐射应力作用下沿水深积分平均的平面二维风暴潮数学模型的控制方程。

B.4.2 二维风暴潮数学模型的基本方程为:

$$\frac{\partial \xi}{\partial t} + \frac{\partial}{\partial x}[(\xi+h)u] + \frac{\partial}{\partial y}[(\xi+h)v] = 0 \quad \text{(B-9)}$$

$$\frac{\partial u}{\partial t} + u\frac{\partial u}{\partial x} + v\frac{\partial u}{\partial y} - fv + g\frac{\partial \xi}{\partial x} + \frac{gu\sqrt{u^2+v^2}}{(\xi+h)C^2} - \frac{1}{\rho H}(\tau_{x,s} + F_x) = 0 \quad \text{(B-10)}$$

$$\frac{\partial v}{\partial t} + u\frac{\partial v}{\partial x} + v\frac{\partial v}{\partial y} + fu + g\frac{\partial \xi}{\partial y} + \frac{gv\sqrt{u^2+v^2}}{(\xi+h)C^2} - \frac{1}{\rho H}(\tau_{y,s} + F_y) = 0 \quad \text{(B-11)}$$

其中:$H = h + \xi$——水深(m);

f——柯氏系数;

g——重力加速度(m/s);

$\tau_{x,s}$、$\tau_{y,s}$——分别为 x 和 y 方向的海面风应力(N/m²);

F_x、F_y——分别为 x、y 的波浪辐射应力梯度;

u、v——分别为 x、y 方向的速度(m/s);

C——谢才系数。

B.5 风-浪-流耦合场数值模型

B.5.1 风-浪-流耦合场数值模型应包括风场模块、波浪场模块和风暴潮数值分析模块。风场模块、波浪场模块和风暴潮数值分析模块所采用的分析模型分别见 B.2 条、B.3 条和 B.4 条。

条文说明

风-浪-流耦合场数值模型的具体实现方法为:风场模式为波浪计算模式 SWAN 提供风速矢量,同时为风暴潮提供风应力值;风暴潮数值模型通过考虑风应力值后将模型计算区域的潮流值作为输入条件代入到 SWAN 模型中;SWAN 在考虑了海洋潮流的影响计算得到波浪辐射应力梯度,输入到风暴潮数值预报模型中去;风暴潮计算模型在受风应力与波浪辐射应力耦合作用下计算得到的潮流场继续反馈给 SWAN 模式,进行双向耦合的循环计算。

附录 C 多维极值联合概率模型

C.1 一般规定

C.1.1 推算桥梁风-浪-流耦合场中风速、波高和流速等设计参数时，应考虑它们之间的相关性，建立风速、波高和流速等参数极值的多维联合概率模型。

C.1.2 可选用多元极值理论、Copula 函数理论、复合极值理论等多维极值分析方法建立风速、波高和流速等参数极值的多维联合概率模型。

条文说明

风、浪、流等海洋环境要素之间存在一定程度的相关性，推算特大型跨海桥梁风、浪、流等海洋环境要素设计参数时，如果不考虑这些要素之间的相关性，按传统单因素推算方法确定设计参数，并用作跨海桥梁设计标准，往往会过高地估计环境条件设计标准，提高了工程造价，使工程建造难度加大甚至难以实施。

因此，在特大型跨海桥梁设计中，确定风-浪-流耦合场中风速、波高和流速等设计参数时，应考虑它们之间的相关性，建立风-浪-流耦合场中相关特征参数极值的联合概率模型，基于联合概率的思想去推算风-浪-流耦合场中的相关设计参数，供特大型跨海桥梁设计参考使用。

C.2 多元极值理论

C.2.1 多元极值理论建立在多变量随机点过程理论基础上，通过分别建立各变量的边缘分布和建立描述各变量之间相关性的相关性模型将它们联系起来，得到多变量极值的联合概率分布。

条文说明

由于多元极值之间相关结构的复杂性，多元极值模型的表达式多为隐式形式，只能经过复杂的迭代求解，因此不便于工程应用。对此问题，许多研究工作者提出了不同的方法，可以归纳为两大类，即参数方法和非参数方法。其中，参数法给出具体的多元极值分布表达式，令人一目了然，具有较大的推广价值。但由于研究对象复杂多变，工程环境各种因素有不同组合，其相关结构也变化多端,所以建立适用于所有情况的多元极值模型非常困难。近年来,国际上已提出多种描述多维变量的相关结构表达式及对应的多维极值模型,如对称 Logistic 模型、非对称 Logistic 模型、负非对称 Logistic 模型、Dirichlet 模型、Bilogistic 模型、嵌套 Logistic 模型等,其中嵌套 Logistic 模型较对称 Logistic 模型更加灵活,更具广泛性。

C.2.2 三维嵌套 Logistic 模型

假设三维随机变量 (X_1, X_2, X_3) 中随机变量 X_i 的边缘分布为 $F_{X_i}(x_i)$,则三维嵌套 Logistic 模型的一般表达式为:

$$F(x_1, x_2, x_3) = \exp\left\{-\left[\left((-\ln F_{X_1}(x_1))^{\frac{1}{\alpha\beta}} + (-\ln F_{X_2}(x_2))^{\frac{1}{\alpha\beta}}\right)^{\beta} + (-\ln F_{X_3}(x_3))^{\frac{1}{\alpha}}\right]^{\alpha}\right\}$$

(C.2.2-1)

式中:α、$\beta(0 \leq \alpha \leq 1, 0 \leq \beta \leq 1)$——相关参数。

若随机变量 X_i 的边缘分布 $F_{X_i}(x_i)$ 均为广义极值分布,即:

$$G(x; \mu, \sigma, \xi) = \exp\left\{-\left[1 + \xi\left(\frac{x-\mu}{\sigma}\right)\right]^{-\frac{1}{\xi}}\right\}$$

(C.2.2-2)

式中:随机变量的定义域为 $\{x: 1 + \xi(x-u)/\sigma > 0\}$,其中 ξ、μ 和 σ 分别为形状参数、位置参数和尺度参数,$\xi \in R, \mu \in R, \sigma > 0$。

则可以得到边缘分布为广义极值分布的三维嵌套 Logistic 模型,其表达式为式(C.2.2-3):

$$G(x_1, x_2, x_3)$$
$$= P(X_1 < x_1, X_2 < x_2, X_3 < x_3,)$$
$$= \exp\left\{-\left[\left(\left(1 + \xi_1 \frac{x_1 - \mu_1}{\sigma_1}\right)^{-\frac{1}{\alpha\beta\xi_1}} + \left(1 + \xi_2 \frac{x_2 - \mu_2}{\sigma_2}\right)^{-\frac{1}{\alpha\beta\xi_2}}\right)^{\beta} + \left(1 + \xi_3 \frac{x_3 - \mu_3}{\sigma_3}\right)^{-\frac{1}{\alpha\beta\xi_3}}\right]^{\alpha}\right\}$$

(C.2.2-3)

式中:$\xi_i, \mu_i, \sigma_i (i=1,2,3)$——分别为随机变量 X_1、X_2、X_3 边缘分布的形状参数、位置参数和尺度参数。

当 $\alpha = 1$ 时,上式即转化为 Logistic 模型下的二元极值分布函数形式;当 $\beta = 1$ 时,上式即转化为普通的三元 Logistic 模型;当 α 和 β 均为 0 时,随机变量 X_1、X_2、X_3 完全相关;当 α 和 β 均为 1 时,随机变量 X_1、X_2、X_3 互相独立。

史道济通过矩估计法,给出了式(C.2.2-3)中相关参数 α 和 β 的显式表达式:

$$\alpha = \frac{\sqrt{1-r_{13}} + \sqrt{1-r_{23}}}{2}$$

(C.2.2-4)

$$\beta = \frac{\sqrt{1-r_{12}}}{\alpha} \qquad (\text{C.2.2-5})$$

式中:r_{12}、r_{13}、r_{23}——是由原始数据 x_1、x_2 和 x_3 转换成服从 Fréchet 分布的变量并取对数所得新变量的线性相关系数。

C.3 Copula 函数理论

C.3.1 Copula 函数是将随机变量联合分布与一维边缘分布连接在一起的函数,因此也称为连接函数。对于具有一元边缘分布函数 $F_1, F_2, \cdots, F_n$ 的联合分布函数 F,一定存在 Copula 函数 C,满足式(C.3.1):

$$F(x_1, x_2, \cdots, x_n) = C[F_1(x_1), F_2(x_2), \cdots, F_n(x_n)] \qquad (\text{C.3.1})$$

若边缘分布函数 $F_1, F_2, \cdots, F_n$ 连续,则 C 唯一确定。

条文说明

Copula 理论作为一个新的概率分布和统计推断方法,广泛应用于构造多变量极值事件的相关结构和联合分布函数。相较于多维极值理论,Copula 函数构造多维模型时,其一维边缘分布只要与数据序列拟合优良,就可以选取任意类型的边缘分布。因此,近年来国内外工程界逐渐重视采用 Copula 函数来建立多变量联合分布函数。

C.3.2 Copula 函数较多,其中 Archimedean Copula 函数是在水文频率分析、海洋环境条件联合概率设计中最常用的连接函数,可分为对称型和非对称型。

条文说明

二维和三维 Archimedean Copula 函数共有二十余种,分对称型和非对称型。目前比较常用的有 Gumbel-Hougaard(Gumbel)、Ali-Mikhail-Haq(AMH)、Clayton 和 Frank Copula 函数等。

对称 Copula 函数最大的特点是只有一个参数,计算简单,要求变量为对称相依,具有可互换性,能够有效地描述二维联合分布,但是对于高维(三维及以上)分布,由于各变量间的相依性是不对等的,一个参数的 Copula 函数不足以完整地描述变量间的相依性,这对水文变量相关性的描述存在一定的局限。

经过 Joe、Nelsen、Embrechts、Lindskog 和 Mcneil 等人的发展,学者们提出了一种基于二维 Archimedean Copula 的完全嵌套 Copula,称之为非对称型 Archimedean Copula,常见的三元非对称型 Archimedean Copula 函数有 M3、M4、M5、M6 和 M12 Copula 函数。此外,利用二参数的生

成元函数,也可以构建其他多维的二参数 Archimedean Copula 函数。

风-浪-流耦合场中风速、波高和流速极值相关性的联合概率分布可选用 M3 Copula 函数,其函数表达式为:

$$C(u_1,u_2,u_3;\theta_1,\theta_2) = C_1[u_3,C_1(u_1,u_2;\theta_2);\theta_1]$$

$$= -\frac{1}{\theta_1}\ln\left\{1 - \frac{1 - e^{-\theta_1 u_3}\left[1 - \left(\frac{(1 - e^{-\theta_2 u_1})(1 - e^{-\theta_2 u_2})}{1 - e^{-\theta_2}}\right)\right]^{\frac{\theta_1}{\theta_2}}}{1 - e^{-\theta_1}}\right\} \quad (C-1)$$

式中:u_1、u_2、u_3——分别为风速、波高和流速的边缘分布函数,通过极值 I 型分布、威布尔分布或对数正态分布择优拟合得到;

θ_1、θ_2——M3 Copula 函数的参数,通过极大似然法、适线法或矩阵法参数估计得到。

C.4 复合极值理论

C.4.1 复合极值理论是同时考虑了台风(或飓风)发生次数及风暴影响下环境因素如风、浪、流等的出现概率,将一个离散型分布与连续型极值分布组合在一起进而构成一种新的分布形式。

条文说明

由于海洋工程结构一般会受到风、浪、流等多种荷载的联合作用,因此在复合极值理论的基础上发展多维极值分布是一种趋势。刘德辅等利用台风过程中主极值下的伴随数据,将一维复合极值分布推广到二维、三维甚至更高的有限多维。其特点是台风发生次数均服从某一维的离散型分布(一般取泊松分布或二项分布),而海洋环境要素(如风速、波高、流速等)在主极值下的伴随数据服从二维或高维的连续性分布。之后,人们陆续利用二维或高维复合极值分布的特例,如 Poisson-二维混合 Gumbel 分布、Poisson-二维 Gumbel Logistic 分布、Poisson-二维对数正态分布、Poisson-三维嵌套 Logistic 分布、Poisson-三维对称 Gumbel 分布等,对海洋环境要素进行了联合概率分析。

C.4.2 多维复合极值理论定义

设随机变量 $(\xi_1^*,\xi_2^*,\cdots,\xi_n^*)$ 和 $(\xi_1,\xi_2,\cdots,\xi_n)$ 的分布函数分别为 $Q(x_1,x_2,\cdots,x_n)$ 和 $G(x_1,x_2,\cdots,x_n)$。$G(x_1,x_2,\cdots,x_n)$ 的联合概率密度函数存在且为 $g(x_1,x_2,\cdots,x_n)$,将随机变量 ξ_1 的第 i 次观测值及其伴随的其余随机变量记作 $(\xi_{1i},\xi_{2i},\cdots,\xi_{ni})$。$N$ 为与 $(\xi_1^*,\xi_2^*,\cdots,\xi_n^*)$、$(\xi_1,\xi_2,\cdots,\xi_n)$ 皆独立且取值范围为非负整数的随机变量,服从某一离散型随机分布,其概率分布为:

$$\begin{cases} P\{N=i\} = P_i & (i=0,1,2,\cdots) \\ \sum P_i = 1 \end{cases} \quad \text{(C.4.2-1)}$$

定义随机变量：

$$(X_1, X_1, \cdots, X_n) = \begin{cases} (\xi_{1i}^*, \xi_{2i}^*, \cdots, \xi_{ni}^*) & (N=0) \\ (\xi_{1i}, \xi_{2i}, \cdots, \xi_{ni}) \mid \xi_{1i} = \max_{1 \leq j \leq N}(\xi_{1j}) & (N=1,2\cdots) \end{cases} \quad \text{(C.4.2-2)}$$

则 $(X_1, X_2, \cdots, X_n)$ 的联合分布函数为：

$$F(x_1, x_2, \cdots, x_n)$$
$$= p_0 Q(x_1, x_2, \cdots, x_n) + \sum_{i=1}^{\infty} p_i \cdot i \cdot \int_{-\infty}^{x_n} \cdots \int_{-\infty}^{x_2} \int_{-\infty}^{x_1} G_1^{i-1}(u) f(u_1, u_2, \cdots, u_n) du_1 du_2 \cdots du_n$$

$$\text{(C.4.2-3)}$$

式中：$G_1(u)$——$G(x_1, x_2, \cdots, x_n)$ 的边缘分布。

令

$$F_0(x_1, x_2, \cdots, x_n)$$
$$= p_0 + \sum_{i=1}^{\infty} p_i \cdot i \cdot \int_{-\infty}^{x_n} \cdots \int_{-\infty}^{x_2} \int_{-\infty}^{x_1} G_1^{i-1}(u) f(u_1, u_2, \cdots, u_n) du_1 du_2 \cdots du_n \quad \text{(C.4.2-4)}$$

则

$$F_0(x_1, x_2, \cdots, x_n) = F(x_1, x_2, \cdots, x_n) + p_0[1 - Q(x_1, x_2, \cdots, x_n)] \quad \text{(C.4.2-5)}$$

称 $F_0(x_1, x_2, \cdots, x_n)$ 为这两种分布构成的多维复合极值分布。式中 p_i、$G_1(u)$ 和 $g(x_1, x_2, \cdots, x_n)$ 分别取不同的具体形式和不同的维数，则得到不同维数复合极值分布模型的不同表达式。

Poisson 分布是离散型随机变量中最常见的分布，经常用来描述某种极端天气过程（如热带风暴、寒潮大风）发生的频次。即某种极端天气过程发生的频次 n 服从泊松分布：

$$P_i = \frac{e^{-\lambda} \lambda^i}{i!} \quad \text{(C.4.2-6)}$$

假定此极端天气过程中导致的海洋环境要素，如风速、波高和流速为三维连续型分布，其分布函数为 $G(x,y,z)$，其联合概率密度函数存在且为 $g(x,y,z)$，$G_1(u)$ 是 $G(x,y,z)$ 的边际分布。

则这两种分布构成的三维复合极值分布记作：

$$F_0(x,y,z) = P_0 + \sum_{k=1}^{\infty} P_k \cdot k \cdot \int_{-\infty}^{z} \int_{-\infty}^{y} \int_{-\infty}^{x} G_1^{k-1}(u) g(u,\nu,w) du d\nu dw \quad \text{(C.4.2-7)}$$

令 $m = k - 1$，则有：

$$F_0(x,y,z) = e^{-\lambda} + \int_{-\infty}^{z}\int_{-\infty}^{y}\int_{-\infty}^{x}\sum_{m=0}^{\infty}\frac{e^{-\lambda}\lambda^m}{m!}G_1(u)^m kg(u,\nu,w)\mathrm{d}u\mathrm{d}\nu\mathrm{d}w$$

$$= e^{-\lambda}\left(1 + \lambda\int_{-\infty}^{z}\int_{-\infty}^{y}\int_{-\infty}^{x}e^{\lambda G_1(u)}g(u,\nu,w)\mathrm{d}u\mathrm{d}\nu\mathrm{d}w\right) \quad \text{(C.4.2-8)}$$

其概率密度函数可表示为：

$$f_0(x,y,z) = \lambda e^{-\lambda[1-G_1(u)]}g(x,y,z) \quad \text{(C.4.2-9)}$$

当其中的联合概率密度函数 $g(x,y,z)$ 为嵌套 Logistic 分布时，即可构成 Poisson-Nested-Logistic 三维复合极值分布。

附录 D 波浪谱模型

D.1 文圣常谱

(1) 对于 $H^* \leq 0.1$ 的深水水域：

当 $0 \leq f \leq 1.05/T_s$ 时

$$S_\eta(f) = 0.0687 H_{1/3}^2 T_s P \exp\left[-95\left(\ln\frac{P}{1.522 - 0.245P + 0.00292P^2}\right) \times (1.1T_s f - 1)^{\frac{12}{5}}\right] \tag{D.1-1}$$

当 $f > 1.05/T_s$ 时

$$S_\eta(f) = 0.0824 \frac{H_{1/3}^2}{T_s^3}(1.522 - 0.245P + 0.00292P^2)\frac{1}{f^4} \tag{D.1-2}$$

$$P = 95.3 \frac{H_{1/3}^{1.35}}{T_s^{2.7}} \tag{D.1-3}$$

$$H^* = 0.626 \frac{H_{1/3}}{d} \tag{D.1-4}$$

式中：$S_\eta(f)$——风浪频谱 ($m^2 \cdot s$)；

　　　$H_{1/3}$——有效波高 (m)；

　　　T_s——有效波周期 (s)；

　　　P——谱尖度因子，$1.54 \leq P < 6.77$；

　　　f——频率 (Hz)；

　　　H^*——波高水深比参数；

　　　d——水深 (m)。

(2) 对于 $0.1 < H^* \leq 0.5$ 的有限深度水域：

当 $0 \leq f \leq 1.05/T_s$ 时

$$S_\eta(f) = 0.0687 H_{1/3}^2 T_s P \exp\left\{-95\left[\ln\frac{P(5.813 - 5.137H^*)}{(6.77 - 1.088P + 0.013P^2)(1.307 - 1.426H^*)}\right] \times (1.1T_s f - 1)^{\frac{12}{5}}\right\} \tag{D.1-5}$$

当 $f > 1.05/T_s$ 时

$$S_\eta(f) = 0.068\,7 H_{1/3}^2 T_s \frac{(6.77 - 1.088P + 0.013P^2)(1.307 - 1.426H^*)}{5.813 - 5.137H^*} \left(\frac{1.05}{fT_s}\right)^m$$

(D.1-6)

$$m = 2(2 - H^*) \tag{D.1-7}$$

$$P = 95.3 \frac{H_{1/3}^{1.35}}{T_s^{2.7}} \tag{D.1-8}$$

式中:$S_\eta(f)$——风浪频谱($m^2 \cdot s$);

　　　f——频率(Hz);

　　$H_{1/3}$——有效波高(m);

　　　T_s——有效波周期(s);

　　　P——谱尖度因子,$1.27 \leqslant P < 6.77$;

　　　H^*——波高水深比参数;

　　　m——系数。

(3)对于深水水域,已知波浪谱的零阶矩、谱峰频率和谱尖度因子时,风浪频谱按式(D.1-9)~式(D.1-11)计算。

当 $0 \leqslant f \leqslant 1.15 f_P$ 时

$$S_\eta(f) = \frac{m_0 P}{f_P} \exp\left[-95\left(\ln\frac{P}{1.522 - 0.245P + 0.002\,92P^2}\right)\left(\frac{f}{f_P} - 1\right)^{\frac{12}{5}}\right] \quad (D.1-9)$$

当 $f > 1.15 f_P$ 时

$$S_\eta(f) = \frac{1.749 m_0 f_P^3 (1.522 - 0.245P + 0.002\,92P^2)}{f^4} \tag{D.1-10}$$

$$P = \frac{f_P S_\eta(f_P)}{m_0} \tag{D.1-11}$$

式中:$S_\eta(f)$——风浪频谱($m^2 \cdot s$);

　　　m_0——波浪谱的零阶矩(m^2);

　　　P——谱尖度因子,$1.54 \leqslant P \leqslant 6.77$;

　　　f_P——谱峰频率(Hz);

　　　f——频率(Hz)。

(4)对于有限深度水域,以波浪谱的零阶矩和谱峰频率为参数的风浪频谱按式(D.1-12)~式(D.1-14)计算。

当 $0 \leqslant f \leqslant 1.15 f_P$ 时

$$S_\eta(f) = \frac{m_0 P}{f_P}\exp\left\{-95\left[\ln\frac{P(5.813-5.137H^*)}{(6.77-1.088P+0.013P^2)(1.307-1.426H^*)}\right]\left(\frac{f}{f_P}-1\right)^{\frac{12}{5}}\right\}$$
(D.1-12)

当 $f > 1.15 f_P$ 时

$$S_\eta(f) = \frac{m_0}{f_P}\frac{(6.77-1.088P+0.013P^2)(1.307-1.426H^*)}{5.813-5.137H^*}\left(1.15\frac{f_P}{f}\right)^m \quad \text{(D.1-13)}$$

$$P = \frac{f_P S_\eta(f_P)}{m_0} \quad \text{(D.1-14)}$$

式中：$S_\eta(f)$——风浪频谱（$m^2 \cdot s$）；

$\quad\quad m_0$——波浪谱的零阶矩（m^2）；

$\quad\quad P$——谱尖度因子，$1.27 \leq P \leq 6.77$；

$\quad\quad f_P$——谱峰频率（Hz）；

$\quad\quad H^*$——波高水深比参数；

$\quad\quad f$——频率（Hz）。

（5）谱尖度因子 P 不满足上述条件时，可以采用其他风浪频谱形式。

D.2 改进 JONSWAP 谱

$$S_\eta(f) = \beta_J H_{1/3}^2 T_P^{-4} f^{-5}\exp\left[-\frac{5}{4}(fT_P)^{-4}\right]\gamma^{\exp\frac{-(fT_P-1)^2}{2\sigma^2}} \quad \text{(D.2-1)}$$

$$\beta_J = \frac{0.06238}{0.230+0.0336\gamma-0.185(1.9+\gamma)^{-1}}(1.094-0.01915\ln\gamma) \quad \text{(D.2-2)}$$

$$T_P = \begin{cases} \dfrac{T_s}{[1-0.132(\gamma+0.2)^{-0.559}]} \\ \dfrac{\overline{T}}{[1-0.532(\gamma+2.5)^{-0.569}]} \end{cases} \quad \text{(D.2-3)}$$

$$\sigma = \begin{cases} \sigma_a = 0.07, \omega \leq \omega_m \\ \sigma_b = 0.09, \omega > \omega_m \end{cases} \quad \text{(D.2-4)}$$

式中：$S_\eta(f)$——风浪频谱（$m^2 \cdot s$）；

$\quad\quad \beta_J$——系数；

$\quad\quad H_{1/3}$——有效波高（m）；

$\quad\quad T_P$——谱峰周期（s）；

$\quad\quad f$——频率（Hz）；

$\quad\quad \gamma$——谱峰升高因子；

$\quad\quad \sigma$——无维谱宽参数。

D.3 双峰谱模型

当海况中涌浪部分是重要的,可以用双峰谱 Torsethaugen 谱表述这种海况。该谱被定义为风浪和涌浪的叠加:

$$S_{\eta\eta}(f) = S_G(f|H_{Sw}, T_{Pw}, \gamma, N, M) + S_G(f|H_{Ssw}, T_{Psw}, \gamma, N, M) \quad (D.3\text{-}1)$$

式中:

$$S_G(f) = \frac{H_s^2}{16f_p} G_0 A_\gamma \left(\frac{f}{f_p}\right)^{-N} \exp\left[-\left(\frac{N}{M}\right)\left(\frac{f}{f_p}\right)^{-M}\right] \gamma^{\exp\left[-\frac{(\frac{f}{f_p}-1)^2}{2\sigma^2}\right]} \quad (D.3\text{-}2)$$

$$G_0 = \left[\frac{1}{M}\left(\frac{N}{M}\right)^{-\frac{N-1}{M}} \Gamma\left(\frac{N-1}{M}\right)\right]^{-1} \quad (D.3\text{-}3)$$

$$\sigma = \begin{cases} 0.07, f \leq f_p \\ 0.09, f > f_p \end{cases} \quad (D.3\text{-}4)$$

回归分析表明,A_γ 可近似为:

$$A_\gamma \gamma - 1 = 4.1(N - 2M^{0.28} + 5.3)^{(0.96-1.45M^{0.1})}(\ln\gamma)^{f_2} \quad (D.3\text{-}5)$$

$$f_2 = (2.2M^{-3.3} + 0.57)N^{0.53-0.58M^{0.37}} + 0.94 - 1.04M^{-1.9} \quad (D.3\text{-}6)$$

共用参数:

$$N = 0.5\sqrt{H_s} + 3.2 \quad (D.3\text{-}7)$$

$$T_f = 6.6 H_s^{\frac{1}{3}} \quad (D.3\text{-}8)$$

(1) 风浪控制域($T_p < T_f$)的参数

① 主峰:

$$H_{Sw} = r_{pw} H_s \quad (D.3\text{-}9)$$

$$T_{Pw} = T_p \quad (D.3\text{-}10)$$

$$\gamma = 35[1 + 3.5\exp(-H_s)]\left(\frac{2\pi}{g} \times \frac{H_{Sw}}{T_p^2}\right)^{0.857} \quad (D.3\text{-}11)$$

$$M = 4 \quad (D.3\text{-}12)$$

② 次峰:

$$H_{Ssw} = \sqrt{1 - r_{pw}^2} H_s \quad (D.3\text{-}13)$$

$$T_{Psw} = T_f + 2 \quad (D.3\text{-}14)$$

$$\gamma = 1 \quad (D.3\text{-}15)$$

$$M = 4 \quad (D.3\text{-}16)$$

其中参数 r_{pw} 为:

$$r_{pw} = 0.7 + 0.3\exp\left[-\left(2\frac{T_f - T_p}{T_f - 0.5\sqrt{H_s}}\right)^2\right] \qquad (D.3\text{-}17)$$

(2)涌浪控制域($T_p \geqslant T_f$)的参数

①主峰：

$$H_{Ssw} = r_{ps}H_s \qquad (D.3\text{-}18)$$

$$T_{Psw} = T_p \qquad (D.3\text{-}19)$$

$$\gamma = 35[1 + 3.5\exp(-H_s)]\left(\frac{2\pi}{g}\times\frac{H_s}{T_f^2}\right)^{0.857}\left(1 + 6\frac{T_p - T_f}{25 - T_f}\right) \qquad (D.3\text{-}20)$$

$$M = 4 \qquad (D.3\text{-}21)$$

②次峰：

$$H_{Sw} = \sqrt{1 - r_{ps}^2}\,H_s \qquad (D.3\text{-}22)$$

$$T_{Pw} = \left\{\frac{1.28\,(0.4)^N}{G_0(N,M)H_{Sw}^2}\left[1 - \exp\left(-\frac{H_s}{3}\right)\right]\right\}^{\frac{1}{N-1}} \qquad (D.3\text{-}23)$$

$$\gamma = 1 \qquad (D.3\text{-}24)$$

$$M = 4\left[1 - 0.7\exp\left(-\frac{1}{3}H_s\right)\right] \qquad (D.3\text{-}25)$$

其中参数 r_{ps} 为：

$$r_{ps} = 0.6 + 0.4\exp\left[-\left(\frac{T_p - T_f}{0.3(25 - T_f)}\right)^2\right] \qquad (D.3\text{-}26)$$

如果波浪周期已给出，则可以用下式进行粗略估计：

$$T_p = \frac{6H_s^{0.3}}{\sqrt{\dfrac{5 + \gamma}{11 + \gamma}}} \qquad (D.3\text{-}27)$$

附录 E 设计水位的统计和计算方法

E.0.1 确定设计高水位和设计低水位,进行高潮、低潮累积频率统计,应有完整的一年或多年的实测潮位资料。

E.0.2 在初步设计阶段,若潮位实测资料不足一整年时,可采用"短期同步差比法",与附近有一年以上验潮资料的港口或验潮站进行同步相关分析,计算设计高、低水位,并应继续观测,对上述数值进行校正。

E.0.3 进行差比计算时,两验潮站之间应符合:①潮汐性质相似;②地理位置相似。

E.0.4 潮位性质的相似法可按下列方法判断:

1)潮位过程线比较法,将两个站点半个月以上短期的同步每小时潮位分别点绘两过程线,使两过程线的平均海平面重叠在一起,且使两过程线的高潮和低潮时间尽量一致,比较两过程线的潮形、潮差、日不等等情况。

2)高潮或低潮相关比较,以纵、横两坐标分别代表两个测站的高潮位和低潮位,点绘一个月以上短期同步的逐次高潮位或低潮位,连绘成相关线,比较两测站高潮位或低潮位的相关情况。

E.0.5 采用短期同步差比法时,高水位或低水位可按下列公式计算:

$$h_{sy} = A_{Ny} + \frac{R_y}{R_x}(h_{sx} - A_{Nx}) \quad (E.0.5\text{-}1)$$

$$A_{Ny} = A_y + \Delta A_y \quad (E.0.5\text{-}2)$$

式中:h_{sx}、h_{sy}——分别为既有测站和新站的设计高水位或设计低水位(m);

A_{Nx}、A_{Ny}——分别为既有测站和新站的年平均海平面(m);

R_x、R_y——分别为既有测站和新站的一个月以上短期同步的平均潮差(m);

A_y——新测站短期验潮资料的月平均海平面(m);

ΔA_y——新测站所在地区海平面的月份订正值或近似采用既有测站海平面的月份订正值。

E.0.6 在初步设计阶段,若潮位实测资料不足一整年,又不具备进行差比计算条件时,设计高水位和设计低水位可近似方法计算,并应继续观测,对上述数值进行校正。

E.0.7 确定极端高水位和极端低水位,在进行高潮和低潮的年频率分析,应有不少于连续20年的年最高潮位和年最低潮位实测资料,并应调查历史上出现的特殊水位。

E.0.8 当有 n 个年最高潮位值或年最低潮位值,不同重现期的高潮位和低潮位可采用极值型分布律按下列公式计算:

$$h_P = \bar{h} \pm \lambda_{Pn} S \quad (\text{E.0.8-1})$$

$$\bar{h} = \frac{1}{n}\sum_{i=1}^{n} h_i \quad (\text{E.0.8-2})$$

$$S = \sqrt{\frac{1}{n}\sum_{i=1}^{n} h_i^2 - \bar{h}^2} \quad (\text{E.0.8-3})$$

式中:h_P——与年频率 P 对应的高潮位或低潮位值(m),高潮位用正号,低潮位用负号;

$\bar{h}$——n 年 h_i 的平均值(m);

λ_{Pn}——年频率 P 及资料年数 n 有关的系数;

S——n 年 h_i 的均方差(m),n 为资料年数;

h_i——第 i 年的年最高潮位值或年最低潮位值(m)。

E.0.9 对应于不同 P 的 h_P 值应按式(E.0.8-1)~式(E.0.8-3)计算,绘制高潮位或低潮位的理论频率曲线,同时绘上经验频率点。对高潮位按递减、对低潮位按递增的次序排列的 h_i 中,第 m 项的经验频率和重现期可按下列公式计算:

$$P = \frac{m}{n+1} \times 100\% \quad (\text{E.0.9-1})$$

$$T_R = \frac{100}{P} \quad (\text{E.0.9-2})$$

式中:P——经验频率(%);

n——资料年数;

T_R——重现期(年)。

E.0.10 在原有 n 年的验潮资料以外,根据调查得出在历史 N 年中出现过的特高潮位值或特低潮位值,不同重现期的高潮位值或低潮位值可按下列公式计算:

$$h_P = \bar{h} \pm \lambda_{PN} S \quad (\text{E.0.10-1})$$

$$\bar{h} = \frac{1}{N}\left(h_N + \frac{N-1}{n}\sum_{i=1}^{n} h_i\right) \quad (\text{E.0.10-2})$$

$$S = \sqrt{\frac{1}{N}\left(h_i^2 + \frac{N-1}{n}\sum_{i=1}^{n} h_i^2\right) - \bar{h}^2} \quad (\text{E.0.10-3})$$

式中:h_P——与年频率 P 对应的高潮位或低潮位值(m),高潮位用正号,低潮位用负号;

$\bar{h}$——N 年 h_i 的平均值(m);

λ_{PN}——年频率 P 及历史资料年数 N 有关的系数;

S——N 年 h_i 的均方差(m);

N——历史资料年数;

h_N——第 N 年的年最高潮位值或年最低潮位值(m);

h_i——第 i 年的年最高潮位值或年最低潮位值(m)。

E.0.11 特大值的经验频率可按下式计算:

$$P = \frac{1}{N+1} \times 100\% \qquad (\text{E.0.11})$$

式中:P——特大值的经验频率(%);

N——特高潮位值或特低潮位值经历的年数。

E.0.12 对于不同重现期的高、低潮位值,也可与实测资料拟合,选配皮尔逊Ⅲ型曲线进行计算。

附录 F 波浪在水流作用下的变形计算

F.0.1 当地形平坦、水流与波向平行时,波浪要素应按下列规定确定。

F.0.1.1 流水中波长与静水中波长之比可按式(F.0.1.1-1)~式(F.0.1.1-4)计算:

$$\frac{L}{L_s} = \frac{C}{C_s} = \frac{\mathrm{th}kd}{\left(1 - \dfrac{U_c}{C}\right)^2 \mathrm{th}k_s d} \quad (\text{F.0.1.1-1})$$

$$k = \frac{2\pi}{L} \quad (\text{F.0.1.1-2})$$

$$k_s = \frac{2\pi}{L_s} \quad (\text{F.0.1.1-3})$$

$$C = U_c + \sqrt{\frac{gL}{2\pi}\mathrm{th}kd} \quad (\text{F.0.1.1-4})$$

式中:L——流水中的波长(m);

L_s——静水中的波长(m);

C——流水中的波速(m/s);

C_s——静水中的波速(m/s);

k——流水中的波数;

d——静水中的波数;

g——重力加速度(m/s²);

U_c——水深(m);

k_s——水流的平均流速(m/s),顺流为正,逆流为负。

F.0.1.2 流水中波高与静水中波高之比可按式(F.0.1.2-1)~式(F.0.1.2-3)计算:

$$\frac{H}{H_s} = \left(1 - \frac{U_c}{C}\right)^{\frac{1}{2}} \left(\frac{L_s}{L}\right)^{\frac{1}{2}} \left(\frac{A_s}{A}\right)^{\frac{1}{2}} \left(1 + \frac{U_c}{C}\frac{2-A}{A}\right)^{-\frac{1}{2}} \quad (\text{F.0.1.2-1})$$

$$A = 1 + \frac{2kd}{\mathrm{sh}2kd} \quad (\text{F.0.1.2-2})$$

$$A_s = 1 + \frac{2k_s d}{\mathrm{sh}2k_s d} \quad (\text{F.0.1.2-3})$$

式中:H——流水中的波高(m);

H_s——静水中的波高(m);

L——流水中的波长(m);

L_s——静水中的波长(m);

k——流水中的波数;

k_s——静水中的波数;

d——水深(m);

U_c——水流的平均流速(m/s),顺流为正,逆流为负;

A——流水中的波能传递率;

A_s——静水中的波能传递率。

F.0.1.3 以水流平均流速移动的坐标系中的波浪周期可按式(F.0.1.3)计算:

$$T_r = \sqrt{\frac{2\pi L}{g \text{th} kd}} \quad (\text{F.0.1.3})$$

式中:T_r——以水流平均流速 U_c 移动的坐标系中的波浪周期(s);

L——流水中的波长(m);

g——重力加速度(m/s^2);

k——流水中的波数;

d——水深(m)。

F.0.1.4 逆流情况下,变形后波陡超过极限波陡时,变形后的波高应按变形后的波长及极限波陡确定,极限波陡可按式(F.0.1.4)计算:

$$\left(\frac{H}{L}\right)_{max} = 0.142 \text{th}\left(\frac{2\pi d}{L}\right) \quad (\text{F.0.1.4})$$

F.0.2 $d/gT_0^2 > 0.08$ 或可不考虑地形影响的情况下,且水流与波向斜交时,波浪要素应按下列规定确定。

F.0.2.1 流水中与静水中波长之比可按式(F.0.2.1)计算:

$$\frac{L}{L_s} = \frac{\sin\alpha}{\sin\alpha_s} = \left(1 - \frac{U_c}{C_s}\sin\alpha_s\right)^{-2} \frac{\text{th}kd}{\text{th}k_s d} \quad (\text{F.0.2.1})$$

式中:L——流水中的波长(m);

L_s——静水中的波长(m);

C_s——静水中的波速(m/s);

k——流水中的波数;

k_s——静水中的波数;

d——水深(m);

U_c——水流的平均流速(m/s),顺流为正,逆流为负;

α——流水中的波向与水流法线的夹角(°),即折射角;

α_s——静水中的波向与水流法线的夹角(°),即入射角。

F.0.2.2 流水中和静水中波高之比可按式(F.0.2.2)计算:

$$\frac{H}{H_s} = \left(\frac{A_s}{A}\right)^{\frac{1}{2}} \left(\frac{L_s}{L}\right)^{\frac{1}{2}} \left(\frac{\cos\alpha_s}{\cos\alpha}\right)^{\frac{1}{2}} \qquad (\text{F.0.2.2})$$

式中:H——流水中的波高(m);

H_s——静水中的波高(m);

L——流水中的波长(m);

L_s——静水中的波长(m);

A——流水中的波能传递率;

A_s——静水中的波能传递率;

α——流水中的波向与水流法线的夹角(°),即折射角;

α_s——静水中的波向与水流法线的夹角(°),即入射角。

F.0.2.3 波浪折射角可按式(F.0.2.3)计算:

$$\alpha = \arcsin\left(\frac{L}{L_s}\sin\alpha_s\right) \qquad (\text{F.0.2.3})$$

式中:L——流水中的波长(m);

L_s——静水中的波长(m);

α——流水中的波向与水流法线的夹角(°),即折射角;

α_s——静水中的波向与水流法线的夹角(°),即入射角。

F.0.2.4 周期 T_r 可按式(F.0.1.3)计算。

F.0.2.5 $60° < \alpha_s < 90°$的情况下,逆流时可按 $\alpha_s = 60°$ 计算波浪要素;顺流时可按 $\alpha_s = 90°$ 并按第 F.0.1 条水流与波向平行情况进行计算。

附录 G 小尺度桩(柱)波浪荷载

G.1 基本规定

G.1.1 当满足如下条件时,可应用 Morison 方程计算细长构件上的波浪荷载:

$$L > 5D \tag{G.1.1}$$

式中:L——波浪波长(m);

D——结构构件直径或横截面投影尺寸(m)。

条文说明

波浪对固定结构物的作用不外以下四种效应:①由于流体(海水)的黏性而引起的黏滞效应;②由于流体的惯性以及结构物的存在,使结构物周围的波动场的速度分布发生改变而引起的附加质量效应;③由于结构物本身对入射波浪的绕射作用而产生的绕射效应;④由于结构物本身的相对高度(即结构物高度与工作水深之比值)较大,结构物与自由表面接近扰动了原波动场的自由表面进而产生的自由表面效应。

对于与入射波的波长相比尺度较小的结构物,如孤立桩柱、水下输油管道等,此类结构物的存在对波浪运动无显著影响,波浪对结构物的作用主要是黏滞效应和附加质量效应。当结构物尺度相对于波长比值较大时,如大型沉井基础、锚碇基础等,此类尺度较大结构物本身的存在对波浪运动有显著影响,对入射波浪的绕射效应加以考虑。因此,对于海工结构物上的波浪力,一般依据结构物尺度是否对波浪运动有显著影响,将问题分为与波长相比尺度较小和较大的两类来分别考虑。

对于相对尺度小的海工结构物,采用 1950 年莫里森(Morison)等提出的方法计算波浪力可获得比较满意的结果,其关键在于选定一种适宜的波浪理论和相应的拖曳力系数及惯性力系数。

G.2 小尺度桩(柱)波浪荷载

G.2.1 对小尺度桩(柱)(见图 G.2.1),当 $H/d \leqslant 0.2$ 且 $d/L \geqslant 0.2$ 或 $H/d > 0.2$ 且 $d/L \geqslant 0.35$ 时,作用于水底面以上高度处桩(柱)体全断面上与波向平行的正向力由速度分力和惯性

分力组成,可表示为:

$$p_D = \frac{1}{2}\frac{\gamma}{g}C_D Du|u| \quad (\text{G.2.1-1})$$

$$p_I = \frac{\gamma}{g}C_M A \frac{\partial u}{\partial t} \quad (\text{G.2.1-2})$$

$$u = \frac{\pi H}{T}\frac{\operatorname{ch}\dfrac{2\pi z}{L}}{\operatorname{sh}\dfrac{2\pi d}{L}}\cos\omega t \quad (\text{G.2.1-3})$$

$$\frac{\partial u}{\partial t} = -\frac{2\pi^2 H}{T^2}\frac{\operatorname{ch}\dfrac{2\pi z}{L}}{\operatorname{sh}\dfrac{2\pi d}{L}}\sin\omega t \quad (\text{G.2.1-4})$$

式中:D——柱体的直径(m),当为矩形断面时,D 改用 b(m);

L——波长(m);

a、b——矩形柱体断面平行和垂直于波向的宽度(m);

H——建筑物所在处进行波波高(m);

d——建筑物前水深(m);

z、z_1、z_2——计算点在水底面以上的高度(m);

p_D——波浪力的速度分力(kN/m),其最大值 $p_{D\max}$ 出现在 $\omega t = 0°$ 的相位上;

γ——水的重度(kN/m³);

g——重力加速度(m/s²);

C_D——速度力系数,对圆形断面取 1.2,对方形或 $a/b \leqslant 1.5$ 的矩形断面取 2.0;

u——水质点轨道运动的水平速度(m/s);

p_I——波浪力的惯性分力(kN/m),其最大值 $p_{I\max}$ 出现在 $\omega t = 270°$ 的相位上;

C_M——惯性力系数,对圆形断面取 2.0,对方形或 $a/b \leqslant 1.5$ 的矩形断面取 2.2;

A——柱体的断面积(m²);

$\dfrac{\partial u}{\partial t}$——水质点轨道运动的水平加速度(m/s²);

T——波浪周期(s);

ω——波浪运动的圆频率(rad/s);

t——时间(s),当波峰通过柱体中心线时 $t = 0$。

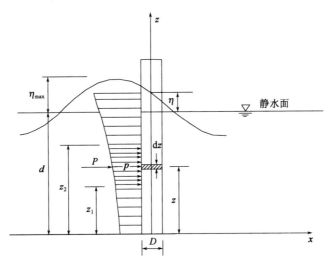

图 G.2.1　桩(柱)上波压力分布图

G.2.2　由小直径桩(柱)组成的群桩结构,应根据设计波浪的计算剖面确定同一时刻各桩上的正向水平总波浪力 P。当桩的中心距 l 小于 4 倍桩的直径 D 时,应乘以群桩系数 K,K 值可按表 G.2.2 选用。

群　桩　系　数　　　　　　　　　表 G.2.2

桩 列 方 向	2	3	4
垂直于波向	1.5	1.2	1.1
平行于波向	1.0		

G.2.3　桩(柱)式建筑物所在地区有附着生物时,相应区段上的波浪力应乘以增大系数 n,n 按表 G.2.3 选用。

增 大 系 数 n　　　　　　　　　表 G.2.3

附着生物程度	相 对 糙 率	n
一般	<0.02	1.15
中等	0.02～0.04	1.25
严重	>0.04	1.40

G.2.4　对不规则截面的小尺度结构构件,应采用基于 CFD 的数值水槽或模型试验获得其受到的波浪荷载。

附录 H 大直径圆柱体波浪荷载

H.1 单个圆柱体

较大水深情况下,作用于圆形柱体的波浪力可按下列规定计算。

(1)采用式(F.0.1.1-4)和式(F.0.1.2-2)计算波浪力,其中惯性力系数 C_M 按图 H.1-1 确定。

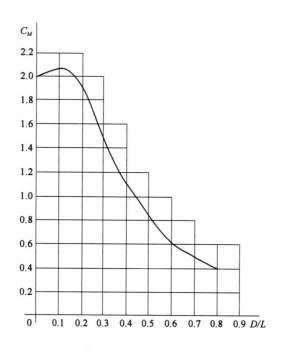

图 H.1-1 惯性力系数 C_M

(2)有基床的柱体建筑物(图 H.1-2),计算整个柱上的波浪力和力矩时,高度 z_1 和 z_2 按式(H.1-1)~式(H.1-2)计算:

$$z_1 = d - d_1 \tag{H.1-1}$$

$$z_2 = d + \eta_{\max} - \frac{H}{2} \tag{H.1-2}$$

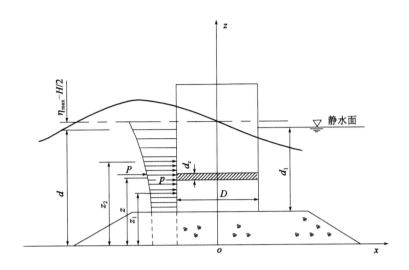

图 H.1-2　柱体上波浪力分布图

(3)柱体表面上任何相位的环向波浪压力强度 p 按式(H.1-3)计算：

$$p = \frac{\gamma H \operatorname{ch}\dfrac{2\pi z}{L}}{\pi \operatorname{ch}\dfrac{2\pi d}{L}}(f_3 \sin\omega t \cos\theta + f_1 \cos\omega t \cos\theta + f_2 \sin\omega t - f_0 \cos\omega t) \quad (\text{H.1-3})$$

式中：　D——柱体直径(m)；

　　　　L——波长(m)；

　　　　z——计算点距水底的高度(m)；

　　　　d——建筑物前水深(m)；

　　　　H——建筑物所在处进行波波高(m)；

　　　　p——环向波浪压力强度(kPa)；

　　　　γ——水的重度(kN/m³)；

f_0、f_1、f_2、f_3——与 D/L 有关的系数,可根据图 H.1-3 确定；

　　　　ω——波浪圆频率(rad/s)；

　　　　t——时间(s),波峰通过柱体中心线时 $t=0$；

　　　　θ——计算点同柱体圆心的连线与波向线间的夹角(°)。

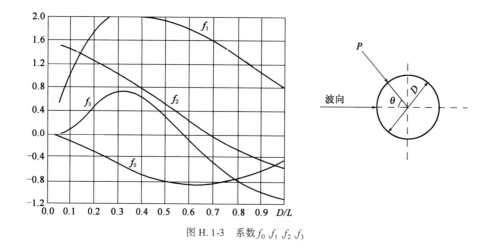

图 H.1-3　系数 f_0、f_1、f_2、f_3

条文说明

对于相对尺度大的结构物上的波浪力计算,目前采用两种方法分析。第一种方法,考虑绕射效应的理论,即绕射理论。该理论由马哥卡姆(Mac Camy)和富克斯(Fuchs)等在1954年提出。该理论假定流体是不可压缩的理想流体,运动是有势的,将结构物边界作为波动着的流体边界的一部分,先找出结构物边界上结构物对入射波的散射速度势和未受结构物扰动的入射波的速度势,两者叠加后即为结构物边界上扰动后的速度势,应用线性化的贝努利方程确定结构物边界上的波压强分布,从而计算出波浪作用在结构物上的力和力矩。这一方法由于数学上的困难,至今只有对大尺度直立圆柱和潜没直立圆柱等少数几种情况取得了精确的解析解。而对任意形状结构物的波浪力,只能采用三维源分布、有限元法等数值计算方法求得近似的数值解。第二种方法,采用所谓弗汝德-克雷洛夫(Froude-Krylov)假定,即是假定波浪原有的压强分布不因结构物的存在而改变,先算出由未扰动的入射波在结构物边界上的作用力,称为弗汝德-克雷洛夫力,再乘以反映附加质量效应和绕射效应的绕射系数进行修正,绕射系数需要通过模型试验加以确定。本条文采用绕射理论得到的大尺度圆柱上的波浪力表达式再类比成Morison公式形式。

H.2　多个圆柱体组成的群墩

较大水深情况下,由 $D/L>0.2$ 的大直径圆柱组成的群墩结构,墩的中心距 $\leqslant 4D$ 时,作用于墩群中某个墩上的水平总波浪力 P_G 可按式(H.2)计算:

$$P_G = K_x P \quad (\text{H.2})$$

式中:D——圆形柱体直径(m);

　　　L——波长(m);

P_G——作用于墩群中某个墩上的水平总波浪力(kN);

K_x——群墩系数,分别由图 H.2-1~图 H.2-10 确定。图中的参数为 kD,k 为由 L_P 定义的波数($k=2\pi/L_P$),L_P 为与谱峰周期 T_P 对应的波长,T_P 为平均周期 $\overline{T}$ 的 1.21 倍;

P——作用于单个墩上的水平总波浪力(kN),按第 H.1 条规定计算。

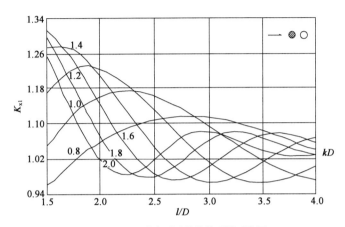

图 H.2-1 双墩串列时前墩的群墩系数图

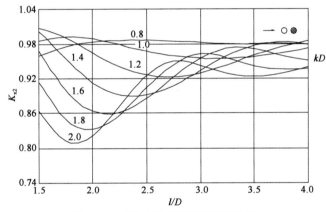

图 H.2-2 双墩串列时后墩的群墩系数图

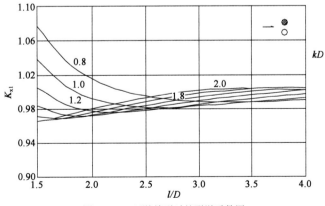

图 H.2-3 双墩并列时的群墩系数图

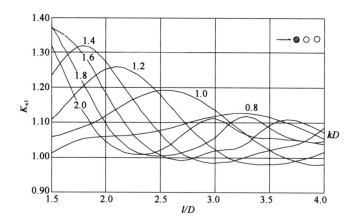

图 H.2-4 三墩串列时前墩的群墩系数图

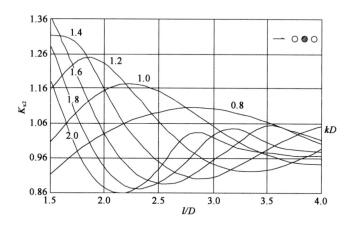

图 H.2-5 三墩串列时中墩的群墩系数图

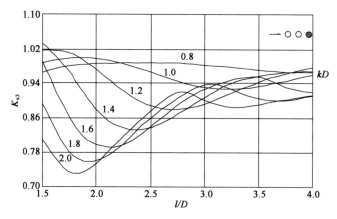

图 H.2-6 三墩串列时后墩的群墩系数图

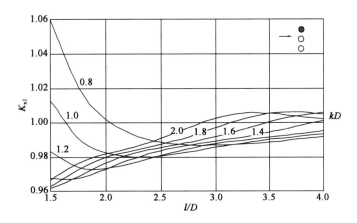

图 H.2-7 三墩并列时边墩的群墩系数图

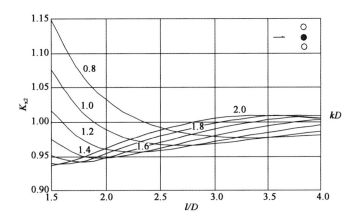

图 H.2-8 三墩并列时中墩的群墩系数图

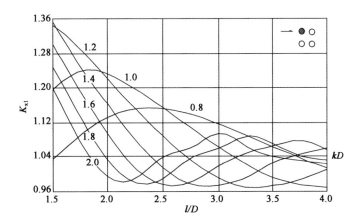

图 H.2-9 四墩时前墩的群墩系数图

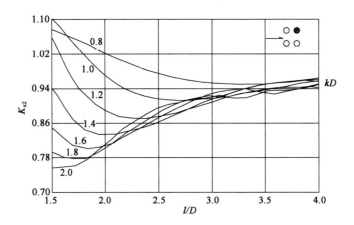

图 H.2-10 四墩时后墩的群墩系数图

附录 J 大尺度圆端形断面和矩形倒角断面基础波浪荷载

J.1 圆端形断面波浪荷载系数

入射角 0 度的 C_M-X 表 J.1-1

D/L	$B/R=5.0$	$B/R=4.5$	$B/R=4.0$	$B/R=3.5$	$B/R=3.0$	$B/R=2.5$
0.20	3.870	3.570	3.260	2.940	2.620	2.290
0.25	3.773	3.450	3.110	2.770	2.420	2.080
0.30	3.523	3.190	2.847	2.510	2.170	1.825
0.35	3.167	2.850	2.530	2.210	1.895	1.580
0.40	2.790	2.505	2.210	1.920	1.645	1.360
0.45	2.438	2.180	1.928	1.675	1.423	1.177
0.50	2.140	1.910	1.685	1.464	1.242	1.021
0.55	1.880	1.685	1.484	1.290	1.093	0.900
0.60	1.665	1.493	1.320	1.150	0.973	0.800
0.65	1.490	1.334	1.183	1.028	0.874	0.718
0.70	1.348	1.210	1.075	0.934	0.795	0.652
0.75	1.227	1.103	0.982	0.857	0.731	0.597
0.80	1.127	1.018	0.907	0.794	0.678	0.551
0.85	1.048	0.949	0.847	0.743	0.633	0.512
0.90	0.983	0.891	0.797	0.700	0.595	0.476
0.95	0.930	0.844	0.756	0.663	0.561	0.444
1.00	0.885	0.800	0.718	0.627	0.526	0.413
1.05	0.847	0.765	0.686	0.593	0.497	0.385
1.10	0.808	0.728	0.650	0.564	0.466	0.360
1.15	0.774	0.701	0.617	0.535	0.443	0.340
1.20	0.738	0.666	0.587	0.506	0.414	0.316
1.25	0.708	0.635	0.562	0.478	0.390	0.293
1.30	0.678	0.608	0.532	0.452	0.370	0.280
1.35	0.650	0.579	0.508	0.431	0.345	0.252

续上表

D/L	B/R=5.0	B/R=4.5	B/R=4.0	B/R=3.5	B/R=3.0	B/R=2.5
1.40	0.619	0.553	0.482	0.405	0.325	0.248
1.45	0.594	0.525	0.461	0.385	0.308	0.264
1.50	0.570	0.504	0.439	0.368	0.289	0.233
1.55	0.550	0.483	0.420	0.350	0.275	0.222
1.60	0.528	0.467	0.401	0.331	0.273	0.210
1.65	0.509	0.447	0.386	0.319	0.276	0.202
1.70	0.490	0.431	0.368	0.307	0.264	0.194
1.75	0.473	0.415	0.357	0.287	0.249	0.186
1.80	0.459	0.402	0.344	0.275	0.237	0.179
1.85	0.444	0.389	0.328	0.273	0.229	0.173
1.90	0.431	0.374	0.318	0.272	0.221	0.166
1.95	0.418	0.366	0.311	0.267	0.212	0.160
2.00	0.405	0.351	0.293	0.259	0.205	0.154

入射角 22.5 度的 C_M-X 表 J.1-2

D/L	B/R=5.0	B/R=4.5	B/R=4.0	B/R=3.5	B/R=3.0	B/R=2.5
0.20	3.550	3.270	2.980	2.690	2.393	2.095
0.25	3.410	3.120	2.813	2.507	2.200	1.900
0.30	3.120	2.830	2.530	2.240	1.947	1.663
0.35	2.760	2.490	2.223	1.953	1.690	1.427
0.40	2.400	2.154	1.916	1.685	1.447	1.224
0.45	2.063	1.860	1.660	1.450	1.254	1.059
0.50	1.790	1.614	1.440	1.263	1.090	0.914
0.55	1.557	1.411	1.254	1.103	0.952	0.802
0.60	1.368	1.236	1.108	0.974	0.841	0.709
0.65	1.215	1.100	0.984	0.867	0.750	0.632
0.70	1.082	0.981	0.880	0.779	0.675	0.569
0.75	0.976	0.885	0.794	0.704	0.611	0.516
0.80	0.880	0.801	0.721	0.640	0.558	0.471
0.85	0.802	0.730	0.658	0.586	0.512	0.432
0.90	0.732	0.668	0.603	0.538	0.472	0.399
0.95	0.671	0.613	0.555	0.497	0.435	0.369
1.00	0.616	0.566	0.513	0.460	0.404	0.343
1.05	0.565	0.519	0.474	0.428	0.375	0.316
1.10	0.523	0.483	0.438	0.395	0.350	0.294
1.15	0.485	0.446	0.408	0.368	0.323	0.279

续上表

D/L	$B/R=5.0$	$B/R=4.5$	$B/R=4.0$	$B/R=3.5$	$B/R=3.0$	$B/R=2.5$
1.20	0.447	0.414	0.380	0.345	0.307	0.261
1.25	0.417	0.384	0.353	0.321	0.285	0.242
1.30	0.386	0.359	0.331	0.300	0.267	0.222
1.35	0.361	0.335	0.309	0.282	0.253	0.209
1.40	0.333	0.311	0.289	0.265	0.238	0.217
1.45	0.311	0.290	0.271	0.249	0.219	0.205
1.50	0.288	0.272	0.253	0.234	0.211	0.188
1.55	0.269	0.254	0.238	0.219	0.202	0.179
1.60	0.252	0.237	0.223	0.208	0.195	0.167
1.65	0.232	0.221	0.209	0.196	0.188	0.158
1.70	0.215	0.205	0.196	0.178	0.180	0.150
1.75	0.199	0.193	0.183	0.169	0.163	0.143
1.80	0.185	0.180	0.172	0.165	0.155	0.136
1.85	0.172	0.168	0.162	0.159	0.147	0.130
1.90	0.160	0.157	0.145	0.152	0.138	0.124
1.95	0.148	0.146	0.132	0.146	0.131	0.118
2.00	0.137	0.136	0.126	0.136	0.124	0.113

入射角 22.5 度的 C_M-Y 表 J.1-3

D/L	$B/R=5.0$	$B/R=4.5$	$B/R=4.0$	$B/R=3.5$	$B/R=3.0$	$B/R=2.5$
0.20	0.564	0.580	0.598	0.622	0.653	0.692
0.25	0.539	0.552	0.566	0.584	0.606	0.632
0.30	0.509	0.518	0.526	0.536	0.549	0.562
0.35	0.476	0.480	0.485	0.489	0.493	0.493
0.40	0.444	0.445	0.446	0.444	0.442	0.434
0.45	0.415	0.414	0.412	0.407	0.398	0.384
0.50	0.392	0.388	0.383	0.375	0.362	0.342
0.55	0.372	0.367	0.359	0.349	0.333	0.309
0.60	0.357	0.351	0.342	0.329	0.310	0.282
0.65	0.346	0.339	0.328	0.313	0.291	0.259
0.70	0.339	0.329	0.317	0.300	0.275	0.239
0.75	0.333	0.322	0.309	0.288	0.260	0.222
0.80	0.328	0.316	0.300	0.277	0.246	0.206
0.85	0.322	0.309	0.290	0.265	0.232	0.189
0.90	0.314	0.299	0.278	0.251	0.216	0.174
0.95	0.303	0.286	0.263	0.236	0.200	0.159

续上表

D/L	$B/R=5.0$	$B/R=4.5$	$B/R=4.0$	$B/R=3.5$	$B/R=3.0$	$B/R=2.5$
1.00	0.288	0.270	0.248	0.218	0.183	0.145
1.05	0.269	0.252	0.229	0.201	0.166	0.131
1.10	0.250	0.233	0.210	0.183	0.151	0.119
1.15	0.231	0.213	0.193	0.167	0.135	0.111
1.20	0.209	0.196	0.176	0.152	0.126	0.101
1.25	0.194	0.178	0.158	0.135	0.109	0.096
1.30	0.176	0.162	0.145	0.121	0.111	0.095
1.35	0.163	0.149	0.130	0.123	0.109	0.087
1.40	0.148	0.132	0.125	0.118	0.098	0.083
1.45	0.133	0.137	0.120	0.107	0.092	0.079
1.50	0.132	0.131	0.114	0.099	0.087	0.076
1.55	0.123	0.127	0.105	0.094	0.083	0.073
1.60	0.133	0.112	0.098	0.088	0.079	0.070
1.65	0.115	0.102	0.091	0.083	0.076	0.067
1.70	0.104	0.095	0.086	0.079	0.073	0.064
1.75	0.098	0.088	0.082	0.075	0.069	0.061
1.80	0.091	0.083	0.077	0.071	0.066	0.058
1.85	0.084	0.077	0.072	0.067	0.063	0.055
1.90	0.078	0.072	0.068	0.064	0.060	0.052
1.95	0.072	0.068	0.064	0.061	0.057	0.050
2.00	0.067	0.064	0.060	0.058	0.054	0.048

入射角 45 度的 C_M-X 表 J.1-4

D/L	$B/R=5.0$	$B/R=4.5$	$B/R=4.0$	$B/R=3.5$	$B/R=3.0$	$B/R=2.5$
0.20	2.620	2.410	2.200	1.980	1.780	1.580
0.25	2.370	2.175	1.980	1.780	1.585	1.397
0.30	2.040	1.870	1.700	1.530	1.370	1.205
0.35	1.705	1.565	1.425	1.290	1.160	1.020
0.40	1.410	1.302	1.197	1.085	0.975	0.868
0.45	1.175	1.093	1.001	0.913	0.825	0.741
0.50	0.984	0.915	0.846	0.774	0.706	0.635
0.55	0.829	0.773	0.718	0.661	0.605	0.551
0.60	0.700	0.654	0.610	0.566	0.522	0.480
0.65	0.588	0.552	0.517	0.482	0.450	0.419
0.70	0.490	0.462	0.435	0.409	0.386	0.368
0.75	0.401	0.379	0.360	0.343	0.331	0.323

续上表

D/L	$B/R=5.0$	$B/R=4.5$	$B/R=4.0$	$B/R=3.5$	$B/R=3.0$	$B/R=2.5$
0.80	0.320	0.305	0.292	0.284	0.282	0.285
0.85	0.247	0.239	0.233	0.233	0.240	0.253
0.90	0.184	0.181	0.183	0.191	0.206	0.227
0.95	0.130	0.134	0.142	0.158	0.181	0.206
1.00	0.087	0.098	0.111	0.134	0.161	0.188
1.05	0.054	0.070	0.092	0.115	0.145	0.173
1.10	0.034	0.055	0.076	0.104	0.134	0.162
1.15	0.029	0.046	0.069	0.095	0.123	0.152
1.20	0.036	0.046	0.064	0.088	0.115	0.140
1.25	0.047	0.050	0.063	0.083	0.108	0.129
1.30	0.055	0.054	0.062	0.078	0.101	0.122
1.35	0.063	0.059	0.062	0.075	0.093	0.127
1.40	0.070	0.063	0.063	0.071	0.088	0.112
1.45	0.076	0.067	0.063	0.069	0.071	0.106
1.50	0.079	0.070	0.065	0.066	0.081	0.099
1.55	0.082	0.073	0.066	0.064	0.077	0.093
1.60	0.084	0.075	0.067	0.066	0.071	0.087
1.65	0.085	0.076	0.068	0.071	0.068	0.082
1.70	0.085	0.077	0.069	0.063	0.065	0.078
1.75	0.084	0.078	0.070	0.062	0.062	0.073
1.80	0.084	0.078	0.069	0.062	0.060	0.070
1.85	0.082	0.078	0.069	0.061	0.058	0.066
1.90	0.081	0.076	0.070	0.060	0.056	0.063
1.95	0.079	0.074	0.069	0.061	0.054	0.058
2.00	0.077	0.073	0.069	0.060	0.053	0.054

入射角 45 度的 C_M-Y 表 J.1-5

D/L	$B/R=5.0$	$B/R=4.5$	$B/R=4.0$	$B/R=3.5$	$B/R=3.0$	$B/R=2.5$
0.20	0.986	1.020	1.050	1.100	1.163	1.250
0.25	0.909	0.933	0.963	1.000	1.050	1.127
0.30	0.823	0.841	0.864	0.891	0.932	0.982
0.35	0.738	0.752	0.768	0.789	0.815	0.851
0.40	0.662	0.671	0.683	0.697	0.715	0.736
0.45	0.595	0.602	0.609	0.618	0.629	0.643
0.50	0.539	0.544	0.549	0.554	0.560	0.565
0.55	0.491	0.495	0.498	0.500	0.502	0.502

续上表

D/L	B/R = 5.0	B/R = 4.5	B/R = 4.0	B/R = 3.5	B/R = 3.0	B/R = 2.5
0.60	0.451	0.454	0.456	0.457	0.455	0.450
0.65	0.414	0.417	0.419	0.418	0.415	0.407
0.70	0.381	0.384	0.386	0.384	0.379	0.370
0.75	0.347	0.351	0.353	0.353	0.348	0.337
0.80	0.312	0.318	0.322	0.323	0.318	0.307
0.85	0.275	0.283	0.290	0.292	0.290	0.281
0.90	0.241	0.250	0.258	0.263	0.262	0.257
0.95	0.207	0.219	0.229	0.236	0.239	0.234
1.00	0.178	0.192	0.201	0.210	0.215	0.213
1.05	0.154	0.167	0.180	0.186	0.196	0.195
1.10	0.134	0.148	0.156	0.169	0.178	0.182
1.15	0.119	0.129	0.141	0.151	0.155	0.167
1.20	0.108	0.116	0.127	0.139	0.153	0.156
1.25	0.099	0.106	0.118	0.135	0.151	0.153
1.30	0.098	0.101	0.108	0.123	0.132	0.135
1.35	0.103	0.096	0.102	0.108	0.117	0.127
1.40	0.089	0.091	0.092	0.099	0.105	0.116
1.45	0.090	0.087	0.086	0.090	0.099	0.109
1.50	0.091	0.085	0.082	0.083	0.090	0.101
1.55	0.092	0.084	0.079	0.078	0.084	0.095
1.60	0.092	0.083	0.077	0.074	0.078	0.090
1.65	0.091	0.082	0.075	0.071	0.075	0.085
1.70	0.090	0.081	0.073	0.069	0.071	0.082
1.75	0.088	0.080	0.072	0.067	0.069	0.078
1.80	0.086	0.078	0.071	0.066	0.067	0.075
1.85	0.083	0.076	0.069	0.064	0.064	0.072
1.90	0.080	0.073	0.066	0.062	0.062	0.070
1.95	0.071	0.071	0.056	0.061	0.060	0.066
2.00	0.063	0.098	0.060	0.061	0.057	0.063

入射角 67.5 度的 C_M-X 表 J.1-6

D/L	B/R = 5.0	B/R = 4.5	B/R = 4.0	B/R = 3.5	B/R = 3.0	B/R = 2.5
0.20	1.200	1.130	1.050	0.976	0.901	0.822
0.25	0.950	0.908	0.860	0.813	0.763	0.713
0.30	0.727	0.707	0.682	0.656	0.628	0.600
0.35	0.560	0.549	0.537	0.526	0.513	0.499

续上表

D/L	B/R = 5.0	B/R = 4.5	B/R = 4.0	B/R = 3.5	B/R = 3.0	B/R = 2.5
0.40	0.428	0.425	0.424	0.421	0.420	0.418
0.45	0.328	0.331	0.335	0.340	0.346	0.350
0.50	0.244	0.252	0.261	0.273	0.284	0.296
0.55	0.172	0.183	0.198	0.214	0.232	0.251
0.60	0.111	0.123	0.139	0.160	0.186	0.212
0.65	0.064	0.072	0.088	0.113	0.143	0.179
0.70	0.042	0.035	0.044	0.070	0.105	0.148
0.75	0.050	0.029	0.013	0.036	0.075	0.123
0.80	0.064	0.044	0.020	0.015	0.053	0.103
0.85	0.074	0.058	0.038	0.020	0.041	0.088
0.90	0.080	0.067	0.050	0.032	0.037	0.077
0.95	0.082	0.072	0.058	0.042	0.038	0.069
1.00	0.081	0.074	0.063	0.049	0.041	0.063
1.05	0.077	0.074	0.067	0.055	0.044	0.060
1.10	0.070	0.072	0.068	0.059	0.047	0.056
1.15	0.063	0.069	0.068	0.062	0.051	0.054
1.20	0.054	0.063	0.067	0.063	0.054	0.053
1.25	0.045	0.056	0.064	0.064	0.057	0.054
1.30	0.038	0.051	0.061	0.063	0.058	0.053
1.35	0.031	0.044	0.057	0.060	0.058	0.053
1.40	0.027	0.039	0.050	0.058	0.058	0.053
1.45	0.024	0.034	0.047	0.056	0.057	0.053
1.50	0.024	0.031	0.044	0.053	0.056	0.052
1.55	0.025	0.029	0.039	0.050	0.055	0.051
1.60	0.028	0.028	0.036	0.047	0.053	0.050
1.65	0.031	0.028	0.033	0.044	0.050	0.049
1.70	0.033	0.029	0.031	0.041	0.048	0.047
1.75	0.034	0.030	0.030	0.038	0.046	0.047
1.80	0.034	0.031	0.030	0.035	0.041	0.044
1.85	0.034	0.031	0.030	0.033	0.039	0.040
1.90	0.034	0.033	0.029	0.032	0.040	0.040
1.95	0.033	0.033	0.029	0.030	0.038	0.039
2.00	0.032	0.032	0.029	0.029	0.036	0.039

入射角 67.5 度的 C_M-Y 表 J.1-7

D/L	B/R = 5.0	B/R = 4.5	B/R = 4.0	B/R = 3.5	B/R = 3.0	B/R = 2.5
0.20	1.100	1.150	1.220	1.305	1.420	1.575
0.25	0.926	0.978	1.040	1.120	1.230	1.380
0.30	0.765	0.813	0.869	0.943	1.038	1.182
0.35	0.628	0.670	0.722	0.790	0.876	0.995
0.40	0.507	0.548	0.598	0.659	0.739	0.847
0.45	0.408	0.448	0.496	0.553	0.626	0.723
0.50	0.323	0.363	0.410	0.466	0.534	0.622
0.55	0.254	0.294	0.340	0.394	0.459	0.541
0.60	0.210	0.244	0.285	0.335	0.397	0.474
0.65	0.193	0.215	0.248	0.292	0.347	0.419
0.70	0.194	0.205	0.226	0.261	0.309	0.374
0.75	0.200	0.203	0.215	0.240	0.280	0.336
0.80	0.203	0.203	0.209	0.226	0.257	0.305
0.85	0.202	0.200	0.202	0.214	0.240	0.281
0.90	0.197	0.195	0.196	0.204	0.223	0.260
0.95	0.190	0.189	0.188	0.193	0.209	0.242
1.00	0.183	0.181	0.179	0.184	0.194	0.221
1.05	0.165	0.165	0.170	0.172	0.188	0.209
1.10	0.159	0.162	0.162	0.165	0.180	0.189
1.15	0.149	0.154	0.155	0.157	0.165	0.189
1.20	0.140	0.146	0.149	0.150	0.155	0.174
1.25	0.131	0.136	0.141	0.142	0.147	0.163
1.30	0.123	0.130	0.135	0.136	0.139	0.153
1.35	0.115	0.121	0.128	0.129	0.132	0.145
1.40	0.107	0.114	0.120	0.123	0.126	0.137
1.45	0.099	0.107	0.114	0.117	0.120	0.130
1.50	0.094	0.100	0.107	0.112	0.114	0.123
1.55	0.106	0.108	0.096	0.107	0.111	0.117
1.60	0.091	0.112	0.075	0.098	0.106	0.112
1.65	0.080	0.085	0.094	0.096	0.098	0.106
1.70	0.078	0.081	0.088	0.093	0.093	0.101
1.75	0.075	0.076	0.083	0.090	0.088	0.098
1.80	0.074	0.073	0.077	0.088	0.096	0.091
1.85	0.072	0.071	0.073	0.083	0.096	0.083
1.90	0.070	0.069	0.070	0.077	0.087	0.096
1.95	0.068	0.067	0.068	0.073	0.083	0.092
2.00	0.067	0.066	0.065	0.070	0.080	0.083

入射角90度的 C_M 表 J.1-8

D/L	B/R = 5.0	B/R = 4.5	B/R = 4.0	B/R = 3.5	B/R = 3.0	B/R = 2.5
0.20	0.732	0.852	0.992	1.155	1.360	1.615
0.25	0.496	0.612	0.747	0.908	1.110	1.370
0.30	0.320	0.429	0.556	0.707	0.896	1.148
0.35	0.208	0.291	0.407	0.547	0.721	0.950
0.40	0.205	0.218	0.297	0.422	0.582	0.791
0.45	0.245	0.221	0.240	0.329	0.472	0.665
0.50	0.258	0.245	0.232	0.272	0.388	0.563
0.55	0.246	0.252	0.243	0.250	0.327	0.481
0.60	0.222	0.243	0.246	0.245	0.289	0.416
0.65	0.194	0.226	0.240	0.244	0.268	0.366
0.70	0.165	0.200	0.229	0.237	0.255	0.330
0.75	0.143	0.179	0.210	0.229	0.243	0.301
0.80	0.128	0.157	0.194	0.223	0.233	0.278
0.85	0.119	0.140	0.176	0.205	0.220	0.259
0.90	0.114	0.126	0.159	0.192	0.214	0.241
0.95	0.115	0.118	0.144	0.180	0.201	0.230
1.00	0.109	0.110	0.129	0.166	0.193	0.209
1.05	0.104	0.112	0.119	0.153	0.184	0.208
1.10	0.098	0.107	0.111	0.139	0.174	0.198
1.15	0.089	0.100	0.094	0.126	0.162	0.188
1.20	0.082	0.096	0.101	0.117	0.153	0.179
1.25	0.074	0.089	0.097	0.105	0.141	0.171
1.30	0.068	0.083	0.093	0.098	0.131	0.162
1.35	0.065	0.077	0.089	0.096	0.122	0.153
1.40	0.064	0.070	0.084	0.094	0.110	0.145
1.45	0.061	0.068	0.080	0.089	0.101	0.137
1.50	0.058	0.064	0.075	0.084	0.100	0.129
1.55	0.055	0.060	0.068	0.080	0.102	0.122
1.60	0.053	0.057	0.063	0.077	0.088	0.116
1.65	0.046	0.054	0.063	0.073	0.083	0.104
1.70	0.041	0.052	0.062	0.069	0.079	0.099
1.75	0.044	0.049	0.055	0.067	0.075	0.110
1.80	0.041	0.044	0.052	0.066	0.072	0.097
1.85	0.039	0.038	0.049	0.066	0.069	0.084
1.90	0.037	0.031	0.048	0.059	0.067	0.072
1.95	0.036	0.032	0.046	0.056	0.063	0.072
2.00	0.034	0.034	0.043	0.054	0.059	0.072

J.2 矩形倒角断面波浪荷载系数

入射角 0 度的 C_M-X

表 J.2-1

D/L	$H/B = 1.0$ $R/H = 0.2$	$H/B = 0.8$ $R/H = 0.2$	$H/B = 0.6$ $R/H = 0.2$	$H/B = 1.0$ $R/H = 0.1$	$H/B = 0.8$ $R/H = 0.1$	$H/B = 0.8$ $R/H = 0.1$
0.20	1.920	2.330	2.948	1.950	2.370	3.005
0.25	1.640	2.060	2.715	1.650	2.090	2.755
0.30	1.365	1.760	2.394	1.365	1.780	2.420
0.35	1.133	1.487	2.067	1.125	1.487	2.077
0.40	0.942	1.255	1.765	0.932	1.253	1.765
0.45	0.792	1.067	1.513	0.778	1.057	1.513
0.50	0.671	0.916	1.305	0.656	0.907	1.305
0.55	0.582	0.796	1.141	0.569	0.786	1.141
0.60	0.517	0.704	1.006	0.510	0.694	1.004
0.65	0.472	0.633	0.903	0.471	0.624	0.895
0.70	0.442	0.579	0.818	0.445	0.572	0.810
0.75	0.418	0.538	0.749	0.423	0.532	0.741
0.80	0.394	0.505	0.695	0.399	0.499	0.687
0.85	0.370	0.474	0.651	0.374	0.468	0.642
0.90	0.345	0.445	0.612	0.349	0.440	0.603
0.95	0.319	0.418	0.579	0.322	0.412	0.569
1.00	0.300	0.391	0.545	0.305	0.385	0.535
1.05	0.287	0.364	0.514	0.293	0.359	0.504
1.10	0.274	0.345	0.485	0.282	0.341	0.474
1.15	0.271	0.323	0.460	0.282	0.322	0.449
1.20	0.263	0.301	0.430	0.275	0.304	0.420
1.25	0.254	0.291	0.409	0.266	0.300	0.400
1.30	0.249	0.294	0.388	0.259	0.292	0.382
1.35	0.243	0.282	0.371	0.250	0.295	0.368
1.40	0.234	0.292	0.357	0.238	0.289	0.359
1.45	0.226	0.275	0.346	0.228	0.291	0.353
1.50	0.217	0.271	0.336	0.218	0.283	0.346
1.55	0.207	0.262	0.328	0.206	0.274	0.340
1.60	0.198	0.256	0.324	0.198	0.265	0.337
1.65	0.190	0.248	0.313	0.191	0.255	0.325

续上表

D/L	H/B = 1.0 R/H = 0.2	H/B = 0.8 R/H = 0.2	H/B = 0.6 R/H = 0.2	H/B = 1.0 R/H = 0.1	H/B = 0.8 R/H = 0.1	H/B = 0.8 R/H = 0.1
1.70	0.183	0.241	0.307	0.184	0.245	0.318
1.75	0.174	0.233	0.306	0.177	0.236	0.315
1.80	0.168	0.226	0.298	0.172	0.228	0.306
1.85	0.162	0.220	0.293	0.167	0.221	0.300
1.90	0.153	0.213	0.282	0.158	0.213	0.289
1.95	0.147	0.206	0.274	0.151	0.205	0.280
2.00	0.140	0.200	0.267	0.144	0.201	0.272

入射角 22.5 度的 C_M-X 表 J.2-2

D/L	H/B = 1.0 R/H = 0.2	H/B = 0.8 R/H = 0.2	H/B = 0.6 R/H = 0.2	H/B = 1.0 R/H = 0.1	H/B = 0.8 R/H = 0.1	H/B = 0.8 R/H = 0.1
0.20	1.910	2.235	2.755	1.990	2.310	2.824
0.25	1.730	2.060	2.590	1.810	2.140	2.670
0.30	1.513	1.824	2.330	1.600	1.910	2.420
0.35	1.307	1.585	2.045	1.380	1.670	2.135
0.40	1.116	1.370	1.770	1.190	1.440	1.860
0.45	0.963	1.180	1.540	1.030	1.250	1.610
0.50	0.834	1.030	1.330	0.893	1.084	1.400
0.55	0.729	0.898	1.170	0.784	0.954	1.228
0.60	0.644	0.794	1.030	0.691	0.842	1.080
0.65	0.573	0.706	0.914	0.614	0.750	0.960
0.70	0.515	0.635	0.820	0.551	0.673	0.859
0.75	0.469	0.576	0.739	0.500	0.610	0.774
0.80	0.430	0.526	0.671	0.457	0.555	0.703
0.85	0.398	0.482	0.612	0.422	0.509	0.642
0.90	0.370	0.446	0.562	0.393	0.470	0.589
0.95	0.346	0.414	0.519	0.367	0.435	0.543
1.00	0.322	0.385	0.480	0.343	0.404	0.501
1.05	0.300	0.359	0.448	0.321	0.380	0.470
1.10	0.283	0.335	0.413	0.300	0.355	0.438
1.15	0.265	0.315	0.386	0.284	0.332	0.407
1.20	0.248	0.294	0.361	0.264	0.311	0.381
1.25	0.236	0.276	0.341	0.246	0.291	0.360
1.30	0.217	0.261	0.319	0.227	0.273	0.336
1.35	0.221	0.242	0.299	0.213	0.256	0.317

续上表

D/L	$H/B=1.0$ $R/H=0.2$	$H/B=0.8$ $R/H=0.2$	$H/B=0.6$ $R/H=0.2$	$H/B=1.0$ $R/H=0.1$	$H/B=0.8$ $R/H=0.1$	$H/B=0.8$ $R/H=0.1$
1.40	0.193	0.226	0.282	0.207	0.237	0.300
1.45	0.175	0.201	0.263	0.191	0.223	0.282
1.50	0.163	0.196	0.247	0.178	0.205	0.262
1.55	0.151	0.197	0.231	0.162	0.187	0.247
1.60	0.140	0.174	0.213	0.150	0.189	0.229
1.65	0.131	0.157	0.198	0.143	0.170	0.207
1.70	0.123	0.146	0.181	0.135	0.150	0.192
1.75	0.116	0.133	0.167	0.126	0.141	0.174
1.80	0.110	0.124	0.153	0.121	0.129	0.157
1.85	0.105	0.115	0.146	0.116	0.122	0.146
1.90	0.100	0.107	0.137	0.110	0.114	0.135
1.95	0.096	0.099	0.124	0.105	0.106	0.128
2.00	0.092	0.092	0.117	0.101	0.100	0.118

入射角 22.5 度的 C_M-Y　　　　　　　　　　表 J.2-3

D/L	$H/B=1.0$ $R/H=0.2$	$H/B=0.8$ $R/H=0.2$	$H/B=0.6$ $R/H=0.2$	$H/B=1.0$ $R/H=0.1$	$H/B=0.8$ $R/H=0.1$	$H/B=0.8$ $R/H=0.1$
0.20	0.804	0.736	0.664	0.838	0.762	0.681
0.25	0.734	0.686	0.629	0.774	0.715	0.649
0.30	0.653	0.623	0.584	0.694	0.655	0.607
0.35	0.573	0.561	0.539	0.615	0.594	0.562
0.40	0.504	0.504	0.496	0.546	0.538	0.520
0.45	0.447	0.458	0.460	0.488	0.491	0.485
0.50	0.401	0.420	0.430	0.441	0.454	0.456
0.55	0.363	0.390	0.407	0.403	0.424	0.434
0.60	0.331	0.365	0.391	0.370	0.399	0.418
0.65	0.301	0.344	0.378	0.341	0.379	0.407
0.70	0.272	0.325	0.368	0.312	0.361	0.398
0.75	0.244	0.305	0.360	0.283	0.342	0.392
0.80	0.212	0.282	0.349	0.251	0.319	0.383
0.85	0.181	0.256	0.334	0.218	0.293	0.369
0.90	0.150	0.228	0.314	0.186	0.264	0.350
0.95	0.122	0.199	0.289	0.155	0.232	0.324
1.00	0.095	0.171	0.262	0.126	0.200	0.291
1.05	0.072	0.144	0.235	0.100	0.173	0.264

续上表

D/L	$H/B=1.0$ $R/H=0.2$	$H/B=0.8$ $R/H=0.2$	$H/B=0.6$ $R/H=0.2$	$H/B=1.0$ $R/H=0.1$	$H/B=0.8$ $R/H=0.1$	$H/B=0.8$ $R/H=0.1$
1.10	0.053	0.121	0.204	0.076	0.147	0.232
1.15	0.036	0.100	0.179	0.058	0.122	0.201
1.20	0.020	0.080	0.156	0.039	0.100	0.176
1.25	0.009	0.065	0.138	0.023	0.082	0.155
1.30	0.012	0.051	0.120	0.010	0.065	0.133
1.35	0.020	0.038	0.103	0.007	0.051	0.118
1.40	0.030	0.027	0.085	0.018	0.033	0.104
1.45	0.038	0.018	0.079	0.025	0.026	0.101
1.50	0.042	0.015	0.067	0.032	0.016	0.075
1.55	0.046	0.016	0.058	0.038	0.009	0.066
1.60	0.048	0.020	0.049	0.042	0.004	0.057
1.65	0.049	0.023	0.041	0.043	0.008	0.047
1.70	0.049	0.026	0.035	0.045	0.013	0.040
1.75	0.048	0.028	0.030	0.046	0.017	0.034
1.80	0.047	0.030	0.026	0.045	0.020	0.027
1.85	0.045	0.030	0.023	0.046	0.023	0.022
1.90	0.044	0.031	0.020	0.044	0.025	0.018
1.95	0.042	0.032	0.018	0.043	0.026	0.015
2.00	0.040	0.032	0.017	0.042	0.028	0.012

入射角 45 度的 C_M-X　　　　　　　　表 J.2-4

D/L	$H/B=1.0$ $R/H=0.2$	$H/B=0.8$ $R/H=0.2$	$H/B=0.6$ $R/H=0.2$	$H/B=1.0$ $R/H=0.1$	$H/B=0.8$ $R/H=0.1$	$H/B=0.8$ $R/H=0.1$
0.20	1.500	1.720	2.080	1.559	1.779	2.140
0.25	1.380	1.580	1.920	1.450	1.660	2.002
0.30	1.235	1.410	1.700	1.313	1.500	1.790
0.35	1.083	1.230	1.470	1.170	1.320	1.560
0.40	0.948	1.065	1.260	1.030	1.151	1.350
0.45	0.833	0.928	1.077	0.911	1.010	1.162
0.50	0.737	0.813	0.933	0.813	0.888	1.003
0.55	0.658	0.717	0.809	0.729	0.787	0.875
0.60	0.592	0.638	0.706	0.660	0.702	0.766
0.65	0.536	0.570	0.619	0.600	0.630	0.675
0.70	0.486	0.508	0.541	0.548	0.567	0.596
0.75	0.439	0.452	0.473	0.500	0.510	0.524

续上表

D/L	$H/B=1.0$ $R/H=0.2$	$H/B=0.8$ $R/H=0.2$	$H/B=0.6$ $R/H=0.2$	$H/B=1.0$ $R/H=0.1$	$H/B=0.8$ $R/H=0.1$	$H/B=0.8$ $R/H=0.1$
0.80	0.396	0.400	0.409	0.454	0.456	0.459
0.85	0.352	0.352	0.350	0.409	0.406	0.400
0.90	0.312	0.306	0.297	0.366	0.358	0.344
0.95	0.274	0.265	0.250	0.323	0.313	0.295
1.00	0.242	0.229	0.208	0.287	0.273	0.249
1.05	0.215	0.200	0.169	0.251	0.240	0.212
1.10	0.190	0.173	0.140	0.222	0.207	0.175
1.15	0.172	0.151	0.115	0.197	0.182	0.147
1.20	0.154	0.135	0.096	0.176	0.160	0.124
1.25	0.140	0.120	0.078	0.161	0.143	0.102
1.30	0.128	0.107	0.062	0.147	0.127	0.083
1.35	0.116	0.094	0.048	0.134	0.115	0.069
1.40	0.102	0.082	0.036	0.122	0.102	0.053
1.45	0.096	0.068	0.024	0.110	0.090	0.040
1.50	0.083	0.056	0.015	0.097	0.077	0.026
1.55	0.071	0.043	0.011	0.087	0.066	0.014
1.60	0.059	0.037	0.017	0.073	0.055	0.002
1.65	0.049	0.025	0.025	0.063	0.034	0.012
1.70	0.038	0.015	0.033	0.052	0.030	0.022
1.75	0.029	0.009	0.040	0.042	0.023	0.030
1.80	0.021	0.006	0.046	0.034	0.016	0.038
1.85	0.013	0.010	0.050	0.027	0.017	0.045
1.90	0.007	0.015	0.053	0.022	0.019	0.049
1.95	0.002	0.020	0.056	0.020	0.023	0.051
2.00	0.005	0.023	0.058	0.020	0.026	0.053

入射角 45 度的 C_M-Y 表 J.2-5

D/L	$H/B=1.0$ $R/H=0.2$	$H/B=0.8$ $R/H=0.2$	$H/B=0.6$ $R/H=0.2$	$H/B=1.0$ $R/H=0.1$	$H/B=0.8$ $R/H=0.1$	$H/B=0.8$ $R/H=0.1$
0.20	1.500	1.340	1.191	1.559	1.393	1.225
0.25	1.380	1.240	1.100	1.450	1.300	1.148
0.30	1.235	1.120	1.000	1.313	1.180	1.050
0.35	1.083	0.993	0.901	1.170	1.060	0.949
0.40	0.948	0.880	0.807	1.030	0.945	0.855
0.45	0.833	0.782	0.726	0.911	0.845	0.772

续上表

D/L	H/B = 1.0 R/H = 0.2	H/B = 0.8 R/H = 0.2	H/B = 0.6 R/H = 0.2	H/B = 1.0 R/H = 0.1	H/B = 0.8 R/H = 0.1	H/B = 0.8 R/H = 0.1
0.50	0.737	0.701	0.658	0.813	0.762	0.702
0.55	0.658	0.633	0.601	0.729	0.692	0.644
0.60	0.592	0.578	0.554	0.660	0.633	0.595
0.65	0.536	0.531	0.514	0.600	0.584	0.555
0.70	0.486	0.488	0.477	0.548	0.540	0.520
0.75	0.439	0.447	0.443	0.500	0.500	0.485
0.80	0.396	0.408	0.407	0.454	0.460	0.448
0.85	0.352	0.369	0.368	0.409	0.419	0.409
0.90	0.312	0.329	0.328	0.366	0.376	0.366
0.95	0.274	0.292	0.288	0.323	0.334	0.321
1.00	0.242	0.258	0.252	0.287	0.294	0.279
1.05	0.215	0.229	0.217	0.251	0.261	0.243
1.10	0.190	0.203	0.193	0.222	0.228	0.209
1.15	0.172	0.183	0.172	0.197	0.202	0.185
1.20	0.154	0.167	0.158	0.176	0.180	0.167
1.25	0.140	0.153	0.142	0.161	0.165	0.151
1.30	0.128	0.138	0.129	0.147	0.150	0.139
1.35	0.116	0.128	0.126	0.134	0.138	0.130
1.40	0.102	0.120	0.119	0.122	0.128	0.116
1.45	0.096	0.107	0.109	0.110	0.117	0.117
1.50	0.083	0.097	0.101	0.099	0.105	0.109
1.55	0.071	0.085	0.092	0.087	0.095	0.103
1.60	0.059	0.073	0.084	0.073	0.086	0.094
1.65	0.049	0.062	0.076	0.063	0.075	0.087
1.70	0.038	0.052	0.068	0.052	0.065	0.080
1.75	0.029	0.043	0.060	0.042	0.056	0.072
1.80	0.021	0.034	0.053	0.034	0.047	0.065
1.85	0.013	0.026	0.046	0.027	0.039	0.057
1.90	0.007	0.019	0.041	0.022	0.032	0.051
1.95	0.002	0.013	0.036	0.020	0.025	0.045
2.00	0.005	0.007	0.032	0.020	0.020	0.040

入射角 67.5 度的 C_M-X 表 J.2-6

D/L	H/B = 1.0 R/H = 0.2	H/B = 0.8 R/H = 0.2	H/B = 0.6 R/H = 0.2	H/B = 1.0 R/H = 0.1	H/B = 0.8 R/H = 0.1	H/B = 0.8 R/H = 0.1
0.20	0.804	0.901	1.050	0.838	0.938	1.090
0.25	0.734	0.806	0.911	0.774	0.850	0.957
0.30	0.653	0.699	0.760	0.694	0.743	0.808
0.35	0.573	0.599	0.628	0.615	0.644	0.672
0.40	0.504	0.515	0.521	0.546	0.556	0.561
0.45	0.447	0.447	0.435	0.488	0.486	0.472
0.50	0.401	0.391	0.365	0.441	0.428	0.398
0.55	0.363	0.343	0.306	0.403	0.379	0.335
0.60	0.331	0.302	0.252	0.370	0.337	0.282
0.65	0.301	0.264	0.203	0.341	0.298	0.232
0.70	0.272	0.226	0.157	0.312	0.260	0.186
0.75	0.244	0.188	0.115	0.283	0.222	0.143
0.80	0.212	0.152	0.080	0.251	0.185	0.104
0.85	0.181	0.118	0.050	0.218	0.150	0.071
0.90	0.150	0.087	0.031	0.186	0.116	0.046
0.95	0.122	0.061	0.030	0.155	0.087	0.034
1.00	0.095	0.037	0.041	0.126	0.061	0.039
1.05	0.072	0.019	0.054	0.100	0.041	0.052
1.10	0.053	0.009	0.066	0.076	0.024	0.067
1.15	0.036	0.019	0.076	0.058	0.017	0.078
1.20	0.020	0.032	0.083	0.039	0.026	0.089
1.25	0.009	0.043	0.088	0.023	0.038	0.096
1.30	0.012	0.055	0.088	0.010	0.049	0.100
1.35	0.020	0.062	0.085	0.007	0.060	0.099
1.40	0.030	0.063	0.080	0.018	0.067	0.093
1.45	0.038	0.066	0.072	0.025	0.056	0.086
1.50	0.042	0.067	0.065	0.032	0.067	0.078
1.55	0.046	0.066	0.054	0.038	0.069	0.071
1.60	0.048	0.063	0.045	0.042	0.066	0.058
1.65	0.049	0.059	0.036	0.043	0.063	0.047
1.70	0.049	0.055	0.027	0.045	0.060	0.039
1.75	0.048	0.051	0.020	0.046	0.055	0.030
1.80	0.047	0.046	0.015	0.045	0.051	0.020
1.85	0.045	0.041	0.011	0.046	0.046	0.014

续上表

D/L	H/B = 1.0 R/H = 0.2	H/B = 0.8 R/H = 0.2	H/B = 0.6 R/H = 0.2	H/B = 1.0 R/H = 0.1	H/B = 0.8 R/H = 0.1	H/B = 0.8 R/H = 0.1
1.90	0.044	0.038	0.012	0.044	0.041	0.006
1.95	0.042	0.030	0.015	0.043	0.036	0.003
2.00	0.040	0.023	0.018	0.042	0.031	0.007

入射角 67.5 度的 C_M-Y　　　　　表 J.2-7

D/L	H/B = 1.0 R/H = 0.2	H/B = 0.8 R/H = 0.2	H/B = 0.6 R/H = 0.2	H/B = 1.0 R/H = 0.1	H/B = 0.8 R/H = 0.1	H/B = 0.8 R/H = 0.1
0.20	1.910	1.670	1.420	1.990	1.730	1.470
0.25	1.730	1.490	1.240	1.810	1.560	1.300
0.30	1.513	1.290	1.060	1.600	1.360	1.120
0.35	1.307	1.104	0.898	1.380	1.170	0.947
0.40	1.116	0.940	0.758	1.190	0.999	0.802
0.45	0.963	0.807	0.638	1.030	0.861	0.679
0.50	0.834	0.695	0.540	0.893	0.743	0.575
0.55	0.729	0.603	0.458	0.784	0.645	0.487
0.60	0.644	0.529	0.392	0.691	0.566	0.417
0.65	0.573	0.469	0.344	0.614	0.500	0.364
0.70	0.515	0.420	0.313	0.551	0.449	0.330
0.75	0.469	0.385	0.297	0.500	0.409	0.314
0.80	0.430	0.357	0.288	0.457	0.379	0.307
0.85	0.398	0.334	0.280	0.422	0.356	0.301
0.90	0.370	0.315	0.271	0.393	0.336	0.291
0.95	0.346	0.297	0.259	0.367	0.316	0.281
1.00	0.322	0.278	0.246	0.343	0.297	0.267
1.05	0.300	0.264	0.232	0.321	0.282	0.253
1.10	0.283	0.246	0.218	0.300	0.265	0.238
1.15	0.265	0.234	0.207	0.284	0.246	0.224
1.20	0.248	0.224	0.197	0.264	0.239	0.214
1.25	0.236	0.207	0.183	0.246	0.229	0.202
1.30	0.217	0.190	0.174	0.227	0.212	0.189
1.35	0.221	0.177	0.165	0.213	0.191	0.179
1.40	0.193	0.164	0.156	0.207	0.181	0.168
1.45	0.175	0.155	0.149	0.191	0.168	0.160
1.50	0.163	0.146	0.144	0.178	0.159	0.154
1.55	0.151	0.138	0.139	0.162	0.152	0.147

续上表

D/L	$H/B=1.0$ $R/H=0.2$	$H/B=0.8$ $R/H=0.2$	$H/B=0.6$ $R/H=0.2$	$H/B=1.0$ $R/H=0.1$	$H/B=0.8$ $R/H=0.1$	$H/B=0.8$ $R/H=0.1$
1.60	0.140	0.133	0.133	0.150	0.145	0.141
1.65	0.131	0.127	0.128	0.143	0.138	0.135
1.70	0.123	0.123	0.120	0.135	0.134	0.129
1.75	0.116	0.118	0.115	0.126	0.129	0.123
1.80	0.110	0.114	0.104	0.121	0.125	0.113
1.85	0.105	0.109	0.091	0.116	0.120	0.106
1.90	0.100	0.107	0.115	0.110	0.114	0.094
1.95	0.096	0.100	0.093	0.105	0.109	0.100
2.00	0.092	0.094	0.080	0.101	0.103	0.094

入射角 90 度的 C_M-Y　　　　表 J.2-8

D/L	$H/B=1.0$ $R/H=0.2$	$H/B=0.8$ $R/H=0.2$	$H/B=0.6$ $R/H=0.2$	$H/B=1.0$ $R/H=0.1$	$H/B=0.8$ $R/H=0.1$	$H/B=0.8$ $R/H=0.1$
0.20	1.920	1.570	1.160	1.950	1.580	1.160
0.25	1.640	1.280	0.889	1.650	1.290	0.884
0.30	1.365	1.035	0.670	1.365	1.025	0.658
0.35	1.133	0.831	0.500	1.125	0.821	0.484
0.40	0.942	0.672	0.378	0.932	0.658	0.367
0.45	0.792	0.550	0.319	0.778	0.536	0.329
0.50	0.671	0.462	0.321	0.656	0.453	0.352
0.55	0.582	0.410	0.339	0.569	0.412	0.373
0.60	0.517	0.384	0.340	0.510	0.399	0.367
0.65	0.472	0.372	0.324	0.471	0.392	0.341
0.70	0.442	0.359	0.299	0.445	0.378	0.311
0.75	0.418	0.342	0.274	0.423	0.358	0.280
0.80	0.394	0.321	0.251	0.399	0.334	0.255
0.85	0.370	0.300	0.234	0.374	0.310	0.235
0.90	0.345	0.279	0.220	0.349	0.290	0.219
0.95	0.319	0.268	0.205	0.322	0.277	0.203
1.00	0.300	0.257	0.192	0.305	0.264	0.190
1.05	0.287	0.247	0.179	0.293	0.253	0.176
1.10	0.274	0.239	0.163	0.282	0.242	0.162
1.15	0.271	0.232	0.153	0.282	0.232	0.154
1.20	0.263	0.220	0.140	0.275	0.218	0.145
1.25	0.254	0.209	0.136	0.266	0.206	0.144

续上表

D/L	$H/B=1.0$ $R/H=0.2$	$H/B=0.8$ $R/H=0.2$	$H/B=0.6$ $R/H=0.2$	$H/B=1.0$ $R/H=0.1$	$H/B=0.8$ $R/H=0.1$	$H/B=0.8$ $R/H=0.1$
1.30	0.249	0.199	0.131	0.259	0.195	0.135
1.35	0.243	0.186	0.139	0.250	0.182	0.146
1.40	0.234	0.173	0.137	0.238	0.170	0.144
1.45	0.226	0.163	0.134	0.228	0.163	0.137
1.50	0.217	0.154	0.128	0.218	0.158	0.130
1.55	0.207	0.145	0.121	0.206	0.153	0.122
1.60	0.198	0.140	0.115	0.198	0.151	0.116
1.65	0.190	0.143	0.110	0.191	0.155	0.112
1.70	0.183	0.146	0.104	0.184	0.159	0.109
1.75	0.174	0.145	0.098	0.177	0.155	0.104
1.80	0.168	0.139	0.093	0.172	0.148	0.099
1.85	0.162	0.134	0.088	0.167	0.142	0.093
1.90	0.153	0.130	0.101	0.158	0.138	0.109
1.95	0.147	0.127	0.096	0.151	0.134	0.103
2.00	0.140	0.124	0.091	0.144	0.130	0.098

附录 K 基于线性绕射理论计算大尺度结构浪-流耦合作用荷载

K.1 控制方程及边界条件

K.1.1 假设水体为无黏、不可压缩条件下的理想流体,当波浪运动是简谐运动时,流体总速度势 Φ 可以写为式(K.1.1):

$$\Phi(x,y,z,t) = \mathrm{Re}\sum_j \phi_j(x,y,z) e^{-i\omega_j t} \tag{K.1.1}$$

式中:(x,y,z)——固定坐标系下波浪场中任意点坐标(m);

$\quad t$——时间(s);

$\quad \phi_j$——与频率 ω_j 相应的第 j 个组成波的速度势;

$\quad \omega_j$——频率(rad/s)。

K.1.2 波浪场内任一点的总速度势可认为是无任何扰动的入射波速度势 ϕ^I、结构静止不动时对入射波扰动后形成绕射波速度势 ϕ^D 以及物体运动形成的辐射波速度势 ϕ^R 之和:

$$\phi = \phi^\mathrm{I} + \phi^\mathrm{D} + \phi^\mathrm{R} = \phi^\mathrm{I} + \phi^\mathrm{D} + \sum_{k=1}^{6} \phi_k^\mathrm{R} \zeta_k \tag{K.1.2}$$

式中:ζ_k——第 k 个自由方向的运动幅值;

$\quad \phi_k^\mathrm{R}$——第 k 个自由方向单位运动引起的辐射波速度势。

K.1.3 入射波速度势 ϕ^I 可表示为:

$$\phi^\mathrm{I} = -\mathrm{i}\frac{gH}{2\omega}\frac{\mathrm{ch}k(z+d)}{\mathrm{ch}kd} e^{\mathrm{i}k(x\cos\theta + y\sin\theta)} \tag{K.1.3}$$

式中:d——水深(m);

$\quad z$——距离水面高度(m);

$\quad H$——波高(m);

$\quad k$——波数;

$\quad \theta$——波浪传播方向与 x 轴的夹角(°)。

K.1.4 绕射波速度势 ϕ^D 和辐射波速度势 ϕ_i^R 满足物面边界方程:

$$\alpha(x,y,z)\phi^S(x,y,z) + \iint_{S_b}\phi^S(\xi,\eta,\zeta)\frac{\partial G}{\partial \boldsymbol{n}}(x,y,z;\xi,\eta,\zeta)\mathrm{d}S$$

$$= \begin{cases} -\iint_{S_b}G(x,y,z;\xi,\eta,\zeta)\dfrac{\partial \phi^I}{\partial \boldsymbol{n}}(\xi,\eta,\zeta)\mathrm{d}S & \phi^S = \phi^D \\ -\mathrm{i}\omega\iint_{S_b}G(x,y,z;\xi,\eta,\zeta)\boldsymbol{n}_q\mathrm{d}S & \phi^S = \phi_q^R(q=1,\cdots,6) \end{cases} \quad (\mathrm{K}.1.4\text{-}1)$$

$$n_4 = (y-y_0)n_3 - (z-z_0)n_2 \quad (\mathrm{K}.1.4\text{-}2)$$

$$n_5 = (z-z_0)n_1 - (x-x_0)n_3 \quad (\mathrm{K}.1.4\text{-}3)$$

$$n_6 = (x-x_0)n_2 - (y-y_0)n_1 \quad (\mathrm{K}.1.4\text{-}4)$$

式中： α——自由项系数；

S_b——物体表面边界；

G——格林函数；

$\boldsymbol{n}=(n_1,n_2,n_3)$——物面上某一点$(x,y,z)$处的单位法向矢量；

(x_0,y_0,z_0)——物体转动中心；

$n_q(q=4,5,6)$——广义法向矢量。

条文说明

满足拉普拉斯方程及相应的边界条件要求的格林函数,有积分形式和级数形式两种。

(1) 积分形式

$$G(x,y,z;\xi,\eta,\zeta)$$
$$= \frac{1}{R} + \frac{1}{R'} + 2P_0V_0\int_0^\infty \frac{(\mu+\upsilon)e^{-\mu d}\mathrm{ch}[\mu(\zeta+d)]\mathrm{ch}[\mu(z+d)]}{\mu\mathrm{sh}(\mu d)-\upsilon\mathrm{ch}(\mu d)}J_0(\mu r)\mathrm{d}\mu +$$
$$\mathrm{i}2\pi\frac{(k^2-\upsilon^2)\mathrm{ch}[k(\zeta+d)]\mathrm{ch}[k(z+d)]}{(k^2-\upsilon^2)d+\upsilon}J_0(kr) \quad (\mathrm{K}\text{-}1)$$

式中: P_0V_0——积分主值。

(2) 级数形式

$$G(x,y,z;\xi,\eta,\zeta)$$
$$= \frac{2\pi(\upsilon^2-k^2)\mathrm{ch}[k(\zeta+d)]\mathrm{ch}[k(z+d)]}{(k^2-\upsilon^2)d+\upsilon}[Y_0(kr)-\mathrm{i}J_0(kr)] +$$
$$4\sum_{m=1}^\infty \frac{\mu_m^2+\upsilon^2}{(\mu_m^2+\upsilon^2)d-\upsilon}\cos[\mu_m(\zeta+d)]\cos[\mu_m(z+d)]K_0(\mu_m r) \quad (\mathrm{K}\text{-}2)$$

其中

$$\upsilon = \frac{\omega^2}{g} = k\mathrm{th}kd \quad (\mathrm{K}\text{-}3)$$

$$r = [(x-\xi)^2 + (y-\eta)^2]^{1/2} \tag{K-4}$$

$$R = [r^2 + (z-\zeta)^2]^{1/2} \tag{K-5}$$

$$R' = [r^2 + (z+2d+\zeta)^2]^{1/2} \tag{K-6}$$

式中：$J_0(kr)$——零阶第一类贝塞尔函数；

$Y_0(kr)$——零阶第二类贝塞尔函数；

$K_0(\mu_m r)$——第二类修正贝塞尔函数；

μ_m——为 $\mu_m \tan(\mu_m d) + \upsilon = 0$ 的第 m 个正实根。

K.2 边界离散与数值求解

将结构物表面划分成 N 个小平面单元，并假设在每个单元上速度势为常量，对物面边界单元中心点，边界积分方程可以表示为：

$$[\boldsymbol{A} - 2\pi\boldsymbol{I}]\{\phi^S\} = \boldsymbol{B} \tag{K.2-1}$$

其中 $\boldsymbol{I}$ 为单位矩阵，向量 $\{\phi^S\}$，系数矩阵 $\boldsymbol{A}$ 和列向量 $\boldsymbol{B}$ 的元素为：

$$\phi_i^S = \phi^S(x_i, y_i, z_i) \tag{K.2-2}$$

$$a_{ij} = \iint_{S_{bj}} \frac{\partial G}{\partial \boldsymbol{n}}(x_i, y_i, z_i; \xi, \eta, \zeta) \mathrm{d}S \tag{K.2-3}$$

$$b_i = \begin{cases} -\sum_{j=1}^{N} \frac{\partial \phi^I}{\partial \boldsymbol{n}}(x_j, y_j, z_j) \iint_{S_{bj}} G(x_i, y_i, z_i; \xi, \eta, \zeta) \mathrm{d}S & \phi^S = \phi^D \\ -\mathrm{i}\omega \sum_{j=1}^{N} n_q(x_j, y_j, z_j) \iint_{S_{bj}} G(x_i, y_i, z_i; \xi, \eta, \zeta) \mathrm{d}S & \phi^S = \phi_q^R (q=1,\cdots,6) \end{cases} \tag{K.2-4}$$

条文说明

当入射波浪速度势 ϕ^I 已知时，可计算出系数矩阵 $\boldsymbol{A}$ 和列矢量 $\boldsymbol{B}$，就可以由式（K.2-1）求速度势 ϕ^S，即 ϕ^D 和 $\phi_q^R(q=1,\cdots,6)$，进而可以求出总速度势和作用在结构物表面上的水动力。

K.3 波浪激振力和辐射力

K.3.1 物体表面动水压力可表示为：

$$p(\boldsymbol{x}) = -\rho \frac{\partial \boldsymbol{\Phi}}{\partial t} = \mathrm{i}\rho\omega[\phi^I(\boldsymbol{x}) + \phi^D(\boldsymbol{x}) + \phi^R(\boldsymbol{x})]e^{-\mathrm{i}\omega t} \tag{K.3.1}$$

式中：ρ——海水密度（$\mathrm{kg/m^3}$）。

K.3.2 波浪激振力可表示为：

$$F_j^{ID} = i\omega\rho \iint_{S_b} [\phi^I(\boldsymbol{x}) + \phi^D(\boldsymbol{x})] n_j dS = \frac{2}{H} B_j(\omega) \quad (j = 1,2,\cdots,6) \quad (K.3.2)$$

式中：$B_j(\omega)$——单位幅值规则波作用下的波浪力。

K.3.3 由 k 方向单位运动引起的辐射波浪力为：

$$F_{jk}^R = i\omega\rho \iint_{S_b} \phi_k^R(\boldsymbol{x}) n_j dS = \omega^2 A_{jk}(\omega) + i\omega B_{jk}(\omega) \quad (j,k = 1,2,\cdots,6) \quad (K.3.3)$$

式中：$A_{jk}(\omega)$——附加质量系数；

　　　$B_{jk}(\omega)$——辐射阻尼系数。

K.4　有流速条件下的边界条件修正

K.4.1 当有水流存在，且流速 $\boldsymbol{U} = (U_x, U_y, 0)$，总速度势可以分解为时间无关的稳定势和随时间变化的绕射势和辐射势：

$$\Phi(x,y,z,t) = [U_x x + U_y y] + [\phi^I(x,y,z) + \phi^D(x,y,z) + \sum_{k=1}^{6} \phi_k^R(x,y,z)\zeta_k] e^{-i\omega_e t}$$

(K.4.1-1)

其中

$$\omega_e = \omega + \frac{\omega^2}{g} U\cos\beta \quad (K.4.1\text{-}2)$$

式中：ϕ^I——入射波速度势；

　　　ϕ^D——绕射波速度势；

　　　ϕ^R——辐射波速度势；

　　　ζ_k——第 k 个自由方向的运动幅值；

　　　ϕ_k^R——第 k 个自由方向单位运动引起的辐射波速度势；

　　　ω_e——遭遇频率；

　　　β——波浪传播方向与水流传播方向之间的夹角（°）。

K.4.2 入射波速度势 ϕ^D 和辐射波速度势 ϕ_i^R 满足物面边界方程：

$$\alpha(x,y,z)\phi^S(x,y,z) + \iint_{S_b} \phi^S(\xi,\eta,\zeta) \frac{\partial G}{\partial \boldsymbol{n}}(x,y,z;\xi,\eta,\zeta) dS$$

$$= \begin{cases} -\iint_{S_b} G(x,y,z;\xi,\eta,\zeta) \frac{\partial \phi^I}{\partial \boldsymbol{n}}(\xi,\eta,\zeta) dS & \phi^S = \phi^D \\ \iint_{S_b} G(x,y,z;\xi,\eta,\zeta)(-i\omega n_q - Um_q) dS & \phi^S = \phi_q^R (q = 1,\cdots,6) \end{cases}$$

(K.4.2-1)

$$n_4 = (y-y_0)n_3 - (z-z_0)n_2 \quad \text{(K.4.2-2)}$$

$$n_5 = (z-z_0)n_1 - (x-x_0)n_3 \quad \text{(K.4.2-3)}$$

$$n_6 = (x-x_0)n_2 - (y-y_0)n_1 \quad \text{(K.4.2-4)}$$

$$\begin{cases} (m_1,m_2,m_3) = (0,0,0) \\ (m_4,m_5,m_6) = -\dfrac{1}{U}\boldsymbol{U}\times\boldsymbol{n} \end{cases} \quad \text{(K.4.2-5)}$$

式中：α——自由项系数；

S_b——物体表面边界；

G——格林函数；

$\boldsymbol{n}=(n_1,n_2,n_3)$——物面上某一点$(x,y,z)$处的单位法向矢量；

(x_0,y_0,z_0)——物体转动中心；

$n_q(q=4,5,6)$——广义法向矢量；

$m_q(q=1,\cdots,6)$——广义法向矢量。

K.5 浪-流耦合作用下的波浪激振力和辐射力

K.5.1 物体表面动水压力可表示为：

$$\begin{aligned} p(\boldsymbol{x}) &= -\rho\frac{\partial\boldsymbol{\Phi}}{\partial t} \\ &= -\rho\{(-\mathrm{i}\omega_e + \boldsymbol{U}\cdot\nabla)[\phi^{\mathrm{I}}(\boldsymbol{x})+\phi^{\mathrm{D}}(\boldsymbol{x})] + (-\mathrm{i}\omega_e+\boldsymbol{U}\cdot\nabla)\phi^{\mathrm{R}}(\boldsymbol{x})\}e^{-\mathrm{i}\omega_e t} \end{aligned}$$

(K.5.1)

式中：ρ——海水密度。

K.5.2 波浪激振力可表示为：

$$F_j^{\mathrm{ID}} = -\rho\iint_{S_b}(-\mathrm{i}\omega_e + \boldsymbol{U}\cdot\nabla)[\phi^{\mathrm{I}}(\boldsymbol{x})+\phi^{\mathrm{D}}(\boldsymbol{x})]n_j\mathrm{d}S = \frac{2}{H}R_j(\omega_e) \quad (j=1,2,\cdots,6)$$

(K.5.2)

式中：$R_j(\omega_e)$——单位幅值规则波作用下的波浪力。

K.5.3 由k方向单位运动引起的辐射波浪力为：

$$\begin{aligned} F_{jk}^{\mathrm{R}} &= -\rho\iint_{S_b}[(-\mathrm{i}\omega_e + \boldsymbol{U}\cdot\nabla)\phi_k^{\mathrm{R}}(\boldsymbol{x})]n_j\mathrm{d}S \\ &= \omega_e^2 A_{jk}(\omega_e) + \mathrm{i}\omega_e B_{jk}(\omega_e) \quad (j,k=1,2,\cdots,6) \end{aligned} \quad \text{(K.5.3)}$$

式中：$A_{jk}(\omega_e)$——附加质量系数；

$B_{jk}(\omega_e)$——辐射阻尼系数。

附录 L 水流荷载

L.0.1 作用在结构物各构件上的水流力应按下式计算：

$$F = C\frac{\gamma V^2}{2g}A \tag{L.0.1}$$

式中：F——水流力标准值（kN）；

C——水流阻力系数；

γ——水的重度（kN/m³）；

V——水流设计流速（m/s）；

g——重力加速度（m/s²）；

A——计算构件在与流向垂直平面上的投影面积（m²）。

L.0.2 水流阻力系数 C 与计算构件的断面形状、水深、粗糙度等因素有关，应按表 L.0.2-1 选用，并根据下列规定进行修正。

墩柱水流阻力系数 C　　　　　表 L.0.2-1

名称	简图		系数		
墩柱	矩形	L/B	1.0	2.0	≤3.0
		C	1.50	1.30	1.10
	圆形	0.73			
	尖端形	β	90	60	30
		C	0.80	0.65	0.60
	圆端形	0.52			

续上表

名称	简图	系数	
墩柱	工字形图示	工字形	2.07
	菱形图示	菱形	1.55

(1) 计算作用在沿水流方向排列的墩柱等构件上的水流力时,应将各构件的水流阻力系数 C 乘以表 L.0.2-2 中的遮流影响系数 m_1。

遮流影响系数 m_1　　　　　　　　　　　　　　　　　表 L.0.2-2

名称	简图	系数								
墩柱	示意图	L/D	1	2	3	4	6	9	12	16	18	>20
		后墩 m_1	-0.38	0.25	0.54	0.66	0.78	0.82	0.86	0.88	0.90	1.00
		前墩 m_1	1.00									

注:对两排以上的后墩(柱),均按后墩采用。

(2) 当需要考虑构件淹没深度对水流的影响时,应根据水深将水流阻力系数 C 乘以表 L.0.2-3 中的相对水深影响系数 n_2。

墩柱相对水深影响系数 n_2　　　　　　　　　　　　表 L.0.2-3

名称	简图	系数							
墩柱	示意图	H/D	1	2	4	6	8	10	12	>14
		n_2	0.76	0.78	0.82	0.85	0.89	0.93	0.97	1.00

注:D 为墩柱迎水面宽度。

(3) 当需要考虑墩柱横向影响时,应将水流阻力系数 C 乘以表 L.0.2-4 中相应的横向影响系数 m_2。

墩柱水流力横向影响系数 m_2 表 L.0.2-4

名 称	简 图	系 数						
圆端墩		B/D	3	7	10	≥15		
		m_2	1.83	1.25	1.15	1.00		
方形墩		B/D	4	6	8	10	12	18	≥26
		m_2	1.25	1.15	1.10	1.07	1.06	1.04	1.00

（4）当需要考虑墩柱受斜向水流作用的影响时,应将水流阻力系数 C 乘以表 L.0.2-5 中相应的斜向水流影响系数 m_3。

墩柱受斜向水流影响系数 m_3 表 L.0.2-5

名 称	简 图	系 数				
圆端墩		$\alpha(°)$	0	5	10	15
		m_3	1.00	1.08	1.19	1.37
方形墩		$\alpha(°)$	0	10	20	30	45
		m_3	1.00	0.67	0.67	0.71	0.75

（5）表 L.0.2-1～表 L.0.2-5 中系数可进行直线内插。

L.0.3 水流力的作用方向与水流方向一致,合力作用点位置可根据下列情况采用：

（1）上部构件:位于阻水面积形心处;

（2）下部构件:顶面在水面以下时,位于顶面以下 1/3 高度处;顶面在水面以上时,位于水面以下 1/3 水深处。

L.0.4 对于不规则截面、复杂结构构件,可采用基于 CFD 的数值水槽计算其受到水流荷载。

附录 M　数值风洞和数值水槽模拟

M.1　一般规定

M.1.1　数值模拟应包括风场、波浪场、水流场及风-浪-流耦合场的模拟,且选用的模拟特征参数应反映桥址处的风浪流主要特性。

M.1.2　数值模型应反映桥梁结构的特征参数,数值模拟输出应包含桥梁结构及构件的风浪流作用荷载及安全性能指标。

M.1.3　采用的数值模拟方法和模拟软件应高效、稳定,并能满足桥梁设计需求。

M.1.4　在桥梁结构设计中应开展桥梁结构的数值模拟分析,且宜进行桥梁设计优化。

M.2　数值风洞模拟

M.2.1　在桥梁设计中,宜采用数值风洞进行桥址处风场的模拟分析,并考虑必要的周边地形和建筑物的影响。

条文说明

通过三维数值风场模拟,可获得桥位沿线的风速分布和风剖面分布。桥梁周边地形和建筑物会对风场产生影响,宜考虑其对模拟结果的影响。以规划的琼州海峡大桥为例,模拟获得的桥位沿线的风速分布情况如图 M-1 所示。

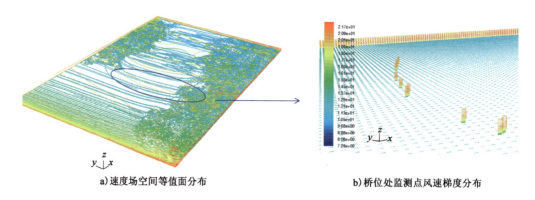

a) 速度场空间等值面分布　　　　　　b) 桥位处监测点风速梯度分布

图 M-1　桥位风场数值模拟

M.2.2 桥梁结构数值风洞模拟宜进行结构风荷载、气动导数和气流旋涡脱离频率模拟识别,且宜进行气动外形优化获得适宜主梁和桥塔结构形式,根据结构设计需求模拟识别结构表面压力及分布。

条文说明

利用数值风洞模拟,可以识别包含扁平流线型钢箱梁、分体式双箱梁、PK 梁、Π形梁等各种类型主梁结构的三分力系数、Strouhal 数和颤振导数,推算桥梁颤振临界风速。图 M-2 给出了苏通大桥钢箱梁和青岛海湾桥大沽河航道桥分体钢箱梁的数值风洞模拟结果,图 M-3 和图 M-4 分别给出了数值模拟结果与风洞试验结果的对比,结果表明当数值风洞模型合理时,模拟结果具有良好的可靠性和准确性。

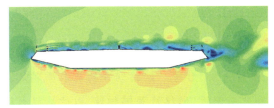

a) 苏通大桥及主梁涡量场　　　　　b) 青岛海湾桥及主梁压力场

图 M-2　结构绕流场数值风洞模拟

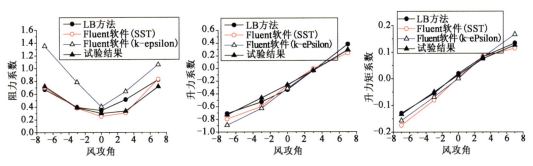

图 M-3　苏通大桥主梁三分力系数模拟结果及比较

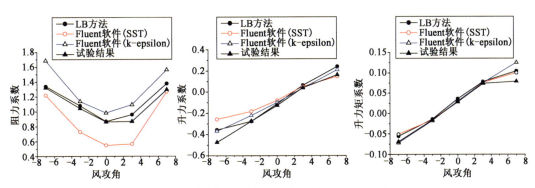

图 M-4　青岛海湾桥主梁三分力系数模拟结果及比较

M.2.3 数值风洞模拟中桥梁构件的几何模型应准确反映实际工程的主要几何特征,桥梁结构几何模型的阻塞比不宜大于3%。

条文说明

计算模型应与目标结构物形状一致。在可能的计算资源条件下,为准确反映真实的结构构造特性,对结构模型的刻画应当尽可能精细,特别是需要重点关注的流体敏感区域。模型的阻塞比由计算域的尺度决定,总体原则是计算域不宜过小,为减小边界条件设定所带来的误差,应保证来流方向横截面模型阻塞率≤3%,且出流面距离结构物足够远。

M.2.4 应根据模拟的目的选用合适的流体动力学计算方法,网格尺度应满足流体数值模拟精度要求,计算模型的边界格式设置应满足模拟对象的数学边界条件。

条文说明

应根据不同的计算目的选用合适的 CFD 求解方法,如:雷诺时均法 RANS、大涡模拟法 LES、分离涡法 DES、离散涡法和分子运动格子玻尔兹曼法 LB 等。网格划分的基本原则是在结构物模型所在的核心流动区域,特别是转角处和波面附近,网格应足够细致,以便捕捉大梯度的流场结构;在远离核心区,为节省计算资源,可采用较粗的网格单元进行离散。边界条件的设定很大程度上影响数值风洞计算结果,需要谨慎选取。此外,应谨慎选择湍流模式并合理确定湍流模式中的参数取值。

M.3 数值水槽模拟

M.3.1 在桥梁设计阶段,可采用数值水槽进行桥址处波浪及浪-流耦合场的模拟分析。

条文说明

与物理试验验波浪水槽类似,数值浪流水槽模型由数值区域浪流生成器、浪流演化区、消波器和边界条件格式构成,如图 M-5 所示。

利用数值水槽可以进行规则波和随机波场、浪流耦合场的模拟,可以获得波浪场的波面分布和任意位置的波面运动,可在内部浪流演化流场区有效捕获到浪流自由表面运动,如图 M-6 和图 M-7 所示。

M.3.2 在桥梁设计阶段,可采用数值水槽进行桥梁结构的浪流荷载模拟,并通过外形优化获得适宜结构形式。

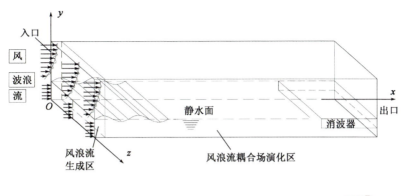

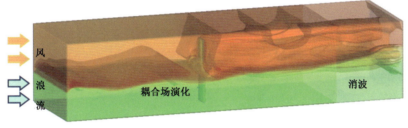

图 M-5　数值水槽模型架构

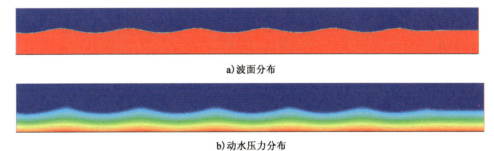

a) 波面分布

b) 动水压力分布

c) 波面过程

图 M-6　规则波浪场模拟结果

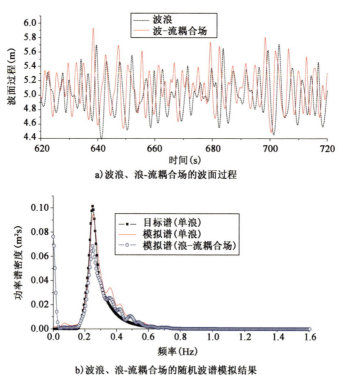

a) 波浪、浪-流耦合场的波面过程

b) 波浪、浪-流耦合场的随机波谱模拟结果

图 M-7　随机波浪场模拟结果

条文说明

利用数值水槽可识别得到不同类型桥梁基础结构的波浪作用荷载、结构表面压力分布和波浪越浪分布,可模拟的结构类型包括小尺度结构、沉箱基础和高桩承台基础等大尺度结构,且数值识别结果与物理模型试验结果具有良好的吻合性。以下为各类型桥梁基础的数值水槽模拟案例。

(1) 小尺度结构随机波浪荷载模拟

以小尺度直立圆柱为例,采用数值水槽模拟得到在随机波浪和浪-流耦合作用下结构所受浪流力及结构底部弯矩时程曲线,如图 M-8 所示。通过计算结果还可拟合得到相应的水平浪流力谱及弯矩力谱。数值模拟结果表明:直立圆柱的浪流力谱谱形与输入的波浪谱谱形一致,水流的存在增大了浪流力谱的峰值。

(2) 沉箱基础浪-流耦合作用模拟

以琼州海峡跨海大桥沉箱基础为例,利用数值水槽识别得到沉箱基础的浪-流耦合作用荷载,如图 M-9 所示,模拟结果与室内试验值偏差为 $-8.9\% \sim 10.2\%$,两者具有良好的吻合性。

(3) 大型群桩基础浪流耦合作用模拟

以杭州湾大桥群桩基础为例,利用数值水槽对群桩基础结构在不同水深条件下单独波浪、单独水流、浪-流耦合作用进行数值模拟,得到群桩基础的水平浪流力和相应的弯矩随机变化过程,并可以获得结构的波浪越浪情况。

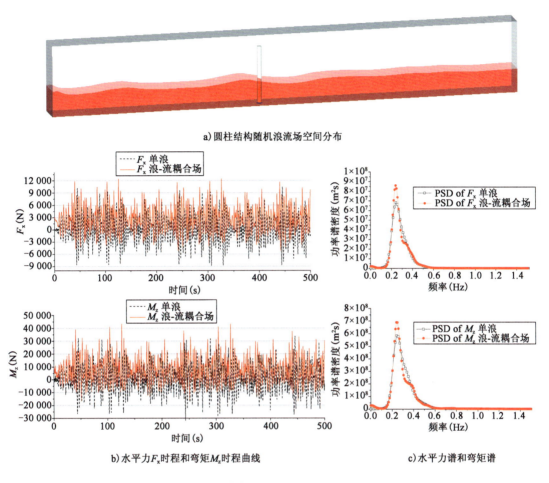

图 M-8 小尺度结构随机浪流耦合作用模拟结果($H_{1/3}=1.0\text{m}$,$T_{H1/3}=4\text{s}$,$U_c=1.0\text{m/s}$)

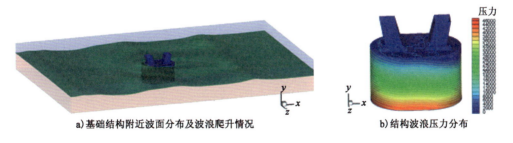

图 M-9 大型沉箱基础随机浪流场作用形态及水压力变化过程(横桥向)

M.3.3 在桥梁设计阶段,可采用数值水槽模拟获得浪-流耦合作用下主梁等上部结构的水平力、浮托力、扭矩,且通过结构形式优化可得到适宜的主梁结构形式,可根据结构设计需要提取结构表面压力分布,宜检验桥面的波浪越浪情况。

条文说明

图 M-10 和图 M-11 为利用数值水槽模拟得到的随机波作用下群桩基础浪流力、波面分布和结构越浪情况。当跨海桥梁的主梁等上部结构设计高程较低时,往往会受到风暴潮等波浪或浪-流耦合作用的影响。2004 年 9 月,飓风"伊万"伴随着巨浪严重冲击美国阿拉巴马海岸;2005 年 8 月底,飓风 Katrina 猛烈冲击了墨西哥湾沿岸,摧毁了墨西哥湾沿岸路易斯安那州、密西西比州和亚拉巴马州的多处基础设施,严重破坏了公路桥梁,如图 M-12 所示。

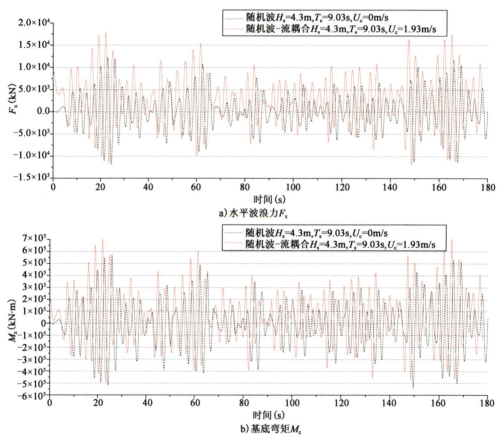

a) 水平波浪力 F_x

b) 基底弯矩 M_z

图 M-10　随机波作用下群桩基础横桥向浪流力时程(杭州湾大桥)

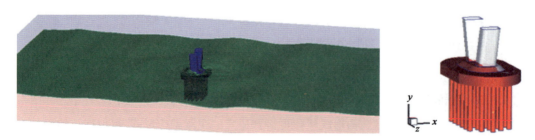

图 M-11　随机波作用下群桩基础波面分布及结构越浪情况(杭州湾大桥)

图 M-12　飓风 Katrina 所造成的 I-10 号和 US-90 号桥梁破坏

如图 M-13 所示,以港珠澳大桥岛-桥区主梁为例,采用数值水槽进行主梁波浪作用模拟分析,获得了主梁的水平波浪力和浮托力等荷载参数,并得到了桥面越浪分布情况。

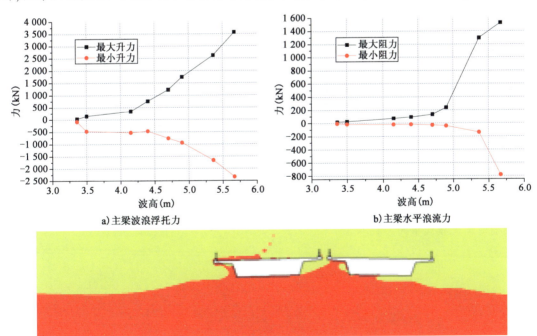

a) 主梁波浪浮托力

b) 主梁水平浪流力

c) 桥面越浪情况模拟

图 M-13　波浪作用下桥梁主梁结构的波浪力和越浪分布模拟结果

M.3.4 在桥梁结构浪流荷载数值水槽模拟识别时,应考虑桥位地形及基础局部冲刷的影响,并满足几何相似关系。

条文说明

在港珠澳大桥基础结构浪流作用模拟中,考虑和不考虑基础局部冲刷时基础波浪力的对比表明,不考虑基础局部冲刷时获得的浪流力要小于考虑局部冲刷效应时的基础浪流力,将不考虑冲刷时的基础浪流力用于设计是偏于危险的,见表 M-1。

局部冲刷对桥墩基础浪流力的影响分析　　　　表 M-1

横桥向(随机浪-流耦合)		$F_{x,\max}$ (kN)	$+M_{z,\max}$ (kN·m)	$+F_{y,\max}$ (kN)	$-F_{y,\min}$ (kN)
不考虑冲刷	数值模拟值	6 659	73 356	5 163	-3 416
局部冲刷坑	数值模拟值	7 154	154 341	5 265	-3 265
完全冲刷	数值模拟值	8 664	174 534	5 453	-8 140

M.3.5 数值水槽模拟中桥梁构件的几何模型应能准确反映实际工程的主要几何特征,桥梁结构几何模型的阻塞比不宜大于10%。

M.3.6 在采用网格离散的数值水槽模拟方法时,网格尺度应满足流体数值模拟精度要求,且在几何模型边缘尖锐或流场物理量梯度较大的区域应适当进行网格加密。

条文说明

网格离散的基本原则是在结构物模型所在的核心流动区域,特别是转角处和波面附近,网格应足够细致,以便捕捉大梯度的流场结构;在远离核心区域,为节省计算资源,可采用较粗的网格单元进行离散。

M.3.7 数值水槽计算模型的边界格式设置应与模拟对象的实际边界条件一致,且应根据模拟的目的和计算方法选用合适的湍流模型及参数。

条文说明

边界条件很大程度上影响数值风洞计算结果,需要谨慎设置。此外,应谨慎选择湍流模式并合理确定湍流模式中的参数取值。

附录 N 桥面板底部波浪浮托力

N.1 一般规定

N.1.1 桥面板底部波浪浮托力的计算方法,除另有规定外,宜符合下列条件:
(1)波浪正向作用;
(2)桥面板与后方岸坡不连接;
(3)面板宽度小于一倍波长;
(4)面板底部超高 Δh 与波峰在静水面以上的最大高度 η 关系满足 $-0.5 \leqslant \dfrac{\Delta h}{C\eta} \leqslant 1.0$,$C$ 为波浪反射影响系数,对于面板下有纵横梁情况,在计算均布压强和总浮托力时取 $C=1.1$,其余情况均取 $C=1.0$。

N.1.2 桥面板底部的波浪浮托力,应计算各计算水位下可能出现的最大总浮托力和对应的均布压强、最大冲击压强和对应的冲击总力。

N.1.3 当面板底部超高与波峰在静水面最大高度之比 $\dfrac{\Delta h}{\eta} > 0.8$ 时,应分别考虑作用在桥面板、纵横梁、桩帽等构件上的波浪浮托力,必要时应通过物理模型试验确定。

N.1.4 波浪沿桥梁正向作用时,可不考虑桩基对波浪浮托力的影响。

N.2 正向规则波作用

N.2.1 正向规则波作用下,桥面板底部纵向单位长度上的波浪最大总浮托力和对应的均布压强可按式(N.2.1-1)~式(N.2.1-5)计算:

$$\frac{P}{\gamma x H} = K_1 \left(1 - \frac{\Delta h}{C\eta}\right)^{0.3} e^{-0.8\left(\frac{\Delta h}{C\eta} - 0.8\right)^2} \qquad (\text{N.2.1-1})$$

$$K_1 = 0.75 + 0.25 \operatorname{th}\left(\frac{L}{2B} - 2\right) \qquad (\text{N.2.1-2})$$

$$\eta = \frac{H}{2} + \frac{\pi H^2}{2L} \cdot \frac{\left(\operatorname{ch}\dfrac{2\pi d}{L}\right)\left(\operatorname{ch}\dfrac{4\pi d}{L} + 2\right)}{4\left(\operatorname{sh}\dfrac{2\pi d}{L}\right)^3} \quad \text{且 } \eta/H \leqslant 0.7 \qquad (\text{N.2.1-3})$$

$$x = \frac{L}{\pi}\arccos\frac{\Delta h}{C\eta} \quad (\text{N.2.1-4})$$

$$\bar{p} = \frac{P}{x} \quad (\text{N.2.1-5})$$

式中：P——面板底部纵向单位长度上的最大总浮托力（kN/m）；

γ——水的重度（kN/m³）；

x——面板底部的波浪作用宽度（m），即为均布压强分布宽度，当 $x > B$ 时取为 B；

H——入射波波高（m），采用累积频率1%值；

K_1——面板宽度影响系数；

Δh——面板底部在静水面以上的高度（m）；

C——波浪反射影响系数，对于面板下有纵横梁时取 $C = 1.1$，无纵横梁时取 $C = 1.0$；

η——波峰在静水面以上的高度（m）；

L——入射波波长（m）；

B——沿波浪传播方向的面板宽度（m）；

d——桥梁前沿水深（m）；

$\bar{p}$——面板底部均布压强（kPa）。

N.2.2 正向规则波作用下，桥面板底部波浪最大冲击压强及其对应纵向单位长度上的冲击总力可按式（N.2.2-1）～式（N.2.2-5）计算：

$$\frac{p_{\max}}{\gamma H} = 3.2\left(1 - \frac{\Delta h}{\eta}\right)0.3 e^{-0.8\left(\frac{\Delta h}{\eta} - 0.8\right)^2} \quad (\text{N.2.2-1})$$

$$\eta = \frac{H}{2} + \frac{\pi H^2}{2L}\frac{\left(\text{ch}\frac{2\pi d}{L}\right)\left(\text{ch}\frac{4\pi d}{L} + 2\right)}{4\left(\text{sh}\frac{2\pi d}{L}\right)^3} \quad \text{且 } \eta/H \leq 0.7 \quad (\text{N.2.2-2})$$

$$x = \frac{L}{\pi}\arccos\frac{\Delta h}{\eta} \quad (\text{N.2.2-3})$$

$$P_0 = p_{\max} x_0 \quad (\text{N.2.2-4})$$

$$x_0 = \frac{x}{10} \quad (\text{N.2.2-5})$$

式中：$p_{\max}$——面板底部最大冲击压强（kPa）；

γ——水的重度（kN/m³）；

H——入射波波高（m），采用累积频率1%值；

Δh——面板底部在静水面以上的高度（m）；

η——波峰在静水面以上的高度（m）；

L——入射波波长（m）；

d——桥梁前沿水深(m);

x——面板底部的波浪作用宽度(m);

P_0——面板底部纵向单位长度上的冲击总力(kN/m);

x_0——冲击压强分布宽度(m),当 $x_0 > B$ 时取为 B。

N.3 正向不规则波作用

N.3.1 正向不规则波作用下,桥面板底部纵向单位长度上的波浪最大总浮托力及其对应的均布压强可按式(N.3.1-1)~式(N.3.1-7)计算:

$$\frac{P_{1\%}}{\gamma x_{1\%} H_{1\%}} = K_1 \left(1 - \frac{\Delta h}{C\eta_{1\%}}\right)^{0.3} e^{-0.9\left(\frac{\Delta h}{C\eta_{1\%}} - 0.75\right)^2} \quad (\text{N}.3.1\text{-}1)$$

$$K_1 = 0.85 + 0.35 \text{th}\left(\frac{L_s}{2B} - 2\right) \quad (\text{N}.3.1\text{-}2)$$

$$\eta_{1\%} = \frac{H_{1\%}}{2} + \frac{\pi H_{1\%}^2}{2L_s} \frac{\left(\text{ch}\frac{2\pi d}{L_s}\right)\left(\text{ch}\frac{4\pi d}{L_s} + 2\right)}{4\left(\text{sh}\frac{2\pi d}{L_s}\right)^3} \quad \text{且} \ \eta_{1\%}/H_{1\%} \leq 0.7 \quad (\text{N}.3.1\text{-}3)$$

$$x_{1\%} = \frac{L_s}{\pi} \arccos \frac{\Delta h}{C\eta_{1\%}} \quad (\text{N}.3.1\text{-}4)$$

$$L_s = \frac{gT_s^2}{2\pi} \text{th} \frac{2\pi d}{L_s} \quad (\text{N}.3.1\text{-}5)$$

$$P_F = K_F P_{1\%} \quad (\text{N}.3.1\text{-}6)$$

$$\bar{p}_F = \frac{P_F}{x_{1\%}} \quad (\text{N}.3.1\text{-}7)$$

式中:$P_{1\%}$——累积频率为1%的波高作用下面板底部纵向单位长度上的最大总浮托力(kN/m);

γ——水的重度(kN/m³);

$x_{1\%}$——面板底部的波浪作用宽度(m),即均布压强分布宽度,当 $x_{1\%} > B$ 时取为 B;

$H_{1\%}$——累积频率为1%的入射波波高(m);

K_1——面板宽度影响系数;

Δh——面板底部在静水面以上的高度(m);

C——波浪反射影响系数,对于面板下有纵横梁时取 $C = 1.1$,无纵横梁时取 $C = 1.0$;

$\eta_{1\%}$——$H_{1\%}$ 波高对应的波峰在静水面以上的高度(m);

L_s——有效波波长(m);

B——沿波浪传播方向的面板宽度(m);

d——桥梁前沿水深(m);

g——重力加速度(m/s²);

T_s——有效波周期(s);

P_F——累积频率为$F\%$的波高作用下面板底部纵向单位长度上的最大总浮托力(kN/m);

K_F——桥面板底部不同累积频率$F\%$的波浪总浮托力换算系数,按附表N.3.1确定;

$\bar{p}_F$——累积频率为$F\%$的波高作用下面板底部均布压强(kPa)。

桥面板底部不同累积频率F的波浪最大总浮托力换算系数　　　　表N.3.1

$F(\%)$	1	2	4	5	10	13	30	50
K_F	1.00	0.92	0.81	0.77	0.66	0.63	0.44	0.33

N.3.2 正向不规则波作用下,桥面板底部波浪最大冲击压强及其对应的纵向单位长度上的冲击总力可按式(N.3.2-1)~式(N.3.2-7)计算:

$$\frac{p_{1\%}}{rH_{1\%}} = 4.5\left(1 - \frac{\Delta h}{\eta_{1\%}}\right)^{0.3} e^{-0.9\left(\frac{\Delta h}{\eta_{1\%}} - 0.75\right)^2} \quad (N.3.2\text{-}1)$$

$$\eta_{1\%} = \frac{H_{1\%}}{2} + \frac{\pi H_{1\%}^2}{2L_s} \cdot \frac{\left(\text{ch}\frac{2\pi d}{L_s}\right)\left(\text{ch}\frac{4\pi d}{L_s} + 2\right)}{4\left(\text{sh}\frac{2\pi d}{L_s}\right)^3} \quad \text{且} \ \eta_{1\%}/H_{1\%} \leq 0.7 \quad (N.3.2\text{-}2)$$

$$x_{1\%} = \frac{L_s}{\pi}\arccos\frac{\Delta h}{\eta_{1\%}} \quad (N.3.2\text{-}3)$$

$$L_s = \frac{gT_s^2}{2\pi}\text{th}\frac{2\pi d}{L_s} \quad (N.3.2\text{-}4)$$

$$p_F = K_F p_{1\%} \quad (N.3.2\text{-}5)$$

$$P_F = p_F x_0 \quad (N.3.2\text{-}6)$$

$$x_0 = \frac{x_{1\%}}{10} \quad (N.3.2\text{-}7)$$

式中:$p_{1\%}$——累积频率为1%波高作用下面板底部最大冲击压强(kPa);

γ——水的重度(kN/m³);

$H_{1\%}$——累积频率为1%的入射波波高(m);

Δh——面板底部在静水面以上的高度(m);

$\eta_{1\%}$——$H_{1\%}$波高对应的波峰在静水面以上的高度(m);

L_s——有效波波长(m);

d——桥梁前沿水深(m);

$x_{1\%}$——面板底部的波浪作用宽度(m);

g——重力加速度(m/s²);

T_s——有效波周期(s);

p_F——累积频率为 $F\%$ 波高作用下面板底部最大冲击压强(kPa);

K_F——桥面板底部不同累积频率 F 的冲击压强换算系数,按附表 N.3.2 确定;

P_F——累积频率为 $F\%$ 波高作用下面板底部纵向单位长度上的冲击总力(kN/m);

x_0——冲击压强分布宽度(m),$x_0 > B$ 时取为 B,B 为沿波浪传播方向的面板宽度(m)。

桥面板底部不同累积频率 F 的波浪冲击压强换算系数　　　表 N.3.2

$F(\%)$	1	2	4	5	10	13	30	50
K_F	1.0	0.87	0.72	0.68	0.53	0.47	0.30	0.19

附录 P 风-浪-流耦合作用下桥梁结构振动分析方法

P.0.1 在海洋环境中,桥梁受到风场、波浪海流场的耦合作用,如图 P.0.1 所示。桥梁上部结构主要承受强风激发的平均风荷载、非定常抖振力和由气弹相互作用产生的自激力,桥梁水中基础主要承受波浪海流激发的入射波浪海流力、绕射波浪海流力和由水弹相互作用产生的辐射波浪海流力。要准确分析桥梁在风-浪-流耦合作用下的动力行为,必须要准确描述风场(包括风速 U、风攻角 θ、风偏角 β 和风谱等特征参数)和波浪海流场(包括波高 H、波周期 T、波向 α_w、流速 C、流向 α_c 和波谱等特征参数)对桥梁的作用,并将两种作用同时作用在桥梁结构上进行动力分析。

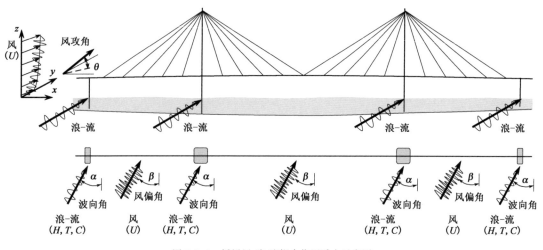

图 P.0.1 桥梁风-浪-流耦合作用受力示意图

条文说明

根据琼州海峡跨海通道工程海域现场风-浪-流耦合场观测结果可知:在台风过程中,风场与波浪场之间存在很强的时间相关性和空间相关性。传统桥梁设计中通常只考虑风的静-动力效应、波浪的静力效应,没有考虑风-浪-桥梁结构之间的耦合效应,不能够准确反映桥梁在风-浪耦合作用下的受力性能。要准确分析桥梁在风-浪-流耦合作用下的动力行为,必须将风对桥梁的动力作用和波浪海流对桥梁的动力作用这两种作用同时作用在桥梁结构上进行动力分析。

P.0.2 在桥梁风-浪-流耦合作用分析时,为准确描述风-浪-流耦合场,包括风速 U、风攻角 θ、风偏角 β 和风谱等风场参数,以及波高 H、波周期 T、波向 α_w、流速 C、流向 α_c 和波谱等波浪场参数,首先按照第5章方法,计算得到不同重现期概率水准下的风、浪和流特征参数取值。在此基础上,将考虑了风-浪-流场耦合效应的风特征参数、波浪特征参数和海流特征参数作为输入,考虑风与结构之间、波浪海流与结构之间相互作用,计算风-浪-流耦合作用下的桥梁结构响应。

条文说明

桥梁结构在风-浪-流耦合作用下的动力响应分析极为复杂。在数值分析中,将涉及风场与浪流场之间、风与结构之间、浪流与结构之间的多物理场耦合问题,完全考虑所有的耦合是非常困难的,必须做一定的简化。作者建议将风场与浪流场之间的相互作用作为单独的问题开展研究,首先建立风-浪-流耦合场模型,计算得到耦合场中的风特征参数和浪流特征参数;然后将风特征参数、浪流特征参数作为输入,考虑风与结构之间、浪流与结构之间相互作用,研究风-浪-流耦合作用下的结构响应。

P.0.3 在桥梁风-浪-流耦合作用分析时,建立桥梁动力分析模型可参考下列条文。

(1)单箱钢箱梁断面主梁应采用单梁式模型模拟,且必须严格考虑主梁4个方向的刚度、质量及其质量惯性矩;分离钢箱梁断面主梁应采用双梁式模型模拟,横梁与边主梁的连接应采用刚臂单元(或主从约束)处理,应同时考虑横梁的刚度。桁架形式的主梁应严格模拟每个构件的刚度。

(2)斜拉索构件结构有限元模拟可用单根杆系单元模拟,但应考虑弹性模量的折减,可用 Enrst 公式进行修正。索的模拟应考虑拉索的多自由度特性。可利用多个单元模拟单根斜拉索,并且斜拉索分段数量不宜少于5段。

条文说明

通过对拉索非线性的影响研究表明,拉索分段处理能够反映出大跨桥梁的特殊问题,如竖向刚度随侧向静风风速增加出现折减现象。考虑到这些因素,在进行非线性分析时,必须考虑拉索这种多自由度特性。

通过对拉索分段的研究表明,拉索分段在5段以上,其非线性特性能够充分反映出来。因此,千米级斜拉桥拉索分段至少5段。

(3)桥塔与桥墩宜采用梁单元模拟,并应考虑桥塔以及桥墩的自由扭转刚度,以及考虑桥塔塔柱与横梁之间的刚域效应。桥塔的模拟应考虑恒载作用下几何刚度与 $P\text{-}\Delta$ 效应。

条文说明

桥塔塔柱与横梁之间的刚域效应,对桥塔侧向刚度乃至全桥的频率有一定的影响,因此,宜对刚域效应进行合理模拟。

(4)进行桥梁风-浪-流耦合振动分析时,需要考虑土-结相互作用。如图 P.0.3 所示的基础结构,其地基动力刚度主要由竖向变形刚度、水平变形刚度和回转变形刚度组成。整个基础的各非零项刚度系数为:

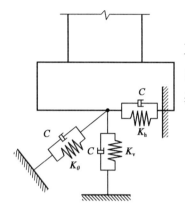

图 P.0.3 弹性地基刚性扩大基础模型

$$\begin{cases} K_h = k_{sB} A_v \\ K_v = k_v A_v \\ K_{\theta x} = k_v I_x \\ K_{\theta y} = k_v I_y \end{cases} \quad (P.0.3\text{-}1)$$

式中:K_h——水平方向地基变形刚度(kN/m);

K_v——竖直方向地基变形刚度(kN/m);

$K_{\theta x}$——绕桥轴转动的转动变形刚度(kN·m/rad);

$K_{\theta y}$——绕横桥轴转动的转动变形刚度(kN·m/rad);

k_v——地基竖向反力系数,$k_v = k_{v0}(B_v/0.3)^{-3/4}$;

k_{sB}——地基水平剪切反力系数,$k_{sB} = \lambda k_v$;系数 λ 为 $1/4 \leqslant \lambda \leqslant 1/3$;

B_v——基础的换算荷载宽度(m),$B_v = \sqrt{A_v}$[非圆形基础,A_v 为基础底面积(m^2)]或 $B_v = D$[圆形基础,D 为圆形基础的直径(m)];

I_x——基础底面绕桥轴转动的惯性矩(m^4);

I_y——基础底面绕横桥轴转动的惯性矩(m^4)。

在地基动力刚度计算中,水平方向的地基反力系数基准值为:

$$\begin{cases} k_{h0} = E_D/0.3 \\ k_{v0} = E_D/0.3 \\ E_D = 2(1+\mu_D)G_D \\ G_D = \gamma_t V_{sD}^2/g \end{cases} \quad (P.0.3\text{-}2)$$

式中:k_{h0}——水平方向地基反力系数的基准值(kN/m^3);

k_{v0}——竖直方向地基反力系数的基准值(kN/m^3);

μ_D——地基的动力泊松比,在冲积和洪积地层中,地下水位上、下一般分别取 0.45 和 0.5,软、硬岩分别取 0.4 和 0.3;

G_D——地基的动力剪切模量(kN/m^2);

γ_t——地基的单位体积重量(kN/m^3);

g——重力加速度(m/s^2);

V_{sD}——地基的剪切波速(m/s),i 层土的平均剪切波速 V_{sDi} 与实测平均剪切波速 V_{si} 之间有如下的关系:

$$V_{sDi} = \begin{cases} 0.8V_{si} & (V_{si} < 300\text{m/s}) \\ 1.0V_{si} & (V_{si} \geqslant 300\text{m/s}) \end{cases} \quad (\text{P.0.3-3})$$

条文说明

自 1936 年 Reissner 研究了均匀半无限弹性体上的圆形刚性基础上下简谐振动以来,迄今为止关于基础与结构相互作用已经做了大量的理论研究,建立了不同形式的基础在复杂地基条件下的振动计算理论。理论方法计算地基的动力刚度在实际工程中比较困难,实际上场地土也不是理想的无限弹性体材料。因此,在工程设计中只能通过数值计算或其他近似的经验算法计算地基的动力刚度。日本桥梁抗震设计规范中道路桥示方书(耐震设计篇,下部构造篇)给出了相关算法。

(5)对于主梁与桥塔、主梁与桥墩之间的模拟,应根据具体的支座形式以及约束方式加以模拟。板式橡胶支座可用线性弹簧单元模拟,活动盆式支座可用双线性理想弹塑性弹簧单元模拟。

(6)千米级斜拉桥一般采用钢结构或组合梁结构主梁,钢主梁结构阻尼可按 0.005 取用,组合梁主梁结构阻尼可按 0.01 取用。桥塔自立状态时,混凝土桥塔阻尼比可按 0.02 取用,钢桥塔阻尼比可按 0.005 取用,混合形式桥塔阻尼比可按照 0.01 取用。在没有实测数据时,斜拉索固有阻尼比可按 0.001 取用;在有实测数据时,应采用实测结果。

P.0.4 风-浪-流耦合作用下的桥梁结构运动方程可以表述为:

$$\begin{aligned} \boldsymbol{M}_s \ddot{\boldsymbol{X}}(t) + \boldsymbol{C}_s \dot{\boldsymbol{X}}(t) + \boldsymbol{K}_s \boldsymbol{X}(t) \\ = [\boldsymbol{F}_{AE}^{ST}(\boldsymbol{X},t) + \boldsymbol{F}_{AE}^{SE}(\boldsymbol{X},\dot{\boldsymbol{X}},t) + \boldsymbol{F}_{AE}^{BU}(\boldsymbol{X},U,\theta,\beta,t)] + \\ [\boldsymbol{F}_{HY}^{ID}(t) + \boldsymbol{F}_{HY}^{RD}(\ddot{\boldsymbol{X}},\dot{\boldsymbol{X}},H,T,C,\alpha_w,\alpha_c,t)] \end{aligned} \quad (\text{P.0.4})$$

式中:$\boldsymbol{M}_s$、$\boldsymbol{C}_s$、$\boldsymbol{K}_s$——分别为结构的质量、阻尼和刚度矩阵;

$\ddot{\boldsymbol{X}}$、$\dot{\boldsymbol{X}}$、$\boldsymbol{X}$——分别为结构的加速度、速度和位移;

$\boldsymbol{F}_{AE}^{ST}$——平均风荷载;

F_{AE}^{SE}——气弹相互作用产生的自激力；

F_{AE}^{BU}——非定常抖振力；

F_{HY}^{ID}——入射波浪海流力和绕射波浪海流力；

F_{HY}^{RD}——由水弹相互作用产生的辐射波浪海流力；

t——时间(s)。

桥梁结构运动方程式(P.0.4)通过风、波浪和海流特征参数的相关性考虑了风场和波浪海流场之间的耦合效应,通过气弹自激力和水弹辐射波浪力考虑了风荷载、波浪海流荷载和结构响应之间的耦合效应。

P.0.5 在分析风与主梁非正交的分析工况时,应考虑斜风效应,计算桥梁其受到的平均风荷载、非定常抖振力和自激力。

条文说明

在风-浪-流耦合场中,通常风向与主梁轴向不是正交的。斜风作用下,局部平均风轴坐标系中的气动力如图P-1所示。

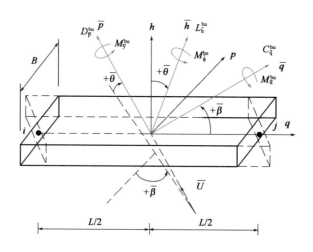

图P-1 局部平均风轴坐标系中的气动力

由平均风引起的局部平均风轴坐标系下的平均侧风力($C_{\bar{q}}^{st}$)、平均阻力($D_{\bar{p}}^{st}$)、平均升力($L_{\bar{h}}^{st}$)、平均扭转力矩($M_{\bar{\alpha}}^{st}$)、平均滚动力矩($M_{\bar{\gamma}}^{st}$)和平均偏转力矩($M_{\bar{\phi}}^{st}$)可表示为：

$$\overline{F}^{st}(t) = (C_{\bar{q}}^{st}, D_{\bar{p}}^{st}, L_{\bar{h}}^{st}, M_{\bar{\alpha}}^{st}, M_{\bar{\gamma}}^{st}, M_{\bar{\phi}}^{st})^T = \frac{1}{2}\rho \overline{U}^2 B \overline{C}(\bar{\beta}, \bar{\theta}) \tag{P-1}$$

式中：$\overline{C}(\bar{\beta}, \bar{\theta})$——局部平均风坐标系下的气动力系数向量,是关于风攻角$\bar{\theta}$和风偏角$\bar{\beta}$的函数；

B——主梁宽度(m)；

$\overline{U}$——平均风速(m/s)。

由脉动风引起的、沿(绕)局部平均风轴的抖振侧风力($C_{\bar{q}}^{bu}$)、抖振阻力($D_{\bar{p}}^{bu}$)、抖振升力($L_{\bar{h}}^{bu}$)、抖振扭转力矩($M_{\bar{\alpha}}^{bu}$)、抖振滚动力矩($M_{\bar{\gamma}}^{bu}$)和抖振偏转力矩($M_{\bar{\phi}}^{bu}$)可表示为：

$$\overline{\boldsymbol{F}}^{bu}(t) = (C_{\bar{q}}^{bu}, D_{\bar{p}}^{bu}, L_{\bar{h}}^{bu}, M_{\bar{\alpha}}^{bu}, M_{\bar{\gamma}}^{bu}, M_{\bar{\phi}}^{bu})^T = [\overline{\boldsymbol{A}}^u, \overline{\boldsymbol{A}}^v, \overline{\boldsymbol{A}}^w][u(t), v(t), w(t)]^T \quad (P-2)$$

其中

$$\overline{\boldsymbol{A}}^u = \frac{1}{2}\rho\overline{U}B\begin{Bmatrix} 2C_{\bar{q}}\chi_{\bar{q}u} \\ 2C_{\bar{p}}\chi_{\bar{p}u} \\ 2C_{\bar{h}}\chi_{\bar{h}u} \\ 2BC_{\bar{\alpha}}\chi_{\bar{\alpha}u} \\ 2BC_{\bar{\gamma}}\chi_{\bar{\gamma}u} \\ 2BC_{\bar{\phi}}\chi_{\bar{\phi}u} \end{Bmatrix}_{(\bar{\beta},\bar{\theta})}$$

$$\overline{\boldsymbol{A}}^v = \frac{1}{2}\rho\overline{U}B\begin{Bmatrix} [-s_1 C_{\bar{p}} + s_2 t_{31} C_{\bar{h}} + s_2 C'_{\beta\bar{q}} + s_3 C'_{\theta\bar{q}}]\chi_{\bar{q}v} \\ [s_1 C_{\bar{q}} - s_3 C_{\bar{h}} + s_2 C'_{\beta\bar{p}} + s_3 C'_{\theta\bar{p}}]\chi_{\bar{p}v} \\ [-s_2 t_{31} C_{\bar{q}} + s_3 C_{\bar{p}} + s_2 C'_{\beta\bar{h}} + s_3 C'_{\theta\bar{h}}]\chi_{\bar{h}v} \\ B[-s_1 C_{\bar{\gamma}} + s_2 t_{31} C_{\bar{\phi}} + s_2 C'_{\beta\bar{\alpha}} + s_3 C'_{\theta\bar{\alpha}}]\chi_{\bar{\alpha}v} \\ B[s_1 C_{\bar{\alpha}} - s_3 C_{\bar{\phi}} + s_2 C'_{\beta\bar{\gamma}} + s_3 C'_{\theta\bar{\gamma}}]\chi_{\bar{\gamma}v} \\ B[-s_2 t_{31} C_{\bar{\alpha}} + s_3 C_{\bar{\gamma}} + s_2 C'_{\beta\bar{\phi}} + s_3 C'_{\theta\bar{\phi}}]\chi_{\bar{\phi}v} \end{Bmatrix}_{(\bar{\beta},\bar{\theta})}$$

$$\overline{\boldsymbol{A}}^w = \frac{1}{2}\rho\overline{U}B\begin{Bmatrix} [-s_4 C_{\bar{p}} + s_5 t_{31} C_{\bar{h}} + s_5 C'_{\beta\bar{q}} + s_6 C'_{\theta\bar{q}}]\chi_{\bar{q}w} \\ [s_4 C_{\bar{q}} - s_6 C_{\bar{h}} + s_5 C'_{\beta\bar{p}} + s_6 C'_{\theta\bar{p}}]\chi_{\bar{p}w} \\ [-s_5 t_{31} C_{\bar{q}} + s_6 C_{\bar{p}} + s_5 C'_{\beta\bar{h}} + s_6 C'_{\theta\bar{h}}]\chi_{\bar{h}w} \\ B[-s_4 C_{\bar{\gamma}} + s_5 t_{31} C_{\bar{\phi}} + s_5 C'_{\beta\bar{\alpha}} + s_6 C'_{\theta\bar{\alpha}}]\chi_{\bar{\alpha}w} \\ B[s_4 C_{\bar{\alpha}} - s_6 C_{\bar{\phi}} + s_5 C'_{\beta\bar{\gamma}} + s_6 C'_{\theta\bar{\gamma}}]\chi_{\bar{\gamma}w} \\ B[-s_5 t_{31} C_{\bar{\alpha}} + s_6 C_{\bar{\gamma}} + s_5 C'_{\beta\bar{\phi}} + s_6 C'_{\theta\bar{\phi}}]\chi_{\bar{\phi}w} \end{Bmatrix}_{(\bar{\beta},\bar{\theta})}$$

式中：χ_{fa}——气动导纳函数，$\chi_{fa} = \chi(f, a, K)$ ($f = \bar{q}, \bar{p}, \bar{h}, \bar{\alpha}, \bar{\gamma}, \bar{\phi}; a = u, v, w$) 是折算频率 $K = 2\pi nB/\overline{U}$ 的函数；

$u(t)$——顺风向脉动风速(m/s)；

$v(t)$——水平面内的脉动风速(m/s)；

$w(t)$——向上的脉动风速(m/s)，时域分析时，可采用代表谱法模拟风速以考虑气动导纳的影响。

运动主梁受到的自激升力、阻力和扭转力矩可表示为：

$$L^{se}(t) = F(C_{Lh}, h, t) + F(C_{Lp}, p, t) + BF(C_{L\alpha}, \alpha, t) \quad \text{(P-3)}$$

$$D^{se}(t) = F(C_{Dh}, h, t) + F(C_{Dp}, p, t) + BF(C_{D\alpha}, \alpha, t) \quad \text{(P-4)}$$

$$M^{se}(t) = BF(C_{Mh}, h, t) + BF(C_{Mp}, p, t) + B^2 F(C_{M\alpha}, \alpha, t) \quad \text{(P-5)}$$

其中

$$F(\boldsymbol{C}_x, x, t) = \rho \overline{U}^2 \left[C_{x1} x(t) + C_{x2} \frac{B}{U} \dot{x}(t) + C_{x3} \int_{-\infty}^{t} e^{-\frac{d_{x3}\overline{U}}{B}(t-\tau)} \dot{x}(\tau) d\tau + C_{x4} \int_{-\infty}^{t} e^{-\frac{d_{x4}\overline{U}}{B}(t-\tau)} \dot{x}(\tau) d\tau \right]$$

(P-6)

式中：x——分别表示 $L_h, L_p, L_\alpha, D_h, D_p, D_\alpha, M_h, M_p$ 和 M_α 共9个分力及其各方向的位移；

$\boldsymbol{C}_x$——代表各分力对应的六个待定系数，即 $\boldsymbol{C}_x = \{C_{x1}, C_{x2}, C_{x3}, d_{x3}, C_{x4}, d_{x4}\}$。这样的向量共有9个，其对应的待定系数则共有 $9 \times 6 = 54$ 个，$\boldsymbol{C}_x$ 通过模型试验获得。

P.0.6 对于水中大尺度结构构件[如沉井(箱)基础]，可采用势流理论和边界元法计算水动力，并建立有限单元与边界元单元组的映射关系，将边界元单元组上的波浪海流力映射到结构有限单元上，如图 P.0.6 所示。

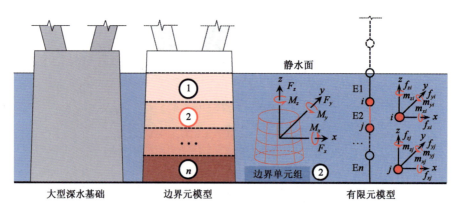

图 P.0.6 有限元与边界元联合分析模型

条文说明

采用基于势流理论的边界元方法计算时，需要对结构物的外表面及其物体附近的水面进行网格划分，求解边界积分方程和自由液面的动力、运动方程计算物体表面速度势，进而获得结构物表面的压力分布，最终获得结构物上总波浪(流)力及力矩。

设 $\boldsymbol{B}_k$ 和 α_k 为规则波浪(频率 ω，幅值 a)作用下的第 k 个单元对应的边界单元组在整体坐标系下的总力幅值向量和相位，则整体坐标系下第 k 个边界单元组的波浪力为：

$$\boldsymbol{F}_k(t) = \boldsymbol{B}_k e^{i\alpha_k} a e^{-i\omega t} \quad \text{(P-7)}$$

桥梁波浪力向量可表示为：

$$F_h(t) = H(\omega)ae^{-i\omega t} = P[Q_1 e^{i\alpha_1} \cdots Q_k e^{i\alpha_k} \cdots Q_n e^{i\alpha_n}]^T ae^{-i\omega t} \quad (P-8)$$

$$P = [P_1^T \cdots P_k^T \cdots P_n^T] \quad (P-9)$$

$$Q_k = (I_k^T N_k T_k B_k)^T \quad (P-10)$$

$$I_k^T = \mathrm{diag}[t_k^T \quad t_k^T \quad t_k^T \quad t_k^T] \quad (P-11)$$

$$T_k = \mathrm{diag}[t_k \quad t_k] \quad (P-12)$$

式中：$H(\omega)$——桥梁基础波浪力与波面升高之间的传递函数向量，为$\times 1$阶向量，为结构有限元自由度个数；

P_k——转换矩阵，为$\times 12$阶矩阵；

Q_k——单元k的波浪力幅值向量，为1×12阶向量；

N_k——12×6阶形函数矩阵；

t_k——整体坐标系到单元局部坐标系的转换矩阵，为3×3阶矩阵。

随机波浪可以看成为由一系列不同波浪波高和波浪周期规则波浪组成的，因此，大型桥梁基础上总的随机波浪力为所有规则波浪引起的所有水中边界单元组的波浪力之和。

P.0.7 风-浪-流耦合作用下桥梁随机强迫振动分析可采用频域方法或时域方法，当非线性不可忽略时，宜采用时域方法；采用频域方法时，应考虑流场的空间相关和动力特性以及结构的振动特性等因素，宜包括所有可能被激发的振型。

条文说明

桥梁风荷载中的自激力，波浪荷载中的附加质量力和附加阻尼力与结构运动状态相关，因此桥梁风-浪-流耦合作用荷载也是一个非线性荷载。为更好地考虑各种非线性、求解非线性动力方程，宜采用时域分析方法，在时域内进行风-浪-流耦合作用下桥梁动态响应分析。采用频域方法时，可采用基于随机振动的高效算法——虚拟激励法进行求解。

P.0.8 大跨度桥梁结构在台风、风-浪-流耦合作用下的变形与内力都具有几何非线性特性，需要精确的几何非线性分析方法。推荐采用CR列式法处理大跨度桥梁结构的几何非线性问题。

条文说明

目前，国内外学者提出了多种方法，最常用的方法是以结构变形前为参考建立平衡方程的全拉格朗日法（TL法）和以结构变形后为参考建立平衡方程的更新拉格朗日法（UL法）。

Bathe 建立了三维梁单元大位移、大转动、小应变的 UL 列式和 TL 列式分析方法。陈政清改进了 Bathe 的非线性梁单元,减少了 UL 列式的计算时间。对于大转动问题,CR 列式是近年来发展起来的新的几何非线性计算方法。CR 列式法在参考位形的选取上与 UL 列式法属同一种类型,仅在位移增量的计算上与 UL 列式不同。CR 列式法与 UL 列式法相比,由于扣除了单元的刚体平动和转动,在计算结构大变形、大转动的过程中,收敛速度比 UL 列式法更快。因此,推荐采用 CR 列式法处理大跨度桥梁结构的几何非线性问题。对于梁单元的几何非线性,在应用 UL(或 CR-UL)法时,关键在于由节点位移增量准确地计算出单元的内力增量,其中梁单元的几何刚度矩阵可以采用最常见的形式,见式(P-13)。

$$K_G^e = \frac{N}{30l}\begin{bmatrix} 0 & 0 & 0 & 0 & 0 & 0 & 0 & 0 & 0 & 0 & 0 & 0 \\ 0 & 36 & 0 & 0 & 0 & 3l & 0 & -36 & 0 & 0 & 0 & 3l \\ 0 & 0 & 36 & 0 & -3l & 0 & 0 & 0 & -36 & 0 & -3l & 0 \\ 0 & 0 & 0 & 0 & 0 & 0 & 0 & 0 & 0 & 0 & 0 & 0 \\ 0 & 0 & -3l & 0 & 4l^2 & 0 & 0 & 0 & 3l & 0 & -l^2 & 0 \\ 0 & 3l & 0 & 0 & 0 & 4l^2 & 0 & -3l & 0 & 0 & 0 & -l^2 \\ 0 & 0 & 0 & 0 & 0 & 0 & 0 & 0 & 0 & 0 & 0 & 0 \\ 0 & -36 & 0 & 0 & 0 & -3l & 0 & 36 & 0 & 0 & 0 & -3l \\ 0 & 0 & -36 & 0 & 3l & 0 & 0 & 0 & 36 & 0 & 3l & 0 \\ 0 & 0 & 0 & 0 & 0 & 0 & 0 & 0 & 0 & 0 & 0 & 0 \\ 0 & 0 & -3l & 0 & -l^2 & 0 & 0 & 0 & 3l & 0 & 4l^2 & 0 \\ 0 & 3l & 0 & 0 & 0 & -l^2 & 0 & -3l & 0 & 0 & 0 & 4l^2 \end{bmatrix} \quad (P\text{-}13)$$

式中:N——轴力;

l——单元长度。

P.0.9 简化计算时,可在动力分析之前,计算静载(自重和平均风荷载)作用下的几何刚度矩阵,将线弹性刚度矩阵和几何刚度相加作为动力分析时的总刚度矩阵,再进行线性动力分析。

附录Q 车-桥-风-浪-流耦合系统振动分析方法

Q.0.1 跨海特大型公铁两用桥梁，车辆、桥梁、风-浪-流耦合场之间的耦合作用同时发生，并相互影响，应基于大系统的思想，建立车-桥-风-浪-流耦合动力系统，评估桥上车辆运行安全性和舒适性。

条文说明

当车辆以一定速度通过桥梁时，桥梁结构变形与内力均与静活载作用下不同，车辆和桥梁组成一个耦合的动力体系，其振动与桥梁结构形式、车辆动力性能、车速等因素相关，车辆运行引起桥梁结构的振动，而桥梁结构的振动状态反过来又影响着车辆的振动，这种相互作用、相互影响的问题即车桥耦合振动问题。

如图Q-1所示，由于桥梁与车辆之间、桥梁与风-浪-流耦合场之间存在相互作用，为准确评估桥梁在车辆和风-浪-流耦合场共同作用下的动力行为，应基于大系统的思想，建立车-桥-风-浪-流耦合动力系统，评估桥上车辆运行安全性和舒适性。

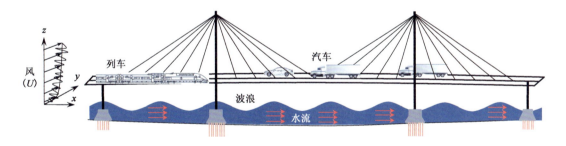

图Q-1 公铁两用桥梁受车辆、风-浪-流耦合场作用示意图

Q.0.2 车-桥-风-浪-流耦合动力系统包括车辆子系统、桥梁子系统和风-浪-流耦合场子系统。其中车辆子系统采用由弹簧、阻尼器相连的多刚体模型模拟，桥梁子系统基于有限单元法采用有限单元进行模拟。

条文说明

典型的汽车车辆和列车车辆动力分析模型如图 Q-2 所示。其中,汽车车辆由 1 个车体和 6 个车轮组成,车体具有横摆 Y_c、沉浮 Z_c、侧滚 θ_c、点头 φ_c 和摇头 ψ_c 共 5 个自由度,每个车轮具有横摆 Y_s 和沉浮 Z_s 2 个自由度;列车车辆由 1 个车体、2 台转向架、4 个轮对组成,每个车体有横摆 Y_v、沉浮 Z_v、侧滚 θ_v、点头 φ_v 和摇头 ψ_v 共 5 个自由度,每台转向架有横摆 Y_t、沉浮 Z_t、侧滚 θ_t、点头 φ_t 和摇头 ψ_t 共 5 个自由度,每个轮对有横摆 Y_w、沉浮 Z_w、侧滚 θ_w 和摇头 ψ_w 共 4 个自由度。

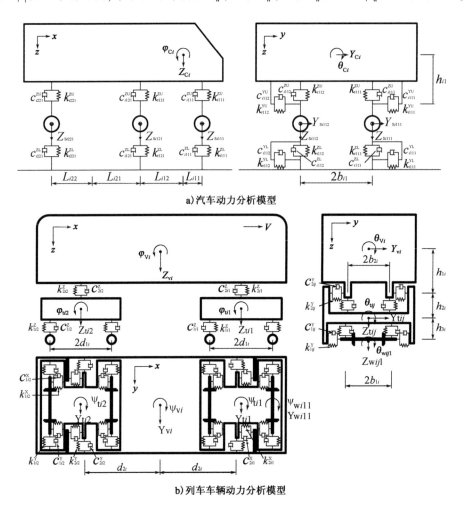

图 Q-2 车辆动力分析模型

Q.0.3 车-桥-风-浪-流耦合动力系统各子系统之间的相互作用关系如图 Q.0.3 所示,其中车辆子系统与桥梁子系统的相互作用包括由桥面不平顺和轨道不平顺引起的不平顺激励力和由桥梁运动引起的耦合作用力;风-浪-流耦合场子系统对车辆子系统、桥梁子系统的作用包括空气静力、非定常抖振力、气弹自激力和浪流激振力。其中,作用在主梁上的气弹自激力考虑车辆子系统与主梁二者共同对风场的影响。

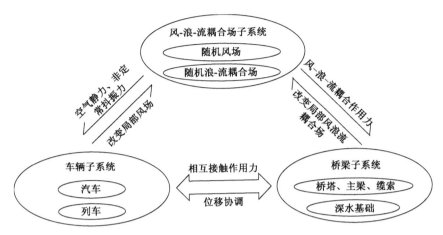

图 Q.0.3　车-桥-风-浪-流耦合动力系统相互作用关系示意图

Q.0.4　车-桥-风-浪-流耦合动力系统运动方程可以表示为：

$$\begin{bmatrix} M_{cv} & 0 \\ 0 & M_b \end{bmatrix} \begin{Bmatrix} \ddot{X}_{cv} \\ \ddot{X}_b \end{Bmatrix} + \begin{bmatrix} C_{cv} & 0 \\ 0 & C_b \end{bmatrix} \begin{Bmatrix} \dot{X}_{cv} \\ \dot{X}_b \end{Bmatrix} + \begin{bmatrix} K_{cv} & 0 \\ 0 & K_b \end{bmatrix} \begin{Bmatrix} X_{cv} \\ X_b \end{Bmatrix} = \begin{Bmatrix} F_{cv}^b \\ F_b^{cv} \end{Bmatrix} + \begin{Bmatrix} F_{cv}^{wwc} \\ F_b^{wwc} \end{Bmatrix} \quad (Q.0.4)$$

式中：cv、b——分别表示车辆子系统和桥梁子系统；

wwc——表示风-浪-流耦合场子系统；

·、¨——分别表示对时间的一阶和二阶导数；

M、C、K、F——分别表示质量矩阵、阻尼矩阵、刚度矩阵和力列向量；

X——表示位移列向量；

F_{cv}^b、F_{cv}^{wwc}——分别表示桥梁子系统和风-浪-流耦合场子系统对车辆子系统的作用力；

F_b^{cv}、F_b^{wwc}——分别表示车辆子系统和风-浪-流耦合场子系统对桥梁子系统的作用力。

条文说明

(1) 车辆-桥梁耦合作用

车辆子系统对桥梁子系统的作用力 F_b^{cv} 和桥梁子系统对车辆子系统的作用力 F_{cv}^b 最终可以表示为：

$$\begin{Bmatrix} F_b^{cv} \\ F_{cv}^b \end{Bmatrix} = \begin{Bmatrix} F_{b,cv}^{cp}(X_{cv}, X_b, \dot{X}_{cv}, \dot{X}_b) \\ F_{cv,b}^{cp}(X_{cv}, X_b, \dot{X}_{cv}, \dot{X}_b) \end{Bmatrix} + \begin{Bmatrix} F_{b,cv}^{ir} \\ F_{cv,b}^{ir} \end{Bmatrix} \quad (Q-1)$$

式中：$F_{b,cv}^{cp}$ 和 $F_{cv,b}^{cp}$——分别车辆子系统和桥梁子系统间的耦合作用力，与车辆子系统和桥梁子系统的动力响应相关；

$F_{b,cv}^{ir}$、$F_{cv,b}^{ir}$——分别为车辆子系统和桥梁子系统间的不平顺激励力,与桥面不平顺和轨道不平顺情况相关。

(2)车辆-风-浪-流耦合作用

一般情况下,大跨度桥梁桥上运行的车辆不会受到波浪、水流直接作用,此时车辆承受的风-浪-流耦合作用可分解为由平均风引起的静风力、由脉动风引起的抖振风力以及车辆与风相对运动产生的气弹自激力。车辆的气弹自激力相对车辆静风力和抖振力而言要小得多,故在实际计算中将其忽略,只考虑车辆车体的风荷载。

作用在车辆表面形心处的静风力:

$$F_{cv,i}^{st} = (F_{cv,D}^{st}, F_{cv,L}^{st}, F_{cv,M}^{st})^T = 0.5\rho A(\overline{U}^2 + V^2)(C_D, C_L, HC_M)^T \quad (Q-2)$$

式中:$F_{cv,D}^{st}$、$F_{cv,L}^{st}$、$F_{cv,M}^{st}$——作用在车辆形心处的平均风阻力(kN)、升力(kN)和扭转力矩(kN·m);

ρ——空气密度(kg/m^3);

A——车辆的有效迎风面积(m^2);

H——车辆表面形心至桥面的高度(m);

$\overline{U}$——车辆中心处的顺风向平均风速(m/s);

V——列车行驶速度(m/s);

C_D、C_L、C_M——车辆的阻力、升力和扭转力矩系数,它们是风偏角 ψ 的函数,见图Q-3。

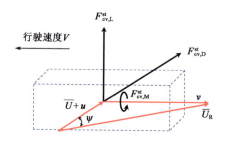

图 Q-3 车辆相对风速示意图

作用在车辆表面形心处的抖振风力为:

$$F_{cv,i}^{bf} = (F_{cv,D}^{bf}, F_{cv,L}^{bf}, F_{cv,M}^{bf})^T = 0.5\rho A(2\overline{U} + u)u(C_D, C_L, HC_M)^T \quad (Q-3)$$

式中:$F_{cv,D}^{bf}$、$F_{cv,L}^{bf}$、$F_{cv,M}^{bf}$——作用在车辆表面形心处的抖振风阻力、升力和扭转力矩。

风-浪-流耦合场子系统对车辆子系统的作用可以表示为:

$$F_{cv}^{wwc} = \{F_{cv,1}^{wwc} \quad F_{cv,2}^{wwc} \quad \cdots \quad F_{cv,n_v}^{wwc}\} \quad (Q-4)$$

$$F_{cv,i}^{wwc} = C_{cv,i}^{wwc}(F_{cv,i}^{st} + F_{cv,i}^{bf}) \quad (Q-5)$$

式中:$F_{cv,i}^{wwc}$——第 i 辆车辆受到的风荷载;

$C_{cv,i}^{wwc}$——车辆车体风荷载转化为车辆风荷载的位置指示矩阵。

(3) 桥梁-风-浪-流耦合作用

风-浪-流耦合场子系统对桥梁子系统的作用 F_b^{wwc} 由桥梁水中基础的浪流激振荷载 F_b^{wc} 和桥梁上部结构的风荷载 F_b^{w} 两部分组成，即

$$F_b^{wwc} = F_b^{wc} + F_b^{w} \tag{Q-6}$$

桥梁水中基础的浪流激振荷载 F_b^{wc} 可采用势流理论和边界元方法进行求解。在随机波浪作用下，假设结构物中心处波面的瞬时高度为 $\eta(t)$，那么在整个结构物上的瞬时浪-流耦合作用力和力矩可通过时域内广义浪-流耦合作用力的脉冲响应函数 $h(t)$ 与波面高度的卷积求得，即

$$F^{wc,id}(t) = \int_0^t h(t-\tau)\eta(\tau)d\tau \tag{Q-7}$$

$$h(t) = \mathrm{Re}\left\{\frac{1}{\pi}\int_0^\infty H(\omega_e)e^{i\omega_e t}d\omega_e\right\} \tag{Q-8}$$

为获得桥梁基础结构单元上的浪-流耦合作用力，需采用有限元和边界元联合分析模型。将静水面以下桥梁基础结构离散为 n 个三维结构梁单元，将每个单元对应的基础边界划分边界单元并视为一个边界单元组，则风-浪-流耦合场子系统对桥梁下部结构的浪-流耦合作用力 F_b^{wc} 可以表示为：

$$F_b^{wc} = \sum_{i=1}^{n} N_i^{wc} F_i^{wc,id}(t) \tag{Q-9}$$

风-浪-流耦合场子系统对桥梁上部结构的风荷载 F_b^{w} 包括平均风速引起的平均风荷载 F_b^{st}、脉动风引起的抖振力 F_b^{bu} 和气弹相互作用引起的自激力 F_b^{se} 三部分，即

$$F_b^{w} = F_b^{st} + F_b^{bu} + F_b^{se} \tag{Q-10}$$

Q.0.5 车-桥-风-浪-流耦合动力系统运动方程可采用时间步内分离迭代法求解。

附录 R 风场、波浪场、流场试验模拟方法

R.1 风场模拟

R.1.1 进行模拟风-浪-流耦合场特性条件下的模型试验时,风场模拟宜反映桥址处风-浪-流耦合场的平均风特性和紊流风特性。若桥位有可靠的风场观测资料时,应按基于此风速资料得到的风参数进行风场模拟。当桥位处无风速观测资料时,风场模拟可遵循以下原则进行:

(1) 平均风速沿竖直方向分布的风剖面指数 α 宜按第 5.3.2.1 款取值,风剖面指数 α 模拟的允许偏差为 ±0.05。

(2) 脉动风速在水平方向及竖向的功率谱密度函数可采用 API 风谱、NPD 风谱、Simu 谱、Karman 谱、Panofskey 谱等。

(3) 风场来流水平向的紊流强度平均值可按第 5.3.6 条取值,紊流强度的变化范围宜在 ±30% 内。

条文说明

风-浪-流耦合场的平均风特性模拟要素应包括平均风速、风向、风剖面,风-浪-流耦合场的紊流风特性模拟要素宜包括脉动风功率谱密度函数和紊流强度。对于上部结构受风作用较小的工况,可放宽风剖面和紊流风特性的模拟。平均风沿高度的变化用平均风剖面来描述,应按下式计算:

$$V_z = V_{10}\left(\frac{z}{10}\right)^{\alpha} \qquad z_g > z > z_b \qquad (R\text{-}1)$$

式中:V_z——z 高度处风速(m/s);

V_{10}——10m 高度处风速(m/s);

z——离地面或水面高度(m);

α——风速剖面指数;

z_g——梯度风高度(m);

z_b——截断高度(m)。

在风向的模拟中,对于固定式风机系统,可以通过转动模型角度来获得不同的风向角度;

对于移动式风机系统,可以通过移动风机组到水池中不同方向位置上来获得不同的风向角度。

湍流强度是风速脉动强度指标,分为顺风向、水平横风向和竖向。

R.1.2 在风场模拟中,应对模型区流场的横向分布均匀性和沿垂直高度平均风速剖面分布进行校测,平均风速模拟值与目标风速误差应小于5%。风场横向分布均匀性校测中应在不高于试验段1/4高度处沿横向选取至少5个测点,风场沿垂直高度方向分布的平均风剖面校测中,沿垂直高度方向的测点数量不应少于10个,且应覆盖桥梁构件的最高范围。

R.1.3 平均风速的测量可用皮托静压管、热线(膜)风速仪和叶轮风速仪(风杯)进行,脉动风速的测量可用热线风速仪进行,且风速测量仪器宜布置在试验模型来流上游或试验模型侧边,并保证测量气流不能受到周围物体的干扰。

条文说明

在平均风特性模拟中,桥位设计基本风速一般指水面上方10m高度处的10min平均风速,实验室模拟中可将风速仪按照缩尺比设置在水面以上对应的实体10m高度处测量模拟风;当由于距离水面太近造成测量困难时,可以根据风剖面分布规律将10m高度处的风速推算到桥面高度或桥塔65%高度处的风速,并在该高度位置设置风速仪。

R.1.4 湍流风场的模拟可采用被动式模拟法或主动式模拟法进行模拟。

条文说明

被动式模拟法主要是通过设置辅助措施或装置对来流均匀风场产生扰动,使得经扰动后的风场参数满足目标湍流风场要求。一般是在风机阵列来流风场区域,通过安装经过设计的扰动装置(如尖劈、格栅和粗糙元)来实现流场的扰动(如图R-1所示),并通过反复调整扰动装置和流场调试获得满足目标参数的非定常风场。被动模拟方法具有造价较低、实施简单方便等特点,是大气边界层风场模拟的有效途径。

 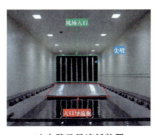 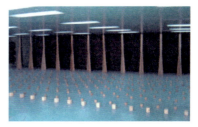

a) 格栅装置　　　　　　　b) 尖劈及导流板装置　　　　　　　c) 尖劈和粗糙元装置

图R-1 湍流场被动式模拟装置

主动式模拟法是指利用可控制运动机构装置形成所需模拟湍流场的模型技术,主动模拟装置有振动翼栅、变频调速风扇阵列等。湍流场主要由湍流涡发生器的随机运动产生,通过实际测量速度谱和目标风谱的比较,调整控制发生器运动的随机信号,最终得到需要模拟的紊流风场。

R.2 波浪场模拟

R.2.1 进行模拟风-浪-流耦合场特性条件下的模型试验时,波浪场模拟应反映桥址处风-浪-流耦合场的波浪特征参数,并应采用专门的造波系统来实现。若桥位有足够的波浪场观测资料时,应按基于此波浪观测资料得到波浪参数进行波浪场模拟。

R.2.2 试验模拟的波浪场应反映桥址处的波谱、波高、谱峰周期、浪向。

条文说明

波浪场的模拟采用专门的造波系统来实现,包括造波机、消波装置和测量及控制系统。在模拟浪和流之前,应先调节好水池中的试验水深。根据实测得到的耦合波浪场波谱、波高等输入参数,通过造波机将计算机模拟信号转换为电信号推动机械造波板运动,并利用放置在边界处的消波器来实现导波和消波,以减少边界对模拟波浪场的反射影响。通常推板式或摇板式造波机能生成单方向的规则波和不规则波,多单元蛇形造波机能制造出多方向的波浪场。利用波高仪对特定位置的波高和周期进行测量,通过模拟值与目标值的对比分析,调整模拟参数和造波机电信号进行反馈控制,从而产生符合目标波浪场指标的波浪场。

在波浪场模拟时,需要仔细考虑水池/水槽的波浪反射效应、衍射效应、非均匀性以及长距离波浪传播过程的波浪变换和耗散作用。当水池/水槽中存在较厉害的波浪反射时会导致局部驻波和不均匀波浪场,需要使用良好的波浪消波波吸收器,将反射波幅降低到5%以内。在大比例模型试验中,可能会发生水池/水槽侧壁和造波机处的波浪再反射现象,特别是当没有良好的消波装置条件时。面积大的水池具有更长的消波器和波能耗散面积,且阻塞效应较小。

R.2.3 规则波模拟应覆盖相对宽广的波频范围,规则波模拟平均波高和周期应与目标值吻合,平均周期误差应小于1%,波高标准差误差应小于5%,并应记录波浪的时间和空间的可能变化。造波机在水池中制造的规则波的波高与波长之比宜为1/50~1/35,并保证试验段处在线性范围内。

R.2.4 不规则波模拟的波浪谱应与目标波浪谱的谱形匹配,有效波高和谱峰周期的测量值与目标值的误差应小于5%,并保持波浪的时历是线性的。

条文说明

有些随机过程的样本极值会受到随机样本变异性的影响,将观察到的样本极值与目标谱相匹配是不正确的。

R.2.5 在试验中模拟不规则波浪和规则波浪时,应考虑有流速情况下的波浪模拟。

条文说明

波浪与水流共存的浪流场对结构物的作用有别于纯波浪场或水流场的作用。这种差别主要缘于波浪与水流的作用影响各自的传播特性,波要素将产生变化,水流的流速分布也会发生变化。综合形成的浪流场并不是纯波动场与纯水流场的简单叠加,而是一个复杂的相互作用过程。试验结果表明:浪-流同向作用时,水流对波形具有"拉伸"作用,使得波高变低;这种作用随流速的增加这种作用增强。浪-流相向作用时,水流对波形具有"挤压"作用,使得波高变高;这种作用也会随流速的增加这种作用增强。

在波浪校验时,应该对有流作用和无流作用的波浪场分别进行模拟,以考虑浪流耦合效应。浪-流耦合场宜采用波浪和水流的强制耦合模拟方法进行,浪-流耦合场的模拟宜先模拟获得目标流速和流向,然后再模拟目标波浪。

R.2.6 在安装模型之前进行波浪场定点位置波高时间序列的测量校准,波高仪主探头位于静水中模型参考原点。

R.3 流场模拟

R.3.1 流场模拟应反映桥址处的水流特性,并采用专门的造流系统来实现。若桥位有足够的水流场观测资料时,应按基于此水流观测资料得到水流参数进行流场模拟。

条文说明

如图 R-2 所示,试验中水流的模拟应采用专门的整体造流系统或局部造流系统来进行,并利用整流和循环等措施来控制获得均匀、稳定流场。模拟的水流场包括均匀流(即规定表层流速和流向)和分层流(即规定流速随水深而变的流速分布和流向)。在实验室模拟中,通常采取整体造流和局部造流相结合的方法,以满足流场模拟的需要。

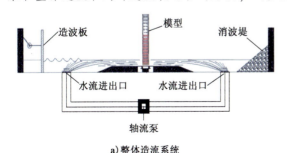
a) 整体造流系统

b) 局部造流系统

图 R-2 浪-流耦合场模拟系统示意图

整体造流系统采用内循环方式，通过轴流泵将水池中的水从均匀排列的吸水孔吸入管路中，经水泵加压后从安装在水池另一端均匀排列的喷水孔均匀喷射出水流，使水槽/水池中的水流按导流堤设定的方向流动，调节流向和波浪之间的夹角，并通过控制轴流泵的流量来实现对流速大小的调节控制，从而实现目标水流流速的模拟。整体造流系统的优点是模拟的水流比较均匀和稳定。

局部造流系统是通过控制水泵电机的转速来调节水流速度，利用布置在水底的管路将水输送到水池中需要模拟水流的位置，并从均匀布设的喷水管中喷出，从而在局部范围产生一定的流向和流速的水流。局部造流系统的优点是：具有产生较高流速的能力；布置比较灵活，能够任意调节流向和波浪之间的夹角；采用多层局部喷管进行分层水流控制，可以形成随水深按一定规律分布的水流。其不足之处是：产生的水流速度均匀性和稳定性较差；受到区域限制，需要反复测试调整。

R.3.2 均匀水流场应模拟流速和流向要素，分层水流场应模拟流速沿水深的分布及其流向等要素。

R.3.3 在水流场模拟中，可利用流速仪测量模型试验区域的平均流速，流速平均值与目标值之间的误差应小于10%。

条文说明

对于平均流速的测量可采用叶轮流速仪进行测量。如果需要考察流速的稳定程度和实时测量数据，可采用高灵敏度的多普勒流速仪等设备进行测量。

参 考 文 献

[1] 中华人民共和国行业标准.JTG D60—2015 公路桥涵设计通用规范[S].北京:人民交通出版社股份有限公司,2015.

[2] 中华人民共和国行业标准.JTG D62—2004 公路钢筋混凝土及预应力混凝土桥涵设计规范[S].北京:人民交通出版社,2004.

[3] 中华人民共和国行业标准.JTG/T D60-01—2004 公路桥梁抗风设计规范[S].北京:人民交通出版社,2004.

[4] 中华人民共和国行业标准.JTS 144-1—2010 港口工程荷载规范[S].北京:人民交通出版社,2010.

[5] 中华人民共和国行业标准.JTS 145-2—2013 海港水文规范[S].北京:人民交通出版社,2013.

[6] 中华人民共和国行业标准.JTJ/T 234—2001 波浪模型试验规程[S].北京:人民交通出版社,2001.

[7] 中华人民共和国行业标准.CB/T 3471—1992 风、浪、流联合作用下浮式系统模型试验规程[S].北京:中国标准出版社,1993.

[8] 中华人民共和国国家标准.GB/T 12763.1—2007 海洋调查规范 第1部分:总则[S].北京:中国标准出版社,2007.

[9] 中华人民共和国国家标准.GB/T 12763.2—2007 海洋调查规范 第2部分:海洋水文观测[S].北京:中国标准出版社,2007.

[10] 中华人民共和国国家标准.GB/T 12763.7—2007 海洋调查规范 第7部分:海洋调查资料交换[S].北京:中国标准出版社,2007.

[11] 中华人民共和国国家标准.GB/T 14914—2006 海滨观测规范[S].北京:中国标准出版社,2006.

[12] 中华人民共和国行业标准.JTS 131—2012 水运工程测量规范[S].北京:人民交通出版社,2012.

[13] 中华人民共和国行业标准.JTJ 218—2005 水运工程水工建筑物原型观测技术规范[S].北京:人民交通出版社,2005.

[14] 中华人民共和国行业标准.JTJ/T 277—2006 水运工程波浪观测和分析技术规程[S].北京:人民交通出版社,2006.

[15] 中华人民共和国行业标准.SY/T 10009—2002 海上固定平台规划、设计和建造的推荐作法——荷载抗力系数设计法(增补1)[S].北京:石油工业出版社,2002.

[16] 中华人民共和国行业标准.SY/T 10040—2002 浮式结构物定位系统设计与分析的推荐作法[S].北京:石油工业出版社,2002.

[17] 中华人民共和国行业标准.SY/T 10050—2004 环境条件和环境荷载规范[S].北京:石油工业出版社,2004.

[18] AASHTO. Guide Specifications for Bridges Vulnerable to Coastal Storms(Edition 1)[S].

[19] DNV-RP-C205. Environmental Conditions and Environmental Loads[S].

[20] 中华人民共和国国家标准.GB 50158—2010 港口工程结构可靠度设计统一标准[S].北京:中国计划

出版社,2010.

[21] 中华人民共和国行业标准.SY/T 10030—2004 海上固定平台规划、设计和建造的推荐做法——工作应力设计法[S].北京:石油工业出版社,2004.

[22] Technical Standards and Commentaries of Port and Harbour Facilities in Japan. The Overseas Coastal Area Development Institute of Japan, Daikousha Printing Co., Ltd, 2002.

[23] 埃米尔 希缪,罗伯特 H 斯坎伦.风对结构的作用—风工程导论[M].刘尚培,项海帆,谢霁明,译,上海:同济大学出版社,1992.

[24] Yozo Fujino, Kichiro Kimura, Hiroshi Tanaka. Wind Resistant Design of Bridges in Japan-Developments and practices[M]. Tokyo:Springer,2011.

[25] 伊藤学,川田忠树.超长大桥梁建设的序幕—技术者的新挑战[M].刘建新,和丕壮,译,北京:人民交通出版社,2002.

[26] 项海帆,等.现代桥梁抗风理论与实践[M].北京:人民交通出版社,2005.

[27] 邱大洪.工程水文学[M].北京:人民交通出版社,2003.

[28] 李玉成,腾斌.波浪对海上建筑物的作用(第三版)[M].北京:海洋出版社,2015.

[29] 俞聿修,柳淑学.随机波浪及其工程应用[M].大连:大连理工出版社,2011.

[30] 张喜刚,陈艾荣,刘高,等.多灾害作用下特大跨径桥梁结构设计指南[M].北京:人民交通出版社股份有限公司,2018.

[31] 林家浩,张亚辉.随机振动的虚拟激励法[M].北京:科学出版社,2004.

[32] 夏禾,张楠,郭薇薇,等.车桥耦合振动工程[M].北京:科学出版社,2014.

[33] 王树青,梁丙辰,等.海洋工程波浪力学[M].青岛:中国海洋大学出版社,2013.

[34] 刘高,等.琼州海峡主跨2×1500m三塔斜拉桥风洞试验研究[R].北京:中交公路规划设计院有限公司,2015.

[35] 刘高,等.台风浪耦合作用下跨海峡桥梁动力模拟及防灾减灾技术研究[R].国家高技术研究发展计划(863计划)课题,北京:中交公路规划设计院有限公司,2010.

[36] 刘高,等.特大型桥梁风-浪-流耦合作用研究[R].交通运输部科技开发项目,北京:中交公路规划设计院有限公司,2015.

[37] 刘高,张喜刚,刘天成,陈上有,等.特大型桥梁风-浪-流耦合作用[M].北京:人民交通出版社股份有限公司,2018.

[38] 刘高,陈上有,刘天成,等.跨海特大型桥梁风-浪耦合作用的随机振动分析[J].应用数学和力学,2017,38(1):75-89.

[39] 刘高,陈上有,王昆鹏,等.跨海公铁两用桥梁车-桥-风浪流耦合振动研究[J].土木工程学报,2019,52(4):72-87.

图书在版编目(CIP)数据

特大型桥梁风-浪-流耦合作用设计指南 / 刘高等著.
— 北京：人民交通出版社股份有限公司，2018.9
 ISBN 978-7-114-14905-4

Ⅰ.①特… Ⅱ.①刘… Ⅲ.①跨海峡桥—风浪—耦合作用—桥梁设计—指南 Ⅳ.①U448.192-62

中国版本图书馆 CIP 数据核字(2018)第 161205 号

"十三五"国家重点图书出版规划项目
交通运输科技丛书·公路基础设施建设与养护
特大型桥梁防灾减灾与安全控制技术丛书(一期)

书　　名：特大型桥梁风-浪-流耦合作用设计指南
著 作 者：刘　高　张喜刚　陈上有　刘天成
责任编辑：周　宇　周佳楠　黎小东
责任校对：尹　静
责任印制：张　凯
出版发行：人民交通出版社股份有限公司
地　　址：(100011)北京市朝阳区安定门外外馆斜街 3 号
网　　址：http://www.ccpress.com.cn
销售电话：(010)59757973
总 经 销：人民交通出版社股份有限公司发行部
经　　销：各地新华书店
印　　刷：北京雅昌艺术印刷有限公司
开　　本：787×1092　1/16
印　　张：15.5
字　　数：322 千
版　　次：2018 年 12 月　第 1 版
印　　次：2018 年 12 月　第 1 次印刷
书　　号：ISBN 978-7-114-14905-4
定　　价：100.00 元

(有印刷、装订质量问题的图书，由本公司负责调换)